U0368953

ISO 9001
质量管理体系条款精讲
与贯标审核实践

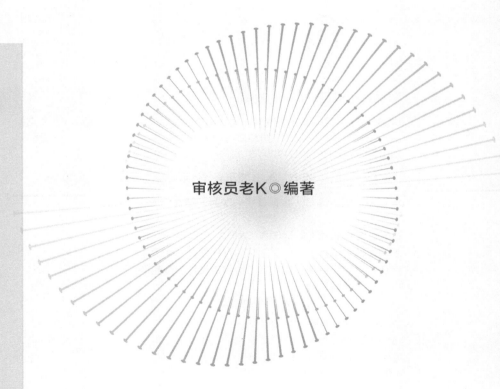

审核员老K◎编著

机械工业出版社

CHINA MACHINE PRESS

作者结合多年一线 ISO 9001 评估审核实战经验，形成了一套自己的标准理解框架和评估审核方法论，在本书中与读者全面分享。

本书由作者精雕细琢而成，内容结构合理。针对标准的每个知识点，本书按照"标准原文、知识点速记、标准理解、如何贯标、审核要点、审核实践"6 个维度，全方位剖析和精讲标准条款。全书围绕 ISO 9001 标准条款的内涵与要求，讲解如何让 ISO 9001 标准在企业落地生根，避免体系贯标"两层皮"现象，也希望能帮助读者掌握第一、二、三方 ISO 9001 审核（内审、供方评审、认证审核）的要点，解决"不会审、不敢审、不会问、不会记录、不会巡视、不会访谈"的痛点。

本书适合企业内外质量审核员、质量管理人员、质量体系工程师等阅读使用，助力提高审核能力和质量管理体系相关工作能力。

图书在版编目（CIP）数据

ISO9001质量管理体系条款精讲与贯标审核实践/审核员老K编著. —北京：机械工业出版社，2024.6（2025.2 重印）
ISBN 978-7-111-75812-9

Ⅰ. ①I…　Ⅱ. ①审…　Ⅲ. ①质量管理体系-国际标准　Ⅳ. ①F273.2-65

中国国家版本馆 CIP 数据核字（2024）第 097640 号

机械工业出版社（北京市百万庄大街 22 号　邮政编码 100037）
策划编辑：李万宇　　　　　　责任编辑：李万宇
责任校对：张爱妮　宋　安　封面设计：马精明
责任印制：郜　敏
北京富资园科技发展有限公司印刷
2025 年 2 月第 1 版第 3 次印刷
169mm×239mm・20.5 印张・387 千字
标准书号：ISBN 978-7-111-75812-9
定价：78.00 元

电话服务　　　　　　　　　网络服务
客服电话：010-88361066　　机 工 官 网：www.cmpbook.com
　　　　　010-88379833　　机 工 官 博：weibo.com/cmp1952
　　　　　010-68326294　　金 书 网：www.golden-book.com
封底无防伪标均为盗版　　机工教育服务网：www.cmpedu.com

面对现实，忠于理想的审核员

我大学的专业是"机械设计制造及其自动化"，一个"万金油"专业。毕业之后，我先是在某世界 500 强汽车主机厂研发中心工作，后又辗转去了某民营电线电缆企业工作。经历过大公司繁琐细致的企业管理流程，体验过民营小企业生产现场的"混沌"；做过研发、跟过产线、搞过质量、涉足过管理，后来机缘巧合，我接触到认证审核这个行业。我从一开始的懵懂无知，到潜心研究体系标准，到后来的标准条款"信手拈来"；从一个审核行业的小白，主持一场首次会议都紧张到浑身冒冷汗，逐渐成长蜕变，到后来轻松驾驭央企、跨国企业的审核工作。目前我涉及的评估审核领域包括：ISO 管理体系、国家智能制造能力成熟度、两化融合管理体系、数据管理能力成熟度、信息技术运维（ITSS）、软件能力成熟度等。回头望，感慨万千。

一、在晦涩难懂的 ISO 标准中，体会到咀嚼条款的快乐

我是从 ISO 9001 标准开始学习之旅的，刚开始接触标准条款时觉得像"天书"一般，晦涩难懂，拗口难学。但是后来我发现，学习标准是一个"从厚到薄"，再"从薄到厚"的过程。于是我抽象提取出每个条款的核心，浓缩成知识点便于自己记忆，这是一个"从厚到薄"的过程。通过不断的贯标审核实践，对于每个条款知识点有了新的认识，就是一个"从薄到厚"的过程。过程虽然艰苦，但是选择跟时间做回朋友，我逐渐体会到了咀嚼条款原来也是一种快乐。

二、在审核实践中，面对现实，忠于理想

刚踏入审核行业，我的起点是一个民营认证机构，得益于前辈的指点和教导，我坚持向上攀登成长。审核中，我接触到了各种各样的企业，有几万人的行业龙头企业，有算上老板才 3 个人的微型企业，每次我都珍惜审核的机会，结合标准的理论条款在企业中寻找对应的实践情况。到后来的审核中，我甚至有一种标准条款会自己开口提问的"错觉"，那些曾经晦涩难懂的条款，逐渐栩栩如生起来。这也是为什么我有一股冲动，把这些年评估审核的经验和体会，在本书中向大家和盘托出。

三、时代变局之下，审核依旧在路上

考虑到自身职业的发展，我选择了一家更大的评估机构，作为自己职业的新起点。在数字化转型的大背景下，我辅修了第二专业"计算机科学与技术"，并开始涉足智能制造、两化融合、数据管理等评估审核领域。在第四次工业革命和产业变革的背景下，我希望自己能为国家和企业加速进入"工业 4.0"时代贡献一份力量。

笔者将 ISO 9001 理论学习和实践应用录制成付费课程，全网有几十万次的点播学习。应广大同学的强烈要求，现结合课程讲义，将我理解的标准内涵和应用的评估审核方法整理优化，编撰成本书。由于自身能力有限，书中难免存在不足之处，欢迎广大读者提出宝贵的意见和建议（微信公众号/抖音号：审核员老 K），万分感谢！

审核员老 K　敬呈读者

2024 年 2 月

目　录 ▼

第 1 章

绪　　论

本章知识点

本章主要介绍三方面内容，一是 ISO 9000 族标准的由来和发展，二是认证认可的发展及我国国家质量基础设施（NQI），三是国家注册审核员考试与注册详解。

1.1　ISO 9000 族标准的由来和发展

1.1.1　ISO 9000 族标准的由来

"ISO 9000 族标准"是国际标准化组织（International Organization for Standardization，ISO）在 1994 年提出的概念，是指"由 ISO/TC 176（国际标准化组织质量管理和质量保证委员会）制定的所有国际标准"。ISO 9000 族标准可以帮助组织建立、实施并有效运行质量管理体系，是质量管理体系通用的要求或指南，可广泛用于各种类型和规模的组织，在国际和国内的贸易中促进相关方互相理解和信任。需要注意的是，"ISO 9000 族标准"是一系列的标准，而非一个标准。本章节重点介绍 ISO 9000 族标准中核心标准之一：ISO 9001：2015/GB/T 19001—2016《质量管理体系　要求》的发展与变化。此版本是目前最新的标准版本。

国际标准化组织是一个全球性的非政府组织，是国际标准化领域中一个十分重要的组织。ISO 成立于 1946 年，总部设在瑞士日内瓦。截至 2023 年底，ISO 成员包括 168 个会员国和地区。我国于 1978 年加入 ISO，在 2008 年 10 月的第 31 届国际标准化组织大会上，我国正式成为 ISO 的常任理事国。国际标准化组织（ISO）与国际电工委员会（International Electrotechnical Commission，IEC）及国际电信联盟（International Telecommunication Union，ITU）有着非常密切的联系与合作。ISO、IEC、ITU 并称为国际三大标准化组织。此外，为促进全球自由和平贸易，ISO 与国际贸易组织（World Trade Organization，WTO）建立了合作关系，在不断发展的国际贸易中，发挥着积极的技术支持作用。

ISO/TC 176 于 1987 年发布了世界首个质量管理和质量保证国际标准，其后陆续发布质量管理技术规范、技术报告等，统称为 ISO 9000 系列标准，也称为 ISO 9000 族标准。ISO 9000 族标准总结了世界各国特别是发达国家质量管理经验，具有很强的实践性和指导性。ISO 9001《质量管理体系　要求》是 ISO 9000 系列（族）标准中非常重要、影响非常深远的标准之一。

1.1.2　ISO 9001 标准的发展

ISO 9001 标准的形成和发展结合了全世界各行各业专家的经验和智慧。为了增加标准的通用性和可持续性，ISO 9001 标准对于质量管理过程进行了高度抽象和概括。我国现行有效的 GB/T 19001—2016《质量管理体系　要求》标准等同采用 ISO 9001：2015 版国际标准。基于标准的高度概括情况和翻译过程中存在的个人理解的差异，可能会造成基层质量管理人员对于标准的理解存在一定的困难。然而，管理的过程其实是有共性的，不管是西方的管理思想还是东方的管理哲学，一定不是两条平行线，在历史的长河中肯定会有交点和重叠。《道德经》中就提出"治大国若烹小鲜"，字面意思是治理大国就像烹调美味的小菜一样。现代企业的管理流程，尤其是质量管理其实和"烹小鲜"的过程也有着异曲同工之妙。为了便于读者理解标准，尤其是基层一线的质量管理人员、体系工程师、管理体系审核员、验厂工程师等人员，编者在正文条款解释中加入了我国文化中与 ISO 9001 标准相契合的管理思想。

作为 ISO 9000 系列标准中重要的标准之一，ISO 9001 先后经历了 5 次版本迭代，分别是 1987 版、1994 版、2000 版、2008 版、2015 版。

（1）第一版标准（1987 版）

ISO 在 1986 年发布了第一个与质量有关的管理标准 ISO 8402：1986《质量管理和质量保证　术语》，1987 年 3 月又发布了 5 个 ISO 9000 系列标准，标志着第一版 ISO 9000 系列标准的诞生。ISO 9000 系列标准一经面世，立刻得到了世界各国质量管理界的响应和运用，反响强烈、影响深远，在国际标准化史上绝无仅有，在世界范围内形成了"ISO 9000 现象"。

（2）第一次修改（有限修改，1994 版）

随着标准的不断推广和使用，1987 版系列标准逐渐暴露出一些需要改进的需求。1994 年 7 月，ISO 发布了 ISO 9000 系列标准的第一次修订标准。本次修订是"有限修改"，即保留 1987 版标准的基本结构，只对标准内容做技术性局部修改，并从此次 1994 版开始提出了 ISO 9000 族的概念。

（3）第二次修改（彻底修改，2000 版）

2000 年 ISO 正式发布了 2000 版的 ISO 9000 族标准，这次修改充分总结了前两个版本的长处和不足，对 ISO 标准的总体结构和技术内容均进行了"彻底修改"，并正式提出质量管理的八项原则。

（4）第三次修改（修正，2008 版）

2008 年 ISO 发布了新版的 ISO 9000 族标准，在这次修订中，ISO 9001 标准基本保持了原有结构、内容、范围等，对于规范性文件内容的特定部分进行了修改、增加和删除。

（5）第四次修改（重大修改，2015 版）

2015 年 9 月，ISO 9000 和 ISO 9001 新版标准发布，强调了三大核心方法：过程方法、PDCA 循环、基于风险的思维，ISO 9001 的标准结构上发生了重大的调整，采用了"高层结构"（High Level Structure，HLS），增强了与其他管理体系的协调一致性，质量管理原则从之前的八项调整为七项。2015 版的 ISO 9001 标准经历了 WD 版（工作组草案）、CD 版（委员会草案）、DIS 版（国际标准草案）、FDIS 版（国际标准最终草案）等进程，并最终发布。

1.1.3 ISO 9000 族标准在我国的发展

1988 年 12 月，我国国家技术监督局正式发布**等效采用** ISO 9000 系列标准的 GB/T 10300《质量管理和质量保证》系列国家标准。1992 年 5 月，我国决定**等同采用** ISO 9000 系列标准，发布了 GB/T 19001—1992/ISO 9001：1987。随后，与 ISO 9000 系列标准转版同步，分别发布了 1994 版、2000 版、2008 版和最新的 2016 版。

从我国企业导入贯彻标准的速度来看，1995 年之前，仅有少数企业接触质量管理体系，鲜有企业开展质量管理体系认证，处于萌芽阶段；1995 年至 2005 年，处于稳健发展阶段；2006 年之后至今，标准在企业的应用呈现井喷式发展。

我国负责相关标准转化的部门是全国质量管理和质量保证标准化技术委员会（SAC/TC 151），由国家标准化管理委员会筹建及进行业务指导，秘书处所在单位为中国标准化研究院。ISO 9000 族三大核心标准分别是：

1）ISO 9000/GB/T 19000《质量管理体系　基础和术语》；

2）ISO 9001/GB/T 19001《质量管理体系　要求》；

3）ISO 9004/GB/T 19004《追求组织的持续成功　质量管理方法》。

1.2 认证认可的发展及我国国家质量基础设施（NQI）

1.2.1 认证的起源与分类

近代的认证制度最早出现在英国，1903 年英国工程标准委员会（英国标准协会 BSI 的前身）创造了世界上第一个用于符合尺寸标准的铁道钢轨的标志，即

"BS 标志"，又称"风筝标志"，自 20 世纪初开始，德国、丹麦、奥地利等国相继建立起自己的认证制度。由于认证制度所体现出的巨大优越性，经济发达的国家纷纷仿效采用，质量认证得到了较快发展。

近一个世纪以来，认证工作的发展经历了三个阶段：

1）第二次世界大战之前，一些工业化国家建立起以本国法规和标准为依据的国家认证制度，仅对在本国市场上流通的本国产品实施认证制度。

2）第二次世界大战之后至 20 世纪 70 年代，开始了本国认证制度对外开放，国与国之间认证制度的双边、多边认可得到发展，以区域标准为依据的区域认证制度（例如以欧洲标准为依据的电器产品、汽车等认证制度）也得到了进一步的发展。

3）20 世纪 80 年代之后，国际上开始在几类产品上试行以国际标准为依据的国际认证制度。认证范围从单纯的工业产品认证发展到质量管理体系、环境管理体系、职业健康安全体系、食品安全管理体系，以及农产品、信息技术产品和网络运作等领域。认证认可已经广泛存在于商品和服务的形成与生产、流通、管理各个环节，并渗透到经济、政治、社会生活、国家安全等各个方面。认证认可已成为人们生活中不可或缺的保障理念，认证证书已成为企业签订贸易合同、招投标、申请贷款的"通行证"，是诚信的重要标志。

那么什么是认证呢？ISO/IEC 17000 给出了认证的定义，认证（Certification）：与合格评定对象有关的第三方证明，认可除外。经过一百多年的发展，认证的种类随着市场情况不断地增多，可以从以下两个方面对认证进行划分。

▶1. 按认证的对象分类，包括：产品认证、管理体系认证、服务认证等

1）**产品认证**。产品认证主要是针对产品进行的认证，对于产品认证的人员称为"产品认证检查员"。产品认证又分为产品安全认证和其他产品认证。

- 产品安全认证。例如，我国的强制性产品认证，简称"3C 认证"，英文缩写为 CCC（China Compulsory Certification）；英国的 BEAB 安全认证，BEAB（British Electrotechnical Approvals Board）是英国电工认证局的英文缩写，BEAB 标志是英国家用电器审核局对电器及电器设备经指定的机构确认合格后，颁发的安全质量认证标志；德国的 GS 认证，GS 是德语"Geprufte Sicherheit"（安全性已认证）的缩写，GS 认证以德国产品安全法（GPGS）为依据，按照欧盟统一标准 EN 或德国工业标准 DIN 进行检测的一种自愿性认证，是欧洲市场公认的德国安全认证标志；UL 安全认证，UL 是美国保险商实验室（Underwriter Laboratories Inc.）的简写，UL 安全认证在美国属于非强制性认证，主要是产品安全性能方面的检测和认证；CE 认证，CE 表示欧洲统一（Conformite Europeenne），CE 认证只限于产品不危及人类、动物和货品的安全方面的基本安全要求，而不是一般质量要求，因此准确地说，CE 标志是安全合格标志，而非质量合格标志。

- 其他产品认证。针对的产品包括有机产品、酒类产品、良好农业规范、饲料产品、绿色产品、节能产品、节水产品等。

2）**管理体系认证**。管理体系认证主要是针对组织的管理进行的认证，对于管理体系认证的人员称为"体系认证审核员"。管理体系认证包括：质量管理体系（Quality Management Systems，QMS）认证、环境管理体系（Enviromental Management Systems，EMS）认证、职业健康安全管理体系（Occupational Health and Safety Management Systems，OHSMS）认证、食品安全管理体系（Food Safety Management Systems，FSMS）认证、信息安全管理体系（Information Security Management Systems，ISMS）认证、信息技术服务管理体系（Information Technology Security Management Systems，ITSMS）认证、危害分析与关键控制点（Hazard Analysis and Critical Control Point，HACCP）体系认证、能源管理体系（Energy Management Systems，EnMS）认证、知识产权管理体系（Intellectual Property Management Systems，IPMS）认证、森林认证（Forest Stewardship Council，FSC）等。

3）**服务认证**。服务认证是针对服务的认证，对于服务认证的人员称为"服务认证审查员"。服务包括生产性服务、流通性服务、消费性服务、社会性服务等，详见 CNAS-GC25：2023《服务认证机构认证业务范围及能力管理实施指南》。

▶ 2. 按认证是否强制分类

认证可分为强制性认证、自愿性认证。强制性认证主要是对于产品安全方面的认证，如我国的 3C 认证、欧盟的 CE 认证等。自愿性认证是组织根据自身管理和业务实际情况自愿采取的认证，其中包括管理体系认证和部分的产品认证。

强制性认证、自愿性认证与管理体系认证、产品认证、服务认证的分类存在相互交叉的情况，且当前所有的认证活动都是动态变化的，所以相关从业人员需要能够做到具体认证具体分析。

1.2.2 质量管理体系认证的起源与发展

第二次世界大战期间，世界军事工业得到了迅猛发展。一些国家政府在采购军品时，不但对产品特性提出了要求，还对供应商提出了质量保证的要求，要求供应商"应制定和保持与其经营管理、规程相一致的有效的和经济的质量保证体系""应在实现合同要求的所有领域和过程（例如：设计、研制、制造、加工、装配、检验、试验、维护、装箱、储存和安装）中充分保证质量"，并对质量保证体系规定了统一的模式。如美国国防部发布了军标 MIL-Q-9858A《质量大纲要求》和军标 MIL-I-45208A《检验系统要求》，供应商要根据这两个模式编制"质量保证手册"，并有效实施。质量保证体系的规定促使供应商进行全面的质量管理，取得了极大的成功。美国国防部发布的这两个文件是全世界最早的质量保证相关的标准。

由于美国军品企业在推行质量保证活动中的成功经验，北大西洋公约组织（NATO）借鉴美国的做法，在 1968 年发布了 AQAP-1 NATO 质量保证标准。同时，英国国防部也在调查中发现，如果只对采购的产品进行最终检验，难以使产品质量令人满意，只有建立质量保证体系，才能充分发挥供需双方的质量保证作用，需方要详细说明采购要求，供方按需方提出的具体要求（体系和程序）进行管理、设计、生产和质量保证，使最终产品在各方面持续满足需方的要求，因此英国国防部在 1970 年将 AQAP-1 NATO 北约质量保证标准采纳为质量体系标准，并在 1973 年作为国防标准实施。由于军方实施质量保证标准的巨大成功，英国根据本国工业发展的需要，参照 AQAP-1 NATO 和英国国防标准，在 1979 年制定和发布了一套 BS 5750 英国国家质量保证标准：

- BS 5750：Part1：1979《质量体系　设计、制造和安装规范》；
- BS 5750：Part2：1979《质量体系　制造和安装规范》；
- BS 5750：Part3：1979《质量体系　最终检验和试验规范》。

20 世纪 70 年代的后期，英国一家认证机构英国标准协会（BSI）首先开展了单独的质量保证体系的认证业务，使质量保证活动由第二方审核发展到第三方认证，受到了各方面的欢迎，更加推动了质量保证活动的迅速发展。

通过几年的实践，BSI 认为，这种质量保证体系的认证适应面广、灵活性大，有向国际社会推广的价值，于是在 1979 年向 ISO 提交了一项建议。ISO 接受了 BSI 的建议，正式批准成立"质量管理和质量保证技术委员会"（TC 176）着手开展这一工作，TC 176 在参考了英国国家标准 BS 5750 并总结各国质量保证的实践经验后，以 BS 5750 为蓝本，在 1986 年发布了 ISO 8402《质量管理和质量保证　术语》，1987 年相继发布了 ISO 9000 系列标准，包括：ISO 9000、ISO 9001、ISO 9002、ISO 9003、ISO 9004，即第一版的 ISO 9000 系列标准，其后又经历了 4 次换版。

ISO 9000 系列标准发布后，受到了前所未有的欢迎，世界上众多国家先后等同采用了该系列标准，企业纷纷应用 ISO 9000 系列标准进行质量管理，并以"通过 ISO 9000 系列标准的认证，获得第三方注册认证证书"作为促进企业质量管理、取信于顾客的手段，在全世界范围内形成了所谓的"ISO 9000 现象"。

正是由于 ISO 9000 系列标准在认证领域获得的巨大成功，推动了其他管理体系的发展和认证工作，包括 EMS 环境管理体系认证、OHSMS 职业健康安全管理体系认证等。

除了管理体系的横向发展之外，以 ISO 9000 系列标准为基准的质量管理体系纵向也得到了深远的发展，对于特殊行业形成了特定的质量管理要求，如汽车领域的 IATF 16949 认证，医疗器械领域的 ISO 13485 认证，建筑施工领域的 GB/T 50430 认证，航空航天领域的 AS 9100 认证，电信领域 TL 9000 认证等。

1.2.3　认可的起源和发展

随着检验检测、认证等合格评定活动的开展，各类从事检验检测、认证活动的合格评定机构纷纷出现，良莠不齐，使得用户无从选择，甚至有些机构还损害了相关方利益，引发要求政府规范认证机构、检验检测机构行为的呼声。为了保证认证、检验检测结果的权威性、公正性，认可活动应运而生。1947 年，第一个国家认可机构——澳大利亚国家检测机构协会（NATA）成立，首先对实验室进行认可。到了 20 世纪 80 年代，工业发达国家先后建立了本国认可机构。20 世纪 90 年代后，一些新兴国家也相继建立了认可机构。随着认可制度的发展，逐渐从实验室认可发展到认证机构认可、检验机构认可等多种类别。

那什么是认可呢？ISO/IEC 17000 给出了定义，认可（Accreditation）：正式表明合格评定机构具备实施特定合格评定工作的能力、公正性和一致运作的第三方证明。这里又引出一个概念"合格评定"，ISO/IEC 17000 给出了合格评定的定义，合格评定（Conformity Assessment）：规定要求得到满足的证实。通常合格评定包括：检验和检测、认证、认可等活动。

通俗地讲，认可是指认可机构按照相关国际标准或国家标准，对从事认证、检测和检验等活动的合格评定机构实施评审，证实其满足相关标准要求，进一步证明其具有从事认证、检测和检验等活动的技术能力和管理能力，并颁发认可证书。可以说，认可是认证的认证。

在我国从事认可工作组织是中国合格评定国家认可委员会（China National Accreditation Service for Conformity Assessment，CNAS），其主要职能包括认证机构认可、实验室认可、检验机构认可、审定与核查机构认可。只有通过认可的认证机构才能颁发带 CNAS 标志的认证证书。

很多国家和地区均有自己的认可机构，如英国皇家认可委员会（UKAS）、美国国家标准协会–美国质量学会认证机构认可委员会（ANAB）、法国国家认可委员会（COFRAC）、韩国认可局（KAB）等。

为了便于不同国家或地区的认可机构能够国际互认，减少技术和贸易壁垒，建立信任、传递信心，1993 年成立了国际认可论坛（International Accreditation Forum，IAF）。IAF 的主要目标是协调各国认证制度，通过统一规范各成员国的审核员资格要求、培训准则及认证机构的评定和认证程序，使其在技术运作上保持一致，从而确保有效的国际互认。

以认可项目的等效性为基础，IAF 多边承认协议（MLA）签约的认可机构批准的认可，使组织持有在世界的某一地区已被认可的认证证书能在世界的任何地区被承认。被 IAF 多边承认协议（MLA）签约认可机构认可的认证机构，在管理体系、产品、服务、人员和其他类似的符合性评审项目上所颁发的认证证书，在国际贸易等领域均能得到世界各国的承认与信任。IAF 提出的口号是"Certified Once Accepted Everywhere"，即一次认证、全球通用。

1.2.4 我国国家质量基础设施（NQI）介绍

国家质量基础设施（National Quality Infrastructure，NQI）由联合国工业发展组织（UNIDO）、世界贸易组织（WTO）、国际标准化组织（ISO）等共同提出，认为国家质量基础设施已经成为未来世界经济可持续发展的关键支柱。

NQI 包括标准、计量、合格评定三个核心要素（图 1-1）。NQI 对于支撑产业升级、加强质量安全、保护消费者、促进公平竞争、推进国际贸易便利化、营造商业环境具有积极促进作用。

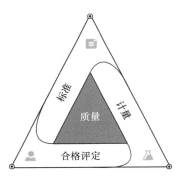

图 1-1　NQI 三大核心要素

NQI 是指以质量为核心，由标准、计量和合格评定三大要素组成的体系，构建了互为支撑的"三角形"模型。其中，计量是控制质量的基础，标准引领质量提升，合格评定控制质量并建立质量信任。三者形成完整的技术链条，相互作用、相互促进，共同支撑质量的发展。具体来讲，计量解决准确测量的问题；质量中的量值要求由标准统一规范；标准执行得如何需要通过检验检测和认证认可来判定。

德国的计量专家 Clemens Sanetra 博士等人著有一本 NQI 方面的专著 *The answer to the global quality challenge*: *A National Quality Infrastructure*，其中提出的 NQI 框架类似图 1-2，更为详细地阐述了 NQI。从图 1-2 可以看出，NQI 绝对不只是质量基础设施建设问题，而应该是一个包括了技术体系和运行管理机制的完整架构。企业应用这一系列的技术、设施、手段和管理，可以实现对质量的合格评定功能，并能通过质量信任的建立，提高效率并控制成本。

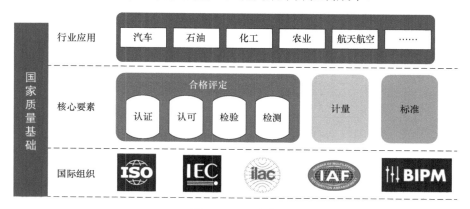

图 1-2　NQI 框架

在 NQI 中，质量管理体系的认证工作是 NQI 合格评定环节中非常重要的组成部分。质量管理相关从业人员只有通晓整体的 NQI 框架，知道质量管理体系认证在国民经济发展过程中的重要地位，才能知道以后学习和进步的方向，更好地理解和掌握质量管理体系相关的知识点。

1.3　国家注册审核员考试与注册详解

1.3.1　负责质量管理工作的国家行政部门

在我国，全面负责质量工作的国家行政部门是原国家质量监督检验检疫总局（简称为质检总局），现已并入国家市场监督管理总局。原质检总局是中华人民共和国国务院主管全国质量、计量、出入境商品检验、出入境卫生检疫、出入境动植物检疫、进出口食品安全和认证认可、标准化等工作，并行使行政执法职能的正部级国务院直属机构。按照国务院授权，将认证认可和标准化行政管理职能，分别交给国家质检总局管理的中国国家认证认可监督管理委员会（CNCA，简称为认监委）和中国国家标准化管理委员会（SAC，简称为标准委）承担。

根据 2018 年 3 月公布的国务院机构改革方案显示，原国家工商行政管理总局、国家质量监督检验检疫总局、国家食品药品监督管理总局组建为国家市场监督管理总局。对外保留国家认证认可监督管理委员会（CNCA）、国家标准化管理委员会（SAC）两块牌子。

认监委是统一管理、监督和综合协调全国认证认可工作的主管机构，其管理的单位有中国认证认可协会、中国合格评定国家认可委员会等，其认证认可监管的行政架构如图 1-3 所示。

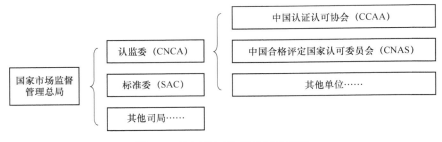

图 1-3 认证认可监管的行政架构

中国认证认可协会（CCAA）成立于 2005 年 9 月 27 日，是由认证认可行业的认可机构、认证机构、认证培训机构、认证咨询机构、实验室、检测机构和部分获得认证的组织等单位会员和个人会员组成的非营利性、全国性的行业组织。中国认证认可协会（CCAA）是经国家认证认可监督管理委员会授权，依法从事认证人员认证（注册）的机构，开展管理体系审核员、产品认证检查员、服务认证审查员和认证咨询师等的认证（注册）工作。

中国合格评定国家认可委员会（CNAS）成立于 2006 年 3 月 31 日，是我国依法设立的唯一合格评定国家认可机构，统一负责对认证机构、实验室和检验机构等相关机构的认可工作。中国合格评定国家认可委员会是国际认可论坛（IAF）、国际实验室认可合作组织（ILAC）、亚太实验室认可合作组织（APLAC）和太平洋认可合作组织（PAC）的正式成员，并签署了互认协议。CNAS 在国际认可互认体系中有着重要的地位，发挥着重要的作用。

1.3.2 审核员考试安排

国家注册审核员的考试与注册由中国认证认可协会（CCAA）统一组织与安排。CCAA 在考前 40 天发布报名通知。考试地点一般安排在国内的一、二线城市，每次考试地点可能会有微小变动，具体以官方公布为准。详情考试计划请参看 CCAA 官方网站：http://www.ccaa.org.cn/，或者请关注微信公众号：审核员老K，菜单栏中有详细说明。

考试的形式为机考闭卷，CCAA 将在考试结束后 45 天（遇法定节假日顺延）内发布考试结果。管理体系审核员的考试科目包括公共科目和专业领域科目。

1.3.3 质量管理体系审核员注册准则

➤ 1. 审核员级别划分与考试要求

质量管理体系审核员（QMS Auditor）注册分为实习审核员、（正式）审核员两个级别。CCAA 管理体系审核员注册原则上遵循逐级晋升原则。

1）QMS 实习审核员。QMS 实习审核员申请人应在申请注册实习审核员前 5 年内通过 CCAA 统一组织的"认证通用基础"考试，且在申请实习审核员注册前 3 年内通过 CCAA 统一组织的"质量管理体系基础"考试。QMS 实习审核员可以作为审核组成员参与审核活动，但不能独立实施审核。

2）QMS（正式）审核员。申请人应在申请注册前 3 年内通过 CCAA 统一组织的"管理体系认证基础"考试，以证实其满足注册准则相应注册要求；并且在实施审核活动方面有一定实践经验，能够独立完成审核的申请人，授予（正式）审核员资格。

▶2. 教育经历和工作经历要求

QMS 审核员申请人应具有大学专科（含）以上高等教育经历。QMS 实习审核员申请人无工作经历要求。大学专科学历申请人在申请 QMS（正式）审核员时应至少具有 8 年全职工作经历并取得中级（含）以上技术职称；大学本科（含）以上学历申请人在申请 QMS（正式）审核员时应至少具有 4 年全职工作经历。满足 CCAA 注册要求的工作经历应在取得相应学历后，在负有判定责任的技术、专业或管理岗位获得。研究生学习经历可按 50% 计算工作经历。

▶3. 专业工作经历要求

QMS 实习审核员申请人无专业工作经历要求。大学专科学历申请人在申请（正式）审核员时应至少具有 6 年全职专业工作经历；大学本科（含）以上学历申请人在申请（正式）审核员时应至少具有 2 年全职专业工作经历。申请人应提交专业工作经历证明。专业工作经历可与工作经历同时产生。

适宜的质量管理专业工作经历包括：产品和服务的设计、生产、技术、检测、质量管理、教学、科研及相关标准制修订等工作经历。

▶4. 审核经历要求

QMS 实习审核员申请人无审核经历要求。（正式）审核员申请人要求其以实习审核员的身份，作为审核组成员在审核员级别注册人员的指导和帮助下完成至少 4 次相应领域完整体系审核，现场审核经历不少于 15 天。现场审核应覆盖相应领域认证标准所有条款。所有审核经历应在申请注册前 3 年内获得，并取得覆盖审核依据标准的全条款和 GB/T 19011 标准 7.2.3.2 a）条款合格的现场见证结论。

第 2 章

引言、范围、规范性引用文件

本章知识点

　　ISO 9001：2015《质量管理体系 要求》是由引言、正文、附录三部分构成的。在标准原文中，引言是第 0 章，正文是第 1~10 章，附录由附录 A、B 两部分构成，标准的核心正文部分是从第 4 章至第 10 章。为了更加便于读者理解和记忆相关的知识点，本章重点介绍标准原文中的第 0 章引言、第 1 章范围、第 2 章规范性引用文件相关的内容，并将标准原文整理汇编成相应的知识点。

2.1 引言

本节知识架构如图 2-1 所示。

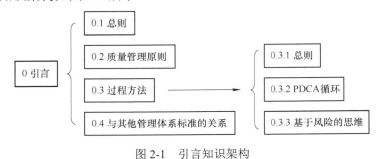

图 2-1　引言知识架构

2.1.1　总则

▶ 1. 标准原文

0.1　总则

采用质量管理体系是组织的一项战略决策，能够帮助其提高整体绩效，为推动可持续发展奠定良好基础。

组织根据本标准实施质量管理体系的潜在益处是：

a）稳定提供满足顾客要求以及适用的法律法规要求的产品和服务的能力；

b）促成增强顾客满意的机会；

c）应对与组织环境和目标相关的风险和机遇；

d）证实符合规定的质量管理体系要求的能力。

本标准可用于内部和外部各方。

实施本标准并非需要：

——统一不同质量管理体系的架构；

——形成与本标准条款结构相一致的文件；

——在组织内使用本标准的特定术语。

本标准规定的质量管理体系要求是对产品和服务要求的补充。

本标准采用过程方法，该方法结合了"策划–实施–检查–处置"（PDCA）循环和基于风险的思维。

过程方法使组织能够策划过程及其相互作用。

PDCA 循环使组织能够确保其过程得到充分的资源和管理，确定改进机会并采取行动。

基于风险的思维使组织能够确定可能导致其过程和质量管理体系偏离策划结果的各种因素，采取预防控制，最大限度地降低不利影响，并最大限度地利用出现的机遇（见 A.4）。

在日益复杂的动态环境中持续满足要求，并针对未来的需求和期望采取适当行动，这无疑是组织面临的一项挑战。为了实现这一目标，组织可能会发现，除了纠正和持续改进，还有必要采取各种形式的改进，如突破性变革、创新和重组。

在本标准中采用了如下助动词：

——"应"表示要求；

——"宜"表示建议；

——"可"表示允许；

——"能"表示可能或能够。

"注"的内容是理解或说明有关要求的指南。

▶2. 理解要点

总则的内容可以汇总成以下 5 个知识点。

（1）战略决策

标准的开篇就对于 QMS 进行了全局性说明：采用质量管理体系是组织的一项战略决策，能够帮助其提高整体绩效，为推动可持续发展奠定良好基础。

※**说明**：采用 QMS 是组织的战略性决策。通常，一个组织是由其最高管理者来规划组织的战略发展方向的，所以本标准开篇就定了基调：QMS 工程是"一把手工程"，是企业的战略方向，是企业发展的核心布局之一，是企业可持续发展的基石。

※**拓展**：标准的开篇就掷地有声地抛出了三个概念——"战略决策""提高整体绩效""可持续发展的基础"。

首先，决策分为两种：一种是战略性的，一种是战术性的，采用质量管理体系无疑是企业战略性的决策，是组织决定未来发展方向的最终选择。举例说明，一对夫妻经营着一家饭店，可以将这家夫妻店视为一个小型组织。这对夫妻是想一直经营这个"小而美"夫妻店，还是想通过扩大经营在全国开设连锁店，就是他们需要考虑的"战略性决策"之一，无论是"夫妻店"还是"连锁店"，都需要使得其产品（饭菜）和服务能够持续不断地得到顾客的认可，这对夫妻就可以考虑采用 ISO 9001 的管理思想。因为 ISO 9001 的管理思想强调的是对于整个过程的管理，过程能够得到有效的控制和管理，产品（饭菜）和服务大概率就能满足顾客的需求和期望，甚至超越顾客期望。然而需要说明的是，不管是战略性的决策还是战术性决策，并非一锤定音不可更改的，企业在发展和管理的过程中，需要根据实际情况调整和修正自己的决策方向。

其次，采用 ISO 9001 质量管理体系可以提高组织的整体绩效。一个组织的绩效可能是由很多方面绩效组成的，包括：管理绩效、人员绩效、生产绩效、财务绩效、产品绩效等，那么采用 ISO 9001 质量管理体系可以全面提高上述绩效，因为组织质量管理并不是仅着眼于狭义"质量"，而是在广义"质量"的面上能够铺开。企业管理可以说是"牵一发动全身"，经典著作《红楼梦》中的"一荣俱荣，一损俱损"这句话在企业质量管理上可以说表现得淋漓尽致。

最后，ISO 9001 质量管理体系的有效实施是企业能够得到可持续发展的基础。以"夫妻店"举例，只有基于整个餐饮过程的把控，夫妻店才能得到可持续性的发展。"顾客口味调研→菜品研发→食材采购→清洗→切菜→烹饪→装盘"，以上所有过程任何一个环节失控，都可能会造成顾客满意度下降，甚至导致顾客丢失。所以不管夫妻俩是要做"小而美"的夫妻店，还是要扩大经营做连锁店，ISO 9001 质量管理体系的过程管控都能为其奠定可持续发展的基石。可持续发展的概念不在于组织的规模大小，而是在于企业发展的连续性和持久性。

国内很多民营中小型企业的管理者认为：实施 ISO 9001 质量管理体系，就是为了获得第三方认证机构的一张证书。正是由于这种错误的观念造成了很多企业管理的"两张皮"现象。所以标准开篇就提醒企业管理者，尤其是最高管理者，如果实施 ISO 9001 管理体系不放在企业战略的层面，仅仅是为了获得第三方认证机构的一张证书，是本末倒置的行为。企业的经营管理者不能"以战术上的勤奋，弥补战略上的误判"。

那么企业的管理者，尤其是最高管理者，如何确定并贯彻 ISO 9001 质量管理的战略？标准的第 5 章详细介绍了企业的管理者对于推进 ISO 9001 质量管理体系的作用和要求。

（2）组织实施 QMS 有哪 4 点潜在益处？

1）稳定提供满足顾客要求以及适用的法律法规要求的产品和服务的能力。

※**说明**：这句话的重点词是"稳定""能力"。质量管理的核心目标之一是使得产品和服务的质量趋于稳定，尤其是生产制造型企业。质量管理工程师的核心工作是杜绝"异常因素"造成的"异常质量波动"，减少"随机因素"造成的"随机质量波动"。一个组织能够有效实施 ISO 9001 质量管理体系就可以稳定这种能力。这种能力不仅仅是狭义上"质量能力"，也是广义上的"管理能力"，依靠管理保证质量。质量不是靠电视广告宣传出来的，而是靠企业各级管理者共同努力管理出来的。

※**拓展**：任何一个组织都有质量管理活动，无论该组织是否意识到。但不同的是，有些组织能将质量管理形成一个体系，知道质量管理要管哪些内容，管理哪些维度，管理到什么程度。而有些组织的质量管理只是蜻蜓点水，三天打鱼两天晒网，管理不成系统。这就是一个组织是否能够有效实施 ISO 9001 质量管理体系的区别。当然能够有效实施 ISO 9001 质量管理体系是满足顾客要求的必要条件，而非充分条件。

2）促成增强顾客满意的机会。

※**说明**：质量管理原则中的第一条就是"以顾客为关注焦点"，那么究竟要聚焦在顾客的什么方面呢？毫无疑问就是增强顾客满意。如何才能增强顾客满意呢？系统而有效地实施 ISO 9001 质量管理体系就能促成这样的机会，提升企业的整体质量管理能力，无论是产品质量还是服务质量，始终如一、持之以恒地输出优质产品和服务，从而使顾客满意，甚至让顾客感动。

※**拓展**：随着人们的生活水平的不断提高，能够使顾客满意的标准也随之提高。顾客的需求不仅仅是满足功能和性能，还涉及顾客对其价值和受益的感知。比如：以前消费者对于手机的期望就是打电话、发短信、性能可靠等，所以诺基亚品牌的手机风靡全球，在消费者心目中锚定了"经久耐用"的品牌形象。然而

随着通信技术的不断发展和普及，人们对于手机触屏操控体验、操作系统的流畅度体验、外观等方面有了新的要求，诺基亚因为战略性的失误，坚持使用原有的"塞班"系统，被以苹果和三星为代表的科技型公司一举击败。虽然原有的诺基亚手机能够让顾客满意，但是苹果和三星手机却能增强顾客满意。苹果和三星成功的原因可以用 ISO 9001 质量管理体系标准的第 10 章"改进"的内容阐述："改进的例子可包括纠正、纠正措施、持续改进、突破性变革、创新和重组"。

3）应对风险和机遇。

※**说明**：新版的 ISO 9001 质量管理体系要求倡导"基于风险的思维"，同时引入了"风险"和"机遇"的概念。组织在建立、运行和实施 ISO 9001 质量管理体系要求时，就必须考虑相关的风险和机遇。需要注意的是，"风险和机遇"与组织环境、相关方、组织建立的目标等内容密切相关。组织的内外部环境、相关方的需求和期望、组织建立的目标一旦变化，相关的"风险和机遇"也就随之变化，所以要想在组织内有效地保持 ISO 9001 质量管理体系要求，就需要让"风险和机遇"与"组织环境""相关方""组织目标"处于动态平衡的状态。所以有效地建立、实施、保持和持续改进 ISO 9001 质量管理体系要求就能够应对相关的风险和机遇。

※**拓展**：组织在经营管理过程中无时无刻都会面临相关的风险和机遇。随着 5G 技术的不断发展，以"华为"作为代表的国内新型科技型企业发展势头迅猛。对于"华为"而言，其内外部环境包括："5G"技术的兴起和发展、国内外政府的支持或打压、国内外市场的布局、企业内部的文化、国内外对于通信行业的法律法规和标准的差异、企业的核心价值观等；其相关方包括：国内外市场的客户、企业内部员工、企业内部股东、国内外监管机构等；其目标是企业根据公司的战略方向和愿景细化出来的一个个具体的目标。以上的所有内容并非一成不变的，一旦有变化，"华为"所面临的"风险和机遇"也会随之变化。国际环境中的"芯片技术战争""5G 标准话语权博弈"等事件都会给"华为"带来风险。然而另一方面，国内鼓励科技创新型企业发展、5G 技术及相关企业的创新以及国内越来越多的用户对于"华为"产品的广泛认可，给华为带来了新的发展机遇。就像任正非坦言的那样："因为优秀，所以死亡。创业难，守业难，知难不难。高科技企业以往的成功，往往是失败之母，在这瞬息万变的信息社会，唯有惶者才能生存。"那么如何才能成为任正非口中的"惶者"呢？就是要采用基于风险的循证决策方法。

4）证实符合规定的 QMS 要求的能力。

※**说明**：这句话的重点是实施 ISO 9001 能够"证实一种能力"，究竟是什么样的能力呢？符合规定的 QMS 要求的能力。我们需要认清，运行 ISO 9001 质量

管理体系要求可以获取内外部的信任。内部信任可以通过组织自我声明的方式来表达，比如企业基于ISO 9001的内部审核；外部信任，就是通过第二方（顾客方）或者独立的第三方机构进行验证，来确定企业是否能够达到标准所规定的要求。

※**拓展**：其实贯标（贯彻ISO 9001标准）的核心就是传递一种信任，证实本组织已经按照标准的要求用"PDCA 循环""过程方法"及"基于风险的思维"系统地贯彻执行了 ISO 9001 标准规定的要求。这种信任可以是自我声明，也可以是其他组织的证明。

举例说明：比如一个汽车零部件企业，管理层为了规范企业内部管理，尤其是质量管理，决定导入ISO 9001质量管理体系要求。经过一段时间的运行，公司组织了一次质量管理体系内部审核，针对内部审核发现的不符合制定相应的纠正和纠正措施，这一整套流程就是一个闭环的自我声明，向外界传达了本公司能够基本按照ISO 9001质量管理体系要求的内容贯彻执行。

那么如何向其顾客（主机厂）证实自己有质量管理的能力呢？该公司就可以委托顾客方（主机厂）到其现场进行第二方审核，以确定是否满足顾客的质量管理要求。因为汽车行业相对比较特殊，所以几乎每个主机厂均有自己的一套质量管理的要求，比如：大众的 Formel Q、通用的质量体系基础（Quality Systens Basics，QSB）、福特的 Q1 等。

除了企业的自我声明和顾客验厂，还有专门的第三方机构对于企业是否能够有效建立、运行、实施和持续改进质量管理体系进行审核。通常这类第三方机构本身就是一个值得信任的机构或组织。第三方机构的认证审核主要承担一个担保的作用，如果受审核方通过了第三方机构的认证审核，那么就由第三方机构为其传递一种信任，证明其质量管理体系能够满足标准的要求。当然，不同行业可能会有具体的质量管理体系，比如汽车领域的标准是 IATF 16949、医疗器械领域的标准是 ISO 13485、航空航天领域的标准是 AS 9100 等，可以理解为在 ISO 9001标准的基础上打的各个行业的"补丁要求"。

本标准适用于内部和外部各方。

※**说明**：本标准既可以用于企业内部建立质量管理体系，也可以用于外部相关方，比如顾客、第三方认证机构可以用于评价企业的准则。通常来讲 ISO 9001质量管理体系认证审核的核心依据就是 ISO 9001 标准。

（3）实施本标准的三个"并非"

实施本标准并非需要：统一架构、形成文件、使用术语。

※**说明**：新版的 ISO 9001 质量管理体系要求开篇就明确提出了"三个并非"，说明了新版标准的开放和兼容性。标准采用"三个并非"直接说明了贯彻

ISO 9001 质量管理体系并不需要拘泥于形式和流程，给企业贯标带来了极大的自由度，减少企业在以往的贯标过程中出现的"两张皮"的现象。

1）第一个并非，并非需要统一不同质量管理体系的架构。

※说明：在 ISO 发布的诸多国际标准中，ISO 9000 族标准影响比较深远。最新发布的 ISO 9001：2015 版质量管理体系要求同样在质量管理领域意义非凡。然而，不同的行业面对的实际情况存在很多差异，比如汽车、医疗器械、航空航天、铁路行业等。很多行业都有自己的质量管理体系的要求，如 IATF 16949、ISO 13485、AS 9100、ISO/TS 22163 等，甚至很多大型的跨国公司有适于企业自身发展的一套质量管理体系。我们在践行 ISO 9001 质量管理体系的时候，并不需要强行将其他的质量管理体系与 ISO 9001 的架构统一。优秀的企业管理是取长补短、因地制宜，而并非一定要实现形式上的强制统一。单方面强调形式统一，很容易造成"画虎类犬"脱离实际的情况。

2）第二个并非，并非需要形成与本标准条款结构相一致的文件。

※说明：新版的 ISO 9001 质量管理体系要求采用的 ISO/IEC 导则附件 SL 中给出的"高层结构"（HLS），从第 1 章到 10 章的基本正文框架相通，增强了与其他管理体系标准的兼容和统一。但是，企业在实际贯标过程中，不一定非要形成与框架结构一致的文件。文件的编制可以依据标准中"保持成文信息"和"保留成文信息"的要求，并且根据企业实际经营状况的需求来确定。

QMS 文件应当根据标准进行"本地化"融合，很多组织在编制质量文件过程中简单套用标准要求，或者直接照搬照抄其他组织的体系文件，对于组织而言是自欺欺人，有百害而无一利。

3）第三个并非，并非需要在组织内使用本标准的特定术语。

※说明：新版的 ISO 9000 族核心标准之一 ISO 9000：2015《质量管理体系　基础和术语》规定了 13 类 138 个术语。企业在实施管理体系时，并非需要严格按照 ISO 9000 基础和术语的要求使用已被定义的术语。ISO 9001 贯标的过程不能刻舟求剑，如果一味地追求原版术语可能会造成弄巧成拙的情况。比如标准的原文中说到了"最高管理者"，但是我们日常工作生活中并不会经常使用到"最高管理者"一词，因为它只是我们标准中的一个书面用语。企业在实际的经营过程中可能会使用"总经理""厂长""总裁""董事会""领导班子"之类的词语。我们在贯标过程中，可以直接使用我们日常使用的词语。

（4）实施 ISO 9001 的三大核心工具

1）QMS 是对产品和服务要求的补充。

※说明：QMS 的要求是通用的要求，适用于所有行业的任何组织，无论其提供的产品和服务的类型。ISO 9001 标准本身并不规定产品和服务的具体要求。产

品和服务要求的内容通常通过"合同"的形式进行具化，且"产品和服务要求"在本标准的第 8.2 章节有详细的阐述，主要包括适用的法律法规的要求和组织认为必要的要求。举例说明，在电线电缆产品的生产过程中，相关的技术标准是"产品服务要求"之一，但是仅有技术类标准是远远不够的，还需要管理类标准的辅助才能保证公司的管理科学有效，所以技术标准和管理标准就像一辆自行车的两个轮子，相互促进，相互推动，缺一不可。

※**拓展**：QMS 的要求是对组织管理的一系列的规定，对于组织生产的产品和提供的服务只是一个补充和框架性自愿约束，因为我国等同采用 ISO 9001 标准后形成了国家推荐性标准 GB/T 19001—2016，该标准并不是对于产品和服务的强制标准。通常"产品和服务要求"在合同中体现，比如"钢材采购合同"中会对于钢材的品牌、型号、规格、数量、价格等方面有具体的要求，这些参数都是"产品和服务要求"的具体表现，也是一个合同中最为核心的部分。但是对于供方的质量体系要求，可能在合同中会出现这样的字句：供方质量管理体系需符合 GB/T 19001—2016 标准，所以本标准的要求并不是"产品和服务的要求"，而是"产品和服务要求"的补充。

2）过程方法：结合"PDCA 循环"和"基于风险的思维"。

※**说明**："过程方法"是质量管理原则之一（见 0.2 质量管理原则），如果说把"过程方法"视为打开 ISO 9001 质量管理体系宝藏的钥匙，那么"PDCA 循环"和"基于风险的思维"就是这把钥匙最不可或缺的组成部分。

标准说明了 ISO 9001 标准中"过程方法""PDCA 循环"和"基于风险的思维"这三个核心方法的好处，对于这三大核心方法的具体介绍，我们在下节内容中详细论述。

- 过程方法：使组织策划过程及相互作用；
- PDCA 循环：使组织确保过程得到资源和管理，确定改进机会，采取行动；
- 基于风险的思维：使组织确定其过程和 QMS 偏离策划结果的各种因素，采取预防控制，最大限度地降低不利影响，最大限度地利用机遇。

（5）应对"挑战"的结构（图 2-2）

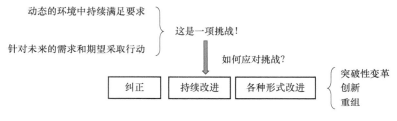

图 2-2　应对"挑战"的结构

2.1.2　质量管理原则

➤1.　标准原文

0.2　质量管理原则

本标准是在 GB/T 19000 所阐述的质量管理原则基础上制定的。每项原则的介绍均包含概述、该原则对组织的重要性的依据、应用该原则的主要益处示例以及应用该原则提高组织绩效的典型措施示例。

质量管理原则是：

——以顾客为关注焦点；

——领导作用；

——全员积极参与；

——过程方法；

——改进；

——循证决策；

——关系管理。

➤2.　理解要点

"0.2 质量管理原则"可以汇总成以下 2 个知识点。

（1）质量管理原则背景介绍

1）本标准是在质量管理原则的基础上制定的。

※**说明**：新版标准的质量管理原则共七条，结合了全世界各行各业质量管理专家的经验智慧，概括总结出了质量管理的七项基本原则。如果说把质量管理体系比作一栋大厦，那么七项质量管理原则就是这座大厦的地基。

※**拓展**：现代质量管理学的发展历史一百多年，大约经历了三个发展时期：质量检验阶段、统计质量控制阶段、全面质量管理阶段。每个阶段都出现了杰出的质量管理大师及一些质量管理理论和方法。比如：全面质量管理中的"三全一多样"（全面的质量管理、全过程的质量管理、全员参与的质量管理、多种多样方法的质量管理）、朱兰的"质量三部曲"（质量策划、质量控制、质量改进）、戴明的质量管理十四条原则等。

以上的这些原则和管理思想虽然影响深远，但均是从不同时期、不同角度提出来的，具有一定的时代局限性。为此，ISO 专门成立了一个工作组（WG 15），征集世界上受人尊敬的一批质量管理专家的意见和建议，在此基础上编写了 ISO/CDI 9004-8《质量管理原则及其应用》，虽然该草案因为发布的形式存在争议而未能及时发布，但是八项质量管理原则却在 1997 年哥本哈根的年会上得到一致赞同，并将八项质量管理原则定为 2000 版的 ISO 9000 族标准的理论基础。

随着科技的发展和时代的进步，质量管理类标准为了适应新时期质量管理的要求进行了改版，最新 2015 版 ISO 9000 族标准的理论基石也从八项质量管理原则变成了七项质量管理原则。所以质量管理原则并不是人类社会发展到某个阶段的理论产物，或者是某个单独学派的一家之言，而是随着社会经济发展而动态变化的理论。

2）每项原则包含：概述、重要性依据、益处示例、措施示例。

※**说明**：每项原则包含：概述、重要性依据、益处示例、措施示例，这是 ISO 9000：2015《质量管理体系　基础和术语》标准中对七项质量管理原则的阐述结构。概述的内容是该原则的基本概念，重要性依据是形成该原则的理论依据，益处示例是指实施该原则的好处，措施示例是指通过"可开展的活动"说明实施该原则的具体方法。

（2）七项质量管理原则的具体内容

1）以顾客为关注焦点。

概述：质量管理的首要关注点是满足顾客要求并且努力超越顾客期望。

依据：组织只有赢得和保持顾客及其他有关相关方的信任才能获得持续成功。与顾客相互作用的每个方面，都提供了为顾客创造更多价值的机会。理解顾客和其他相关方当前和未来的需求，有助于组织的持续成功。

主要益处可能有：①提升顾客价值；②增强顾客满意；③增进顾客忠诚；④增加重复性业务；⑤提高组织的声誉；⑥扩展顾客群；⑦增加收入和市场份额。

可开展的活动包括：①识别从组织获得价值的直接顾客和间接顾客；②理解顾客当前和未来的需求和期望；③将组织的目标与顾客的需求和期望联系起来；④在整个组织内沟通顾客的需求和期望；⑤为满足顾客的需求和期望，对产品和服务进行策划、设计、开发、生产、交付和支持；⑥测量和监视顾客满意情况，并采取适当的措施；⑦在有可能影响顾客满意的有关相关方的需求和适宜的期望方面，确定并采取措施；⑧主动管理与顾客的关系，以实现持续成功。

※**说明**："以顾客为关注焦点（Customer Focus）"究竟要关注顾客的哪些方面呢？概述的内容解释得很清楚：关注满足顾客要求并努力超越顾客期望。那么究竟什么是顾客要求和顾客期望呢？每个行业、每个组织都有自己的答案，需要组织开展深度的挖掘和探寻。一定要懂业务、知行业、晓政策，才能洞悉顾客的要求和期望，才能做好质量管理。

首先，我们一定要认识到顾客的重要性，这也是为什么把"以顾客为关注焦点"作为七项质量管理原则之首。顾客就是衣食父母，满足顾客的要求是企业生存的最低要求，一个组织要想具有真正的核心竞争力，就必须超越顾客的期望，甚至让顾客感动。"海底捞"火锅正是靠着让顾客感动的服务，为其赢得了巨大的市场回报。调查表明，争取一个新顾客的花费相当于留住一个老顾客的 6 倍，一个不满意的顾客会向 8 到 10 个亲朋好友抱怨他糟糕的体验。顾客会用脚来投票，"桃李不言，下自成蹊"，在产能过剩，买方市场的今天表现得尤为突出。

再者，我们要明白谁是我们的顾客，顾客分为两种：内部顾客和外部顾客。外部顾客通常容易理解，就是购买我们产品和服务的人。那么什么是内部顾客呢？以生产型企业举例：下一道工序就是上一道工序的顾客。识别外部顾客的需求和期望并非难事，但是我们很容易忽略内部顾客的要求和感受。尤其对于较大规模的企业或者生产工序流程相对较多的企业，内部顾客的需求和期望一定要得以识别并加以控制。否则，就会出现部门之间的推诿扯皮，造成巨大的内部损耗，这种问题在企业实际工作过程中屡见不鲜。所以适宜时，企业可以开展"工序间的质量拜访"或者"部门间的质量联动"，最大限度地减少质量管理的盲点和内部阻力。

那么如何才能做到"以顾客为关注焦点"呢？上文中"可开展的活动"给出了具体的措施。拿"小米"公司举例，虽然没有明确宣传"顾客就是上帝"的口号，但其企业文化和经营理念中，始终把顾客放在首位，为顾客提供优质的产品和服务。如：小米公司注重用户反馈，通过社区论坛、官方社交媒体等渠道收集用户的意见和建议。此外，小米公司的客户服务团队以快速响应和解决用户问题而著称，无论是通过在线客服、电话客服还是社交媒体，都力求在最短的时间内给予用户满意的答复和解决方案。"小米"还通过举办线下活动、线上互动等方式，与粉丝建立紧密的联系。这种粉丝文化的建设，让顾客感受到了"小米"的温暖和归属感，从而更加忠诚于品牌。

※拓展："以顾客为关注焦点"在 ISO 9001 标准中体现为标准的"4.2 理解相关方的需求和期望"包括了确定、监视和评审顾客的需求和期望的要求；"5.1.2 以顾客为关注焦点"直接体现了最高管理者以顾客为关注焦点的领导作用和承诺；"5.2 方针"中质量方针的内容包括满足适用要求的承诺；"6.2 质量目标及其实现的策划"中要求组织的质量目标与产品和服务的合格以及增强顾客满意相关；"8.2 产品和服务的要求"中对如何与顾客沟通，如何确定、评审和更改产品和服务要求提出了明确的控制要求；"8.5.3 顾客和外部供方的财产"要求组织应爱护顾客财产；"8.5.5 交付后活动"指出组织应考虑顾客要求；"9.1.2 顾客满意"指出组织应监视顾客对其需求和期望满足的程度的感受；"9.1.3 分析与评价"指出组织应分析顾客满意程度；"9.3.2 管理评审输入"指出输入应包括顾客

满意和有关相关方的反馈；"10.1 总则"指出组织应确定和选择改进机会，并采取必要措施，以满足顾客要求和增强顾客满意。

2）领导作用。

概述：各级领导建立统一的宗旨和方向，并创造全员积极参与实现组织的质量目标的条件。

依据：统一的宗旨和方向的建立，以及全员的积极参与，能够使组织将战略、方针、过程和资源协调一致，以实现其目标。

主要益处可能有：①提高实现组织质量目标的有效性和效率；②组织的过程更加协调；③改善组织各层级、各职能间的沟通；④开发和提高组织及其人员的能力，以获得期望的结果。

可开展的活动包括：①在整个组织内，就其使命、愿景、战略、方针和过程进行沟通；②在组织的所有层级创建并保持共同的价值观，以及公平和道德的行为模式；③培育诚信和正直的文化；④鼓励在整个组织范围内履行对质量的承诺；⑤确保各级领导者成为组织中的榜样；⑥为员工提供履行职责所需的资源、培训和权限；⑦激发、鼓励和表彰员工的贡献。

※说明：根据"二八原则"，在组织的运营过程中，出现的质量问题，80%是由于管理者的原因造成的，只有 20%是源于员工的问题。大多数企业质量管理的失败在于领导方面，我国有句古话"将帅无能，累死三军"，也说明了领导的关键性。

概述中说明的领导是"各级领导"，既包括了组织中的高层领导、中层领导，也包括了组织中的基层领导。那么各级领导究竟如何发挥"领导作用"呢？标准的 5.1.1 总则归纳了最高管理者的十条要求，进一步细分其实就是三个方面：定战略、给资源、做激励。

① 定战略："大海航行靠舵手""火车跑得快全靠车头带"，领导者应当明确组织发展的战略方向。一个没有长远战略的企业无疑是没有未来的。

那么一个企业如何制定战略呢？每个行业，每个企业都有自己所面临的实际情况，根据自己的实际情况，首先分析形势，大的形势是难以改变的，但聪明的人会利用形势，顺势而为才有可能成功。再者，管理者要有格局，格局是一个人的胸怀，想干多大的事就有多大的格局，这有什么用呢？有句话说的是："立志到太阳的人，可能最终到不了太阳，但是他可以到达月球，只想着到月球的人，可能到死都还在地上。"

回归到质量管理也是同样的道理，企业的管理者必须顺势而为才有可能获得市场回报。举例：对于注塑企业，2019 年上海垃圾分类回收新政无疑是个巨大市场机遇的开始，到 2020 年底，全国 46 个重点城市要基本建成生活垃圾分类处理系统，全国 294 个地级及以上城市也开始全面部署生活垃圾分类。业内人士预计，未来一年市场将释放出 200 亿元到 300 亿元产能，10 年内，产业规模将达到 2000 亿元到 3000 亿元。要想生产出让顾客满意的分类回收垃圾桶，除了前期的市场调研，政策分析，更需要对于产品质量严格控制。企业管理者必须要有质量格局，可能当前公司的质量管理水平达不到六西格玛的水平，但一定需要树立相关的质量意识，通过不断改进，达到这一目标。

② 给资源："巧妇难为无米之炊"，在企业做质量管理也是同样的道理。有些领导天天鼓吹"质量就是企业的生命"，但是真正到了投入资源时却是"雷声大雨点小"，这是企业质量经理难当的原因。这里的资源包括：配给相关的质量检测工具，招聘质量管理人员，给与员工培训的机会，质量改造费用的投入等。领导重不重视质量管理工作，最直接的判断就是愿不愿意在质量方面有所投入。当然，质量资源的投入一定要经过系统的策划和评估，不然很有可能会造成"质量过剩""质量浪费"。

③ 做激励：企业管理者，一定要清楚并严格执行的激励原则应是"做过没做不一样，做好做坏不一样"。只有管理者以身作则，以上率下，才有可能在公司营造全面质量管理的氛围和文化。管理者必须要让员工意识到：管理层重视质量，对于质量管理是动真格的，并且员工做好质量能够得到实惠。

为了推动和促进质量管理工作，目前国际上很多国家和地区设立了国家质量奖，如美国波多里奇国家质量奖、欧洲质量奖、日本戴明奖等。我国于 2001 年开始了全国质量奖的评审工作，很多省市也开展了地方的质量奖评审工作，企业内部也可以参照相关的流程对于质量先进班组和个人进行嘉奖。

※拓展："领导作用"在 ISO 9001 标准中体现为根据 "5.1 领导作用和承诺""5.1.2 以顾客为关注焦点""5.2 方针"，确定"5.3 组织内的岗位、职责和权限"，提供所需的"7.1 资源"，并对质量管理体系的充分性、有效性和适宜性进行"9.3 管理评审"，以确保实现"6.2 质量目标及其实现的策划"中的质量目标。

3）全员积极参与。

概述：整个组织内各级胜任、经授权并积极参与的人员，是提高组织创造和提供价值能力的必要条件。

依据：为了有效和高效地管理组织，各级人员得到尊重并参与其中是极其重要的。通过表彰、授权和提高能力，促进在实现组织的质量目标过程中的全员积极参与。

主要益处可能有：①组织内人员对质量目标有更深入的理解，以及更强的加以实现的动力；②在改进活动中，提高人员的参与程度；③促进个人发展、主动性和创造力；④提高人员的满意程度；⑤增强整个组织内的相互信任和协作；⑥促进整个组织对共同价值观和文化的关注。

可开展的活动包括：①与员工沟通，以增强他们对个人贡献的重要性的认识；②促进整个组织内部的协作；③提倡公开讨论，分享知识和经验；④让员工确定影响执行力的制约因素，并且毫无顾虑地主动参与；⑤赞赏和表彰员工的贡献、学识和进步；⑥针对个人目标进行绩效的自我评价；⑦进行调查以评估人员的满意程度，沟通结果并采取适当的措施。

※说明：质量管理界流传着一句俗语"质量管理难做、质量经理难当、质量部门背锅"，相信很多搞质量的人都深有体会，有时一个企业尤其是制造型企业，"阵亡率"最高的就是质量经理、质量主管等。那么为什么会造成这样的情况呢？除了没有发挥好"领导作用"外，还有一个非常重要的原因就是没有执行好"全员积极参与"。

对于一个企业而言，质量管理的宣贯和动员工作是一个"自上而下"的过程，但是执行层面包括质量工作的开展其实是一个"自下而上"的过程。只有充分调动员工的积极性，激发员工干劲和热情，由"被动管理"转为"主动管理"，才能将质量管理工作深入到企业管理的每一根毛细血管中，提升企业质量管理的整体实力。

在质量管理的方法中，很多工具都体现了"全员积极参与"的基本原则，如"QC 小组""头脑风暴法""因果图""群策群力""合理化建议制度"等。

※拓展："全员积极参与"在 ISO 9001 标准中体现为"5.3 组织的岗位、职责和权限"要求确保组织内相关岗位的职责、权限得到分配、沟通和理解；"7.1.2 人员"要求组织配备所需的人员；通过"7.2 能力""7.3 意识""7.4 沟通"，确保在组织控制下工作的人员具备所需的能力，意识到他们对于质量管理体系有效性的贡献，建立有效的沟通机制；"9.2 内部审核""9.3 管理评审"也是全员积极参与的一个具体表现。

4）过程方法。

概述：将活动作为相互关联、功能连贯的过程组成的体系来理解和管理时，可更加有效和高效地得到一致的、可预知的结果。

依据：质量管理体系是由相互关联的过程所组成的。理解体系是如何产生结果的，能够使组织尽可能地完善其体系并优化其绩效。

主要益处可能有：①提高关注关键过程的结果和改进的机会的能力；②通过由协调一致的过程所构成的体系，得到一致的、可预知的结果；③通过过程的有效管理，资源的高效利用及跨职能壁垒的减少，尽可能提升其绩效；④使组织能够向相关方提供关于其一致性、有效性和效率方面的信任。

可开展的活动包括：①确定体系的目标和实现这些目标所需的过程；②为管理过程确定职责、权限和义务；③了解组织的能力，预先确定资源约束条件；④确定过程相互依赖的关系，分析个别过程的变更对整个体系的影响；⑤将过程及其相互关系作为一个体系进行管理，以有效和高效地实现组织的质量目标；⑥确保获得必要的信息，以运行和改进过程并监视、分析和评价整个体系的绩效；⑦管理可能影响过程输出和质量管理体系整体结果的风险。

※**说明**：新版的 ISO 9001 质量管理体系强调了"过程方法"，那么过程方法（Process Approach）究竟是什么样的方法？要理解过程方法，先要理解几个基本概念及其相互关系：活动、过程、体系，参见 ISO 9000：2015《质量管理体系 基础和术语》的 3.3.11、3.4.1、3.5.1。

- 活动（Activity）：〈项目管理〉在项目中识别出的最小的工作项；
- 过程（Process）：利用输入实现预期结果的相互关联或相互作用的一组活动；
- 体系（系统）（System）：相互关联或相互作用的一组要素。

就逻辑范围而言，活动≤过程≤体系。

所以"过程"是介于"活动"和"体系"之间的一个管理名词。"过程方法"其实就是将相互关联的活动进行"合并同类项"，按照流程管理每一项的内容。

案例说明：一个夫妻饭店里的经营活动可以包括：①制定采购清单；②提取采购费用；③开车去菜场；④挑选菜品；⑤菜品登记入后厨；⑥预备当天菜单；⑦菜品清洗保存；⑧配菜烹饪；⑨装盘上桌；⑩顾客用餐服务；⑪顾客结算……当然以上过程可以根据各自餐饮店的实际情况进一步细分或者合并。那么采用过程方法的思维可以将以上的过程进行"合并同类项"，按照过程进行控制和管理，可以抽象简化成以下三个过程：采购过程→前期准备过程→烹饪服务过程（串联模型，图 2-3）。

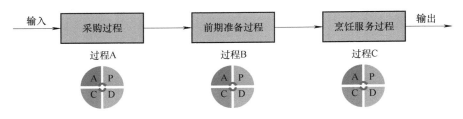

图 2-3 过程方法：串联模型

- 采购过程，包含的活动：①②③④；
- 前期准备过程，包含的活动：⑤⑥⑦；
- 烹饪服务过程，包含的活动：⑧⑨⑩⑪。

　　能够识别以上过程，并且对于每个过程能有合理的策划，考虑相关的风险，基于"PDCA 循环"的思路来管理和控制，那么提供的产品和服务获得顾客满意的可能性相对比较大。上述的"夫妻饭店经营示例"只是理想状况下的"串联模型"，实际生产制造企业的流程可能是更为复杂的"串并联模型"，如图 2-4 所示。

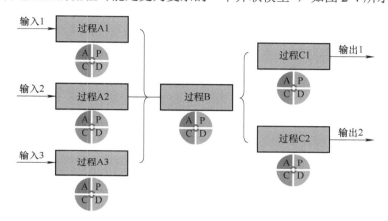

图 2-4　过程方法：串并联模型

　　要说明的是，一个组织实施 ISO 9001 质量管理体系并不意味着一定没有次品的产生，一个餐饮店实施 ISO 9001 质量管理体系也并不意味着能 100%保证食客满意。此外，ISO 9001 质量管理体系并不是一套即学即用的质量管理工具，它是一整套完整的系统的讲述质量管理的方法论，核心是讲述质量的管理学。ISO 9001 质量管理体系的本质是对于过程的管理，同时高度关注结果和绩效。对于以上夫妻饭店的经营活动还涉及特殊过程（需确认的过程）、作业指导（菜谱）、检查（看颜色等）、装盘要求等，在后文的标准具体分析中讲解。

　　没有活动，不成过程；没有过程，不成体系。对于活动、过程、体系的辩证关系一定要有清晰的认识。采用"过程方法"，听起来有些文绉绉，实际上就是绝大部分企业中所采用的"业务流程"一词。ISO 9001 质量管理体系要求我们采用"过程方法"，是指一定要用过程的思维对组织的流程重新进行科学的策划和梳理，通过对于过程的控制和管理最终实现绩效的提升。将部门管理转化为过程管理，能有效降低"部门墙"（图 2-5）。

　　※拓展："过程方法"在 ISO 9001 标准中体现为"0.3 过程方法"具体讲解了过程方法的概念和益处；"4.4 质量管理体系及其过程"描述了按照过程方法建立、实施、保持和持续改进质量管理体系的逻辑步骤；"6 策划""7 支持""8 运行""9 绩效评价""10 改进"说明了质量管理体系在"PDCA 循环"的逻辑框架

下执行过程方法的应用要求。

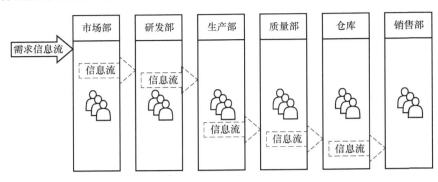

图 2-5　部门墙

5）改进。

概述： 成功的组织持续关注改进。

依据： 改进对于组织保持当前的绩效水平，对其内、外部条件的变化做出反应，并创造新的机会，都是非常必要的。

主要益处可能有： ①提高过程绩效、组织能力和顾客满意；②增强对调查和确定根本原因及后续的预防和纠正措施的关注；③提高对内外部风险和机遇的预测和反应能力；④增加对渐进性和突破性改进的考虑；⑤更好地利用学习来改进；⑥增强创新的动力。

可开展的活动包括： ①促进在组织的所有层级建立改进目标；②对各层级人员进行教育和培训，使其懂得如何应用基本工具和方法实现改进目标；③确保员工有能力成功地促进和完成改进项目；④开发和展开过程，以在整个组织内实施改进项目；⑤跟踪、评审和审核改进项目的策划、实施、完成和结果；⑥将改进与新的或变更的产品、服务和过程的开发结合在一起予以考虑；⑦赞赏和表彰改进。

※说明： 质量管理如逆水行舟，不进则退，一个企业要想获得持续成功就要不断地改进。ISO 9001 质量管理体系在第 10 章重点说明了改进的例子可以包括：纠正、纠正措施、持续改进、突破性变革、创新和重组。下面分别说明以上方法与改进的关系。

- 纠正：为消除已发现的不合格所采取的措施，纠正其实是一个"治标"的过程，比如，一批次的手机因为标签贴错，而导致的返工过程就是纠正，这是一种"立竿见影"式的改进。
- 纠正措施：为消除不合格的原因并防止再发生所采取的措施，纠正措施是一个"治本"的过程，比如，一批次的手机因为标签贴错，通过原因分析

（鱼骨图/5Why 法），发现是领料员不清楚标签的类别导致的，针对此项问题，编制相应的"标签分类识记图"，并对领料员进行教育培训，这个过程就是纠正措施，这是一种"刨根问底"式的改进。通常纠正和纠正措施会共同实施。

- 持续改进：提高绩效的循环活动，为改进制定目标和寻找机会的过程，是一个通过利用审核发现和审核结论、数据分析、管理评审或其他方法的持续提升的过程，通常会产生纠正措施或预防措施。比如，"PDCA 循环"就是基于持续改进的特点，开展"大环套小环、小环保大环、推动大循环"的持续改进工作。

- 突破性变革：是指非连续性的改进。突破性变革源自创新和创造性思维。比如，与传统市场的实体店铺相比，电子商务就必须有更快、更灵活、更加定制化的响应能力。

- 创新：实现或重新分配价值的、新的或变化的客体。比如，苹果公司通过产品创新和商业模式的创新，实现了巨大的市场回报，成为一家创新型的科技公司。

- 重组：世界是动态的，顾客需求、产品技术都在不断地变化，当组织发现最初的流程不再有效了，就需要流程的重组和再造。通常创新和重组是密不可分的两个概念。任何流程都可能会再造，可能是工厂设施布置、采购程序、处理订单的新流程等。比如，德国提出了工业 4.0 利用信息化技术促进产业变革，我国也提出了"中国制造 2025"推进实施制造强国战略，其中均有重组和再造的活动。

※**拓展**："改进"在 ISO 9001 标准中体现为"5.1.1 总则"说明了最高管理者要推动改进的承诺；"5.2.1 制定质量方针"包括了持续改进质量管理体系的承诺；"5.3 组织内的岗位、职责和权限"包括了最高管理者应当分配职、责、权以报告质量管理体系的绩效以及改进机会（见 10.1），特别是向最高管理者报告；"6.1 应对风险和机遇的措施"指出组织应确定需要应对的风险和机遇实现改进；"7.1.1 总则"指出组织应确定并提供所需的资源，以建立、实施、保持和持续改进质量管理体系；"9.1.3 分析与评价"指出组织应分析质量管理体系改进的需求；"9.3 管理评审"指出管理评审的输入输出都包括了改进的要求；"10 改进"包含了全部的改进的需求和内容。

6）循证决策。

概述：基于数据和信息的分析和评价的决策，更有可能产生期望的结果。

依据：决策是一个复杂的过程，并且总是包含某些不确定性。它经常涉及多种类型和来源的输入及其理解，而这些理解可能是主观的。重要的是理解因果关系和潜在的非预期后果。对事实、证据和数据的分析可导致决策更加客观、可信。

主要益处可能有：①改进决策过程；②改进对过程绩效和实现目标的能力的评估；③改进运行的有效性和效率；④提高评审、挑战和改变观点和决策的能力；⑤提高证实以往决策有效性的能力。

可开展的活动包括：①确定、测量和监视关键指标，以证实组织的绩效；②使相关人员能够获得所需的全部数据；③确保数据和信息足够准确、可靠和安全；④使用适宜的方法对数据和信息进行分析和评价；⑤确保人员有能力分析和评价所需的数据；⑥权衡经验和直觉，基于证据进行决策并采取措施。

※说明：循证决策（Evidence-Based Decision Making），从决策论的角度来说管理就是决策。那么一个组织，尤其是管理者如何进行决策呢？就这个问题，我们来看看中西方管理决策的异同。

中国自古以来就有"兼听则明，偏信则暗"的古训："以铜为镜，可以正衣冠；以古为镜，可以知兴替；以人为镜，可以明得失"，虽然没有提及强大的数据调研作为决策支撑，但都说明了领导"不能拍脑袋做决策""没有调查，就没有发言权"的道理。

现代西方的管理学思想偏重于真实可靠的数据和信息，用科学的态度做出缜密分析，做出正确的决断。因此国外有很多的知名的数据调研公司，如尼尔森、艾美仕、J.D. Power 等。西方的管理决策是建立在精准的数据统计分析的基础上的。

企业在实施 ISO 9001 质量管理体系的过程中，管理者也必须能贯彻"循证决策"这一基本原则。ISO 9001 标准的第 9 章重点讲述了"绩效评价"，包括"监视、测量、分析、评价""内部审核""管理评审"等内容，其实就是"循证"过程之一。"决策"既包括了第 10 章的"改进"，也包括了定方针、设目标、做战略规划等内容。

※拓展："循证决策"在 ISO 9001 标准中体现为"7.4 沟通"和"8.2.1 顾客沟通"说明了有效的沟通和传递准确可靠的数据和信息；通过"9.1 监视、测量、分析和评价"的"9.1.1 总则""9.1.2 顾客满意""9.2 内部审核""9.3 管理评审""8.6 产品和服务的放行"等过程提供有关过程、产品、体系的符合性和有效性的信息和数据，并运用"9.1.3 分析和评价"监视和测量所获得的适当的数据和信息，为组织的管理者做出正确的决策提供支持。

7）关系管理。

概述：为了持续成功，组织需要管理与有关相关方（如供方）的关系。

依据：有关相关方影响组织的绩效。当组织管理与所有相关方的关系，以尽可能有效地发挥其在组织绩效方面的作用时，持续成功更有可能实现。对供方及合作伙伴网络的关系管理是尤为重要的。

主要益处可能有：①通过对每一个与相关方有关的机会和限制的响应，提高组织及其有关相关方的绩效；②对目标和价值观，与相关方有共同的理解；③通过共享资源和人员能力，以及管理与质量有关的风险，增强为相关方创造价值的能力；④具有管理良好、可稳定提供产品和服务的供应链。

可开展的活动包括：①确定有关相关方（如供方、合作伙伴、顾客、投资者、雇员或整个社会）及其与组织的关系；②确定和排序需要管理的相关方的关系；③建立平衡短期利益与长期考虑的关系；④与有关相关方共同收集和共享信息、专业知识和资源；⑤适当时，测量绩效并向相关方报告，以增强改进的主动性；⑥与供方、合作伙伴及其他相关方合作开展开发和改进活动；⑦鼓励和表彰供方及合作伙伴的改进和成绩。

※**说明**：如果第六项质量管理原则"循证决策"还有很大的提升空间，那么"关系管理"无疑是我国企业做得相对比较好的地方。中国自古以来就讲究"天时、地利、人和"，所谓的"人和"就是要求保持良好的"关系管理"。质量管理中的关系管理包括供应链管理、客户关系管理、供方关系管理、合作伙伴关系管理、监管机构关系管理、员工内部关系管理等。

※**拓展**："关系管理"在 ISO 9001 标准中体现为"4.2 理解相关方的需求和期望"确定了与组织有关的相关方并监视和评审其需求和期望；"7.1.1 总则"指出组织提供所需资源时应考虑从外部供方获得的资源；"8.1 运行策划和控制"指出应确保外包过程受控；"8.4 外部提供的过程、产品和服务的控制"体现了组织应确保外部提供的过程、产品和服务符合要求；"8.4.3 提供给外部供方的信息"要求确保与外部供方沟通之前所确定的要求是充分适宜的；"8.5.3 顾客或外部供方的财产"要求爱护顾客或外部供方的财产；"8.5.5 交付后活动"指出组织应满足与产品和服务相关的交付后活动的要求。

2.1.3 过程方法

▶**1．标准原文**

0.3.1 总则

本标准倡导在建立、实施质量管理体系以及提高其有效性时采用过程方法，通过满足顾客要求增强顾客满意。采用过程方法所需考虑的具体要求见4.4。

　　将相互关联的过程作为一个体系加以理解和管理，有助于组织有效和高效地实现其预期结果。这种方法使组织能够对其体系的过程之间相互关联和相互依赖的关系进行有效控制，以提高组织整体绩效。

　　过程方法包括按照组织的质量方针和战略方向，对各过程及其相互作用进行系统的规定和管理，从而实现预期结果。可通过采用 PDCA 循环（见 0.3.2）以及始终基于风险的思维（见 0.3.3）对过程和整个体系进行管理，旨在有效利用机遇并防止发生不良结果。

　　在质量管理体系中应用过程方法能够：

　　a）理解并持续满足要求；

　　b）从增值的角度考虑过程；

　　c）获得有效的过程绩效；

　　d）在评价数据和信息的基础上改进过程。

　　单一过程的各要素及其相互作用如图 1 所示。每一过程均有特定的监视和测量检查点，以用于控制，这些检查点根据相关的风险有所不同。

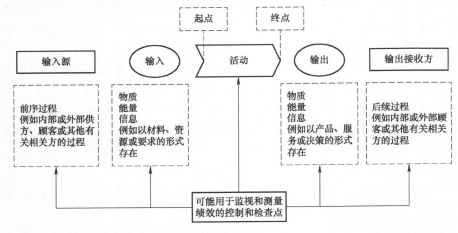

图 1　单一过程要素示意图

▶2. 理解要点

"0.3.1 总则"的内容重点讲述了"过程方法"，可以将其汇总成以下 7 个知识点。

（1）何时采用过程方法？

答：建立、实施 QMS 及提高其有效性时采用过程方法。

（2）使用过程方法的目的？

答：将相互关联的过程作为一个体系加以理解和管理，从而有效、高效地实现其预期结果。

（3）过程方法的定义？

答：使组织能对其体系过程之间相互关联、相互依赖的关系，进行有效的控制，从而提高绩效。

（4）如何实施过程方法？

答：按组织的质量方针和战略方向，对各过程及其相互作用进行系统的规定和管理，从而实现预期结果。

（5）如何应用过程方法？（图 2-6）

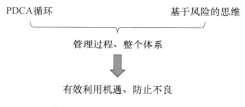

图 2-6 如何应用过程方法

（6）应用过程方法的四点好处？

答：理解并持续满足要求；从增值的角度考虑过程；获得有效的过程绩效；在评价数据和信息的基础上改进过程。

※说明：对于以上四点好处的具体说明，如下文所述。

1）理解并持续满足要求。将每个过程理顺，知道过程的输入和输出，可以清楚地了解要求并满足要求。举例，餐饮夫妻店的工序可分为三个过程：采购过程→前期准备过程→烹饪服务过程。对于采购过程，采购人员一定要了解采购的基本要求（采购过程的输入）：采购的品种，采购的数量，价格的要求，保鲜的要求等；与此同时采购人员也必须对其采购的输出负责，必须要购买到：新鲜、价优、适量的菜品，这样采用过程方法，就可以理解并持续满足采购要求。

2）从增值的角度考虑过程。组织的经营活动本质上就是若干个增值活动的叠加和倍增，并从增值活动中获得合理的报酬，推动下一轮的增值活动。举例，在餐饮夫妻店内所有的活动，理论上讲都应该是增值活动，从最开始采购一条新鲜的鱼，到端上客人桌子的一盆香气四溢的酸菜鱼，其中包含了若干个增值活动，正是因为夫妻俩所从事的活动是增值的，客人才愿意花钱买单，为增值过程付费。所以，我们在采用"过程方法"划分组织内部流程时，一定要考虑哪些活动是增值的，哪些活动是不增值的。"精益生产"中的"价值流分析"说明了要考虑哪些活动"不增值（non-value added，NVA）"，哪些活动"必要但不增值（necessary but non-value added，NNVA）"，以及哪些活动"增值（value-added，VA）"。通过"过程方法"整理清楚这些基本要素，才能最大限度地实现过程的增值。

3）获得有效的过程绩效。过程与过程之间的接口是存在绩效传递的，就像能量的传递，只要发生能量的传递就一定会存在能量传递的损失，我们将有效的能量传递比例叫作能量传递效率。那么过程绩效就是过程与过程之间的传递效率。而"过程方法"的引入，提醒了组织管理可以水平化或扁平化。跨越不同职能部门之间的壁垒并把他们的关注点集中在组织的目标上，就是我们通常说的"打破部门墙"的意思。

4）在评价数据和信息的基础上改进过程。过程只有被定义，才能产生最终的过程评价数据。比如生产企业通用的过程流：配料→加工→组装→交付。配料过程的评价数据和信息包括：配料的正确率和及时率等，只有将过程评价指标量化或者趋于量化，才能找到过程改进的依据和空间。

（7）单一过程各要素

每一过程均有特定的监视、测量的检查点，这些检查点根据相关的风险有所不同。

※**说明**：标准原文 0.3.1 中图 1 示意图为"赛帕克（SIPOC）模型"。SIPOC 模型一般包括的具体内容：Supplier（输入源），Input（输入），Activity（活动），Output（输出），Customer（输出接收方）。

一个过程（Process）的核心是活动（Activity），但许许多多的过程就构成了复杂的体系（System），所以活动、过程、体系的辩证关系：活动构建过程，过程形成体系。那我们如何管理一个复杂的体系呢？就是抓住"承上启下"的中间关键点：过程。通过"过程方法"理顺流程，施加控制，各个击破，最终实现对体系的有效管理。

2.1.4 PDCA 循环

➤1. 标准原文

0.3.2 PDCA 循环

PDCA 循环能够应用于所有过程以及整个质量管理体系。图 2 表明了本标准第 4 章至第 10 章是如何构成 PDCA 循环的。

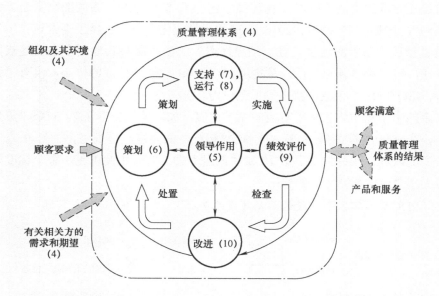

注：括号中的数字表示本标准的相应章。

图 2   本标准的结构在 PDCA 循环中的展示图

PDCA 循环可以简要描述如下：

——策划（Plan）：根据顾客的要求和组织的方针，建立体系的目标及其过程，确定实现结果所需的资源，并识别和应对风险和机遇；

——实施（Do）：执行所做的策划；

——检查（Check）：根据方针、目标、要求和所策划的活动，对过程以及形成的产品和服务进行监视和测量（适用时），并报告结果；

——处置（Act）：必要时，采取措施提高绩效。

▶ **2. 理解要点**

PDCA 循环可以汇总成以下 2 个知识点。

（1）PDCA 循环的过程

※**说明**：标准原文 0.3.2 中的图 2 示意图就是采用了"过程方法"，虚线方框的左侧包括：组织及其环境（4）、顾客要求、有关相关方的需求和期望（4），这三点都属于输入端的内容；中间点划线正方框中"质量管理体系（4）"是活动；虚线方框的右侧包括：顾客满意、质量管理体系的结果、产品和服务，这三点是属于输出端的内容。

虚线正方框的中间"PDCA 循环圈"包含了 5 个小圈，中间的小圈是"领导作用（5）"，这是 ISO 9001：2015 标准的明显变化之一，凸显了"领导作用"在整个质量管理体系中的地位。且"领导作用"的核心圈与其他四个小圈是双箭头信息传递，可以说"领导作用"是实施 ISO 9001：2015 标准的核心，没有了领导的支持，ISO 9001 在企业内就丧失了生命力。

其余四个小圈中均包含了对应的章节内容，如：策划包含了第 6 章"策划"的内容，实施包含了第 7、8 章"支持""运行"的内容，检查包含了第 9 章"绩效评价"的内容，改进包含了第 10 章"改进"的内容。由此可见，整个标准的编制也遵循了"PDCA 循环"的原则。

（2）PDCA 循环各个阶段的解释（图 2-7）

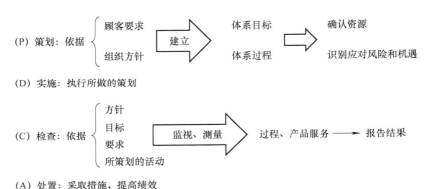

图 2-7　PDCA 循环各个阶段的解释

"PDCA 循环"的思想已经融入到了我们日常学习、工作、生活中的方方面面，可以通俗地理解为我们常说的"发现问题-分析问题-解决问题-问题复盘"。例如，张先生是一位办公室职员，由于长时间坐着工作，他逐渐感觉到身体健康状况下降，决定开始制定并执行一个健身计划来改善自己的健康状况。策划（Plan）：张先生首先设定了一个明确的健身目标，即每周至少进行三次有氧运动，每次至少 30 分钟。他计划在公司附近的健身房进行锻炼，并选择了慢跑和动感单车作为主要的锻炼方式。实施（Do）：张先生按照计划开始了他的健身之旅。他利用午休时间和下班后的时间去健身房锻炼，每次都会记录下自己的运动时间和强度。检查（Check）：经过一段时间的锻炼，张先生对自己的健身计划进行了检查。他发现自己在执行计划的过程中，虽然能够坚持每周三次的锻炼频率，但每次锻炼的时间都未能达到 30 分钟，且锻炼强度也相对较低。处置

（Act）：基于检查阶段的结果，张先生对自己的健身计划进行了调整。他增加了每次锻炼的时间，并将锻炼强度提高到了中等水平。同时，他还加入了一些力量训练，以增加肌肉力量和耐力。经过调整后的计划，张先生再次开始执行。这次他更加注重锻炼的效果和质量，坚持了一段时间后，他发现自己的健康状况有了明显的改善，精神状态也更加饱满。

2.1.5　基于风险的思维

▶1. 标准原文

0.3.3　基于风险的思维

基于风险的思维（见 A.4）是实现质量管理体系有效性的基础。本标准以前的版本已经隐含基于风险思维的概念，例如：采取预防措施消除潜在的不合格，对发生的不合格进行分析，并采取与不合格的影响相适应的措施，防止其再发生。

为了满足本标准的要求，组织需策划和实施应对风险和机遇的措施。应对风险和机遇，为提高质量管理体系有效性、获得改进结果以及防止不利影响奠定基础。

某些有利于实现预期结果的情况可能导致机遇的出现，例如：有利于组织吸引顾客、开发新产品和服务、减少浪费或提高生产率的一系列情形。利用机遇所采取的措施也可能包括考虑相关风险。风险是不确定性的影响，不确定性可能有正面的影响，也可能有负面的影响。风险的正面影响可能提供机遇，但并非所有的正面影响均可提供机遇。

▶2. 理解要点

基于风险的思维可以汇总成 4 个知识点。

（1）实现 QMS 有效性的基础是什么？

答：基于风险的思维。

（2）如何才能做到基于风险的思维？

答：策划、实施应对风险和机遇的措施。

（3）基于风险的思维可以为哪些方面打基础？

答：提高 QMS 的有效性；获得改进结果；防止不利影响。

（4）风险和机遇的关系怎样？（图 2-8）

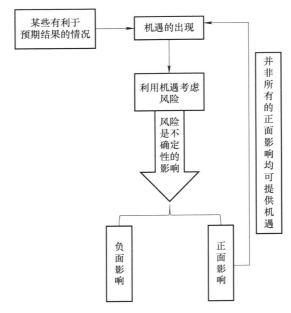

图 2-8　风险和机遇的关系

2.1.6　与其他管理体系标准的关系

▶1．标准原文

0.4　与其他管理体系标准的关系

本标准采用 ISO 制定的管理体系标准框架，以提高与其他管理体系标准的协调一致性（见 A.1）。

本标准使组织能够使用过程方法，并结合 PDCA 循环和基于风险的思维，将其质量管理体系与其他管理体系标准要求进行协调或一体化。

本标准与 GB/T 19000 和 GB/T 19004 存在如下关系：

——GB/T 19000《质量管理体系　基础和术语》为正确理解和实施本标准提供必要基础；

——GB/T 19004《追求组织的持续成功　质量管理方法》为选择超出本标准要求的组织提供指南。

附录 B 给出了 SAC/TC 151 制定的其他质量管理和质量管理体系标准（等同采用 ISO/TC 176 质量管理和质量保证技术委员会制定的国际标准）的详细信息。

本标准不包括针对环境管理、职业健康和安全管理或财务管理等其他管理体系的特定要求。

在本标准的基础上，已经制定了若干行业特定要求的质量管理体系标准。其中的某些标准规定了质量管理体系的附加要求，而另一些标准则仅限于提供在特定行业应用本标准的指南。

本标准的章节内容与之前版本（GB/T 19001—2008/ISO 9001：2008）章节内容之间的对应关系见 ISO/TC 176/SC 2（国际标准化组织/质量管理和质量保证技术委员会/质量体系分委员会）的公开网站：www.iso.org/tc176/sc02/public。

▶ 2. 理解要点

"0.4 与其他管理体系标准的关系"可以汇总成以下 3 个知识点。

1）因为采用了高层结构（HLS）、标准框架，提高了 QMS 与其他管理体系的协调一致性。

2）QMS 使用过程方法、PDCA 循环、基于风险的思维，协调、整合了其他管理体系的关系（一体化）。

3）ISO 9000 系列标准中三大核心标准之间的关系？（图 2-9）

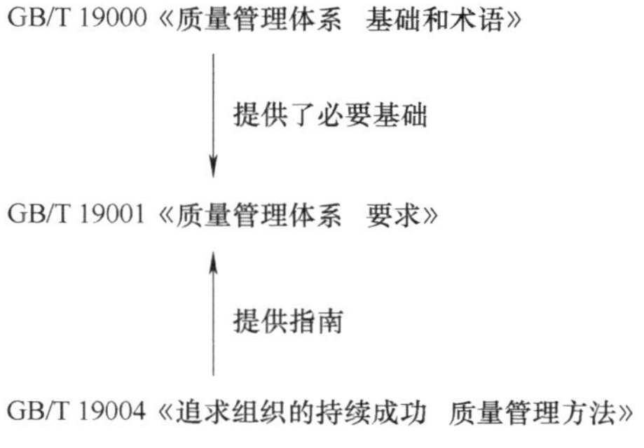

GB/T 19000《质量管理体系 基础和术语》

↓ 提供了必要基础

GB/T 19001《质量管理体系 要求》

↑ 提供指南

GB/T 19004《追求组织的持续成功 质量管理方法》

图 2-9 ISO 9000 系列标准中三大核心标准之间的关系

2.2 ▷ 范围

▶ 1. 标准原文

1 范围

本标准为下列组织规定了质量管理体系要求：

a）需要证实其具有稳定提供满足顾客要求及适用法律法规要求的产品和服务的能力；

b）通过体系的有效应用，包括体系改进的过程，以及保证符合顾客要求和适用的法律法规要求，旨在增强顾客满意。

本标准规定的所有要求是通用的，旨在适用于各种类型、不同规模和提供不同产品和服务的组织。

注1：在本标准中的术语"产品"或"服务"仅适用于预期提供给顾客或顾客所要求的产品和服务。

注2：法律法规要求可称作法定要求。

➤ 2. 理解要点

范围可以汇总成以下 3 个知识点。

（1）本标准给什么组织规定了 QMS 要求？（组织贯标的两个目的）

答：需要证实其具有稳定提供满足顾客要求及适用法律法规要求的产品和服务的能力；通过体系的有效应用，包括改进过程，保证符合顾客要求和法律法规要求，旨在增强顾客满意。

※**说明**：组织为什么要贯标，贯标的目的是什么？包括以下两点。

1）**证实组织的能力**。需要说明的是，本标准所阐述的"证实……的能力"是管理的能力，而非证实产品和服务满足特定的技术要求，这也是实施管理体系标准和产品技术标准的差异所在。管理体系标准的重点是提升企业的管理能力，而产品技术标准的重点是保证产品和服务满足要求。

证实能力的方式多种多样，可以包括组织的自我声明（内部审核），也可以包括邀请顾客方进行现场审核（第二方审核），还可以包括邀请第三方独立的认证机构进行审核（第三方审核）。不同的审核，其输出结果也存在差异。

既然组织要证实其具备相应的能力，那究竟是什么能力呢？这种能力是指"稳定提供满足顾客要求及适用法律法规要求的产品和服务的能力"。这句话的重点是"稳定提供"，一个组织做到一次满足顾客要求和法规要求并非难事，难的是稳定的满足要求。如何才能做到从始至终，始终如一呢？就需要从管理体系层面进行系统的管理。就像一个人做一件好事不难，难的是一辈子都做好事，要想一个人一辈子都做好事，就必须提升其思想品德和道德情操。对于组织管理，亦是同样的道理，一个组织提供一件品质优秀的产品或服务并不难，因为很有可能是"面子工程"，难的是优质产品和服务的持续输出。

2）**自我改进，增强顾客满意**。企业贯标的第二个目的就是规范管理，实现自我改进，增强顾客满意。就像学生从高中步入大学，接受高等教育，其目的一方面是获得学校颁发的毕业证书，另一方面也是希望通过在学校的学习，增强自己的知识储备，提升自己的社会竞争力。

（2）本标准的通用性，体现在哪里？

答：适用于各种类型、不同规模、提供不同产品和服务的组织。

※**说明**：标准的开篇就确定了范围，值得注意的是第 1 章的"范围"和标准的"4.3 确定质量管理体系的范围"是两个不同的"范围"概念。第 1 章的"范围"说明的是 ISO 9001 这个标准的适用范围，以标准为出发点，说明了标准的普适性。标准的原文阐述就是："适用于各种类型、不同规模、提供不同产品和服务的组织"。换句话说："全球 500 强企业可以实施 ISO 9001 标准，夫妻餐饮店也可以实施 ISO 9001 标准，有管理需求的地方就可以贯标。"

而"4.3 确定质量管理体系的范围"说明的是组织在确定贯标后，所界定的边界和适用性，包括产品和服务的范围以及物理地址的范围。比如一个研发、生产汽车保险杠的企业要贯彻 ISO 9001 标准，那么其贯标的范围就可以参考以下描述：

- 注册地址：江苏省南京市江宁区××街道××工业园区××号；
- 生产经营地址：江苏省南京市江宁区××街道××工业园区××号；
- 范围：汽车保险杠的研发、生产。

注意，企业在实施 ISO 9001 标准时可以声明某些范围不适用，举例说明，若上述的注塑企业生产流程相对稳定，生产的标准严格按照顾客要求和现有的国家和行业标准，生产的产品也是原有车型的固定 3 款保险杠，生产工艺参数严格固化，企业不存在保险杠的研发过程，可以声明 8.3 条款不适用。企业声明的不适用须不影响组织确保其产品和服务合格的能力或责任，对增强顾客满意也不会产生影响。不适用的理由，一定是需要合理性的说明的。

（3）注的内容

- 产品和服务：预期提供给顾客/顾客所要求的产品和服务；
- 法律法规要求：法定要求。

※**说明**：在本标准中的术语"产品"或"服务"仅适用于预期提供给顾客或顾客所要求的产品和服务。那么什么是预期提供给顾客或顾客所要求的产品和服务呢？比如机加工企业，预期提供给顾客/顾客所要求的产品和服务是"加工好的成品及售后服务"，不包括加工过程中产生的废水、废渣等附属品，也不包括加工过程中人员的职业健康安全风险。

习惯上，将全国人民代表大会颁布的法律称为法律要求，如《中华人民共和国产品质量法》；将政府部门制定的要求称为法规要求，如《中华人民共和国认证认可条例》。

2.3 规范性引用文件

➤ 1. 标准原文

2 规范性引用文件

下列文件对于本文件的应用是必不可少的，凡是注日期的引用文件，仅注日期的版本适用于本文件。凡是不注日期的引用文件，其最新版本（包括所有的修改单）适用于本文件。

GB/T 19000—2016《质量管理体系 基础和术语》（ISO 9000：2015，IDT）

➤ 2. 理解要点

规范性引用文件可以汇总成以下 2 个知识点。

（1）引用文件要求

1）注日期的引用文件，仅注日期的版本适用本文件；

2）不注日期的引用文件，其最新版本（包括所有修改单）适用本文件。

（2）本标准参考的通用性标准

"GB/T 19000—2016《质量管理体系 基础和术语》（ISO 9000：2015，IDT）"中 IDT 是等同的意思。国家标准化文件与对应 ISO/IEC 标准化文件的一致性程度分为：等同（代号：IDT）、修改（代号：MOD）和非等效（代号：NEQ）。其中，等同、修改属于采用 ISO/IEC 标准化文件。

第 **3** 章

术语和定义

ISO 9001 的"0.4 与其他管理体系标准的关系"说明了：GB/T 19000《质量管理体系 基础和术语》为正确理解和实施 GB/T 19001《质量管理体系 要求》提供了必要的基础。如果将质量管理体系比作一座大厦，那么基础和术语就是构成这座大厦的一砖一瓦。

GB/T 19000—2016 标准第 3 章为"术语和定义"，内容结构上分为 13 个分类共计 138 个术语和定义，见表 3-1。

表 3-1 GB/T 19000—2016 术语和定义的分类

标准条款号	分 类	术 语 个 数
3.1	有关人员的术语	6
3.2	有关组织的术语	9
3.3	有关活动的术语	13
3.4	有关过程的术语	8
3.5	有关体系的术语	12
3.6	有关要求的术语	15
3.7	有关结果的术语	11
3.8	有关数据、信息和文件的术语	15
3.9	有关顾客的术语	6
3.10	有关特性的术语	7
3.11	关于确定的术语	9
3.12	有关措施的术语	10
3.13	有关审核的术语	17

※说明：GB/T 19000《质量管理体系 基础和术语》的内容相对比较多，初学者全部了解并掌握所有术语存在一定的难度，故本章挑选重要且影响标准理

解的术语和定义，帮助初学者由浅入深地掌握相关知识点。其他未能介绍的术语和定义请参考 GB/T 19000—2016 标准。

3.1 理解有关人员的术语——最高管理者

3.1.1 最高管理者 top management

在最高层指挥和控制组织（3.2.1）的一个人或一组人

注 1：最高管理者在组织内有授权和提供资源的权力。

注 2：如果管理体系（3.5.3）的范围仅覆盖组织的一部分，在这种情况下，最高管理者是指管理和控制组织的这部分的一个人或一组人。

注 3：这是 ISO/IEC 导则 第 1 部分 ISO 补充规定的附件 SL 中给出的 ISO 管理体系标准中的通用术语及核心定义之一。

※说明：最高管理者最显著的特点就是能够指挥和控制其所在组织，通常的理解就是组织的"一把手"。当然这里的最高管理者可以是一个人，也可以是一组人。有些组织对于最高管理者的称谓是：老板、总经理、厂长；有些组织的最高管理者可能是：总经办、董事会等。所以最高管理者不在于其称呼是什么，而是要能对其下辖的机构具备完全的"指挥和控制"的权力。

注 1：第一，最高管理者有授权的权力，在组织内建立、实施、保持和持续改进 ISO 9001 质量管理体系，最高管理者不可能每件事都事必躬亲，所以最高管理者必须有授权的权力。若没有授权，管理体系的管理工作就只是最高管理者的"独角戏"。第二，最高管理者有提供资源的权力，"巧妇难为无米之炊""兵马未动，粮草先行"，若最高管理者不能提供资源，那么管理就是空中楼阁，虚无缥缈。举例：厂长每次大会小会都在呼吁，要提升产品质量，但实际产线上连基本测量产品尺寸的游标卡尺都未能配给。类似这样没有资源的保障，ISO 9001 质量管理体系就难以践行，详见标准的第 7 章的具体阐述。

注 2：如果管理体系范围只覆盖组织的一部分，举例：一个集团公司下设 10 个事业部的子公司，其中某个子公司需要建立 ISO 9001 质量管理体系，那么这个子公司的总经理就是这个子公司的最高管理者，而不是集团公司的总经理。当然集团公司的总经理是子公司非常重要的相关方，详见本书 4.2 理解相关方的需求和期望的内容。

※拓展：最高管理者是组织的最高管理者，离开了组织的限定，最高管理者就不复存在。根据组织的定义，组织可以是一个人也可以是一组人。举例说明：一个班级也是一个组织，那么这个组织的最高管理者可能就是班主任；一个销售文具用品的个体户也是一个组织，个体户老板就是这个组织的最高管理者。

3.2 ▶ 理解有关组织的术语

3.2.1　组织的理解

3.2.1　组织　organization

为实现目标（3.7.1），由职责、权限和相互关系构成自身功能的一个人或一组人

注 1：组织的概念包括，但不限于代理商、公司、集团、商行、企事业单位、行政机构、合营公司、协会（3.2.8）、慈善机构或研究机构，或上述组织的部分或组合，无论是否为法人组织，公有的或私有的。

注 2：这是 ISO/IEC 导则　第 1 部分　ISO 补充规定的附件 SL 中给出的 ISO 管理体系标准中的通用术语及核心定义之一，最初的定义已经通过修改注 1 被改写。

※**说明**：组织存在的目的就是实现一系列目标，可能是盈利（如销售公司），可能是非营利（如 NGO）公益成就，也可能是宗教信仰（如宗教组织）。有些组织设有法人（如集团公司），有些组织没有法人（如××读书会）。有些组织是公有制的（如国有企业），有些组织是私有制的（如民营企业）。组织可以是一个人（如个体工商户），也可以是一组人（如班集体组织）。

3.2.2　组织环境的理解

3.2.2　组织环境　context of the organization

对组织（3.2.1）建立和实现目标（3.7.1）的方法有影响的内部和外部因素的组合

注 1：组织的目标可能涉及其产品（3.7.6）和服务（3.7.7）、投资和对其相关方（3.2.3）的行为。

注 2：组织环境的概念，除了适用于营利性组织，还同样能适用于非营利或公共服务组织。

注 3：在英语中，这一概念常被其他术语，如："business environment" "organizational environment" 或 "ecosystem of an organization" 所表述。

注 4：了解基础设施（3.5.2）对确定组织环境会有帮助。

※**说明**：这里的"环境"（context）并非 GB/T 24001 标准所描述的"环境"（environment）。这里的"环境"是指对组织有影响的内部和外部因素的组合。

ISO 9001 标准核心正文开篇部分"4.1 理解组织及其环境"就说明了组织应监视和评审内外部环境因素。孙子兵法谋攻篇中说："知己知彼，百战不殆"。在当今全球化经济竞争中，无论是什么类型的组织，都应该置身于全球的经济大潮中，不仅要审视内部的优劣势，还要分析外部的客观影响，要能"顺势而为"。一个企业必须全面分析其所面临的内外部优势、劣势（详见本书"4.1 理解组织及其环境"的阐述），扬长避短，差异化竞争，才有可能满足顾客期望，实现预期结果。

3.2.3 相关方的理解

> 3.2.3 相关方 interested party；stakeholder
> 可影响决策或活动、受决策或活动所影响、或自认为受决策或活动影响的个人或组织（3.2.1）
> 示例：顾客（3.2.4）、所有者、组织内的人员、供方（3.2.5）、银行、监管者、工会、合作伙伴以及可包括竞争对手或相对立的社会群体。
> 注：这是 ISO/IEC 导则 第 1 部分 ISO 补充规定的附件 SL 中给出的 ISO 管理体系标准中的通用术语及核心定义之一，最初的定义已经通过增加示例被改写。

※说明："相关方"的定义说明了相关方可能存在以下三种形式：

1）可影响决策或活动的个人或组织：如一个化工企业决定在某地建设化工园，当地的居民对该化工园项目的反应（抗议或支持），可能影响该项目是否推进。这时，附近居民就是该化工企业需考虑的相关方。

2）受决策或活动所影响的个人或组织：如中美贸易背景下，两国相关企业，是受决策或活动所影响的相关方。

3）自认为受决策或活动影响的个人或组织：如某施工企业半夜施工，附近的居民投诉，认为其半夜施工产生的噪声影响了正常休息。这时居民自认为受到了噪声影响，那么居民是施工企业的相关方。

3.2.4 顾客的理解

> 3.2.4 顾客 customer
> 能够或实际接受为其提供的，或按其要求提供的产品（3.7.6）或服务（3.7.7）的个人或组织（3.2.1）
> 示例：消费者、委托人、最终使用者、零售商、内部过程（3.4.1）的产品或服务的接收人、受益者和采购方。
> 注：顾客可以是组织内部的或外部的。

　　※**说明**：顾客是企业生存的"衣食父母"，七项质量管理原则的第一条就是"以顾客为关注焦点"。需要说明的是"注"的部分："顾客可以是组织内部的或外部的"。外部顾客很好理解，就是我们通常意义上的顾客，那么内部顾客是什么意思呢？其实内部顾客是指组织内部接受产品和服务的部门和人员，我们通常讲"下一道工序是上一道工序的顾客"，所以质量管理不仅要满足外部顾客的需求，也要满足内部顾客的要求。

3.3 ▶ 理解有关活动的术语

3.3.1　改进和持续改进的理解

　　3.3.1　改进　improvement
　　提高绩效（3.7.8）的活动
　　注：活动可以是循环的或一次性的。
　　3.3.2　持续改进　continual improvement
　　提高绩效（3.7.8）的循环活动
　　注 1：为改进（3.3.1）制定目标（3.7.1）和寻找机会的过程（3.4.1）是一个通过利用审核发现（3.13.9）和审核结论（3.13.10）、数据（3.8.1）分析、管理（3.3.3）评审（3.11.2）或其他方法的持续过程，通常会产生纠正措施（3.12.2）或预防措施（3.12.1）。
　　注 2：这是 ISO/IEC 导则　第 1 部分　ISO 补充规定的附件 SL 中给出的 ISO 管理体系标准中的通用术语及核心定义之一，最初的定义已经通过增加注 1 被改写。

　　※**说明**："改进"是七项质量管理原则之一，改进可以包括一次改进和持续改进。持续改进起源于日本，是日本"持续改进之父"今井正明在《改善：日本企业成功的奥秘》一书中提出的，今井正明将持续改进称为"Kaizen"。他认为丰田成功的关键在于贯彻了 Kaizen（持续改进）的经营思想。"Kaizen"是一个日语词汇，意指小的、连续的、渐进的改进。

3.3.2　管理和质量管理的理解

　　3.3.3　管理　management
　　指挥和控制组织（3.2.1）的协调活动

注1：管理可包括制定方针（3.5.8）和目标（3.7.1），以及实现这些目标的过程（3.4.1）

注2：在英语中，术语"management"有时指人，即具有领导和控制组织的职责和权限的一个人或一组人。当"management"以这样的意义使用时，均应附有某些修饰词以避免与上述"management"的定义所确定的概念相混淆。例如：不赞成使用"management shall……"，而应使用"top management（3.1.1）shall……"。另外，当需要表达有关人的概念时，应该采用不同的术语，如：managerial or managers。

3.3.4　质量管理　quality management

关于质量（3.6.2）的管理（3.3.3）

注：质量管理可包括制定质量方针（3.5.9）和质量目标（3.7.2），以及通过质量策划（3.3.5）、质量保证（3.3.6）、质量控制（3.3.7）和质量改进（3.3.8）实现这些质量目标的过程（3.4.1）。

※说明：质量管理可以通过质量策划、质量保证、质量控制和质量改进等手段实现质量目标。这与朱兰三部曲"质量策划、质量控制和质量改进"不谋而合。

3.3.3　质量策划、质量保证、质量控制、质量改进的理解

3.3.5　质量策划　quality planning

质量管理（3.3.4）的一部分，致力于制定质量目标（3.7.2）并规定必要的运行过程（3.4.1）和相关资源以实现质量目标

注：编制质量计划（3.8.9）可以是质量策划的一部分。

3.3.6　质量保证　quality assurance

质量管理（3.3.4）的一部分，致力于提供质量要求（3.6.5）会得到满足的信任

3.3.7　质量控制　quality control

质量管理（3.3.4）的一部分，致力于满足质量要求（3.6.5）

3.3.8　质量改进　quality improvement

质量管理（3.3.4）的一部分，致力于增强满足质量要求（3.6.5）的能力

注：质量要求可以是有关任何方面的，如有效性（3.7.11）、效率（3.7.10）或可追溯性（3.6.13）。

※说明："质量策划、质量保证、质量控制和质量改进"都是质量管理的一部分。

其中，质量策划和质量计划是两个不同的概念，编制质量计划可以是质量策划的一部分。

质量策划的重点是策划质量管理思路，质量保证的重点是提供质量信任，质量控制的重点是执行质量控制措施，质量改进的重点是改进质量、增强顾客满意。

3.4 理解有关过程的术语——过程

3.4.1 过程 process
利用输入实现预期结果的相互关联或相互作用的一组活动

注1：过程的"预期结果"称为输出（3.7.5），还是称为产品（3.7.6）或服务（3.7.7），随相关语境而定。

注2：一个过程的输入通常是其他过程的输出，而一个过程的输出又通常是其他过程的输入。

注3：两个或两个以上相互关联和相互作用的连续过程也可作为一个过程。

注4：组织（3.2.1）通常对过程进行策划，并使其在受控条件下运行，以增加价值。

注5：不易或不能经济地确认其输出是否合格（3.6.11）的过程，通常称之为"特殊过程"。

注6：这是 ISO/IEC 导则 第 1 部分 ISO 补充规定的附件 SL 中给出的 ISO 管理体系标准中的通用术语及核心定义之一，最初的定义已经被改写，以避免过程和输出之间循环解释，并增加了注1至注5。

※说明：质量管理原则中包含了"过程方法"，要想理解"过程方法"，一定先要理解什么是"过程"。过程其实包含了三个要素：输入、预期结果、活动。

注1："预期结果"可能就是单纯的输出，也可能是产品，也可能是服务，随语境而定。

注2：我们通常讲"过程方法"，其实就是常说的"流程管理"，比如上一章中举例说明的"夫妻餐饮店"，其大致的流程可以抽象简化为：采购过程→前期准备过程→烹饪服务过程。那么采购过程输出就是前期准备过程的输入，前期准备过程的输出就是烹饪服务过程的输入。通常一个企业的流程环节并非简单的串联，大部分是复杂的并串联的组合。

注3：过程管理可以根据实际情况进行细化或者整合，例如"夫妻餐饮店"案例中典型的三个过程，可以把前两个过程整合为"前期准备过程"。过程管理

究竟是需要细化还是整合，要从企业的实际管理需求出发，适合企业发展的才是最好的。

注4：企业提供产品和服务的过程，本质上是增值的过程。正是因为过程产生了价值，消费者才愿意掏钱买单。为了使过程实现稳定的增值，需要使过程受控。不受控的过程，不能保证其一定得到增值。比如，厨师烹饪一道酸菜鱼，那么烹饪的过程必须受控，如火候、烹饪时间、佐料添加时间和次序等，以上参数必须稳定和基本统一，这样才能保证酸菜鱼口味稳定，每次烹饪的过程都得到增值。过程受控可以从"5M1E"的角度去考虑（人、机、料、法、环、测），详见 ISO 9001 标准 8.5.1 条款的阐述。

注5：不易或不能经济地确认其输出是否合格的过程，通常称为"特殊过程"。ISO 9001 标准的 8.5.1f）条款提出了"需确认的过程"与特殊过程相对应，如焊接、注塑、施工隐蔽工程等。

3.5 理解有关体系的术语——方针

3.5.8 方针 policy
〈组织〉由最高管理者（3.1.1）正式发布的组织（3.2.1）的宗旨和方向
注：这是 ISO/IEC 导则 第 1 部分 ISO 补充规定的附件 SL 中给出的 ISO 管理体系标准中的通用术语及核心定义之一。

※说明：方针是由最高管理者正式发布的。

3.6 理解有关要求的术语

3.6.1 客体的理解

3.6.1 客体 object（entity，item）
可感知或可想象到的任何事物
示例：产品（3.7.6）、服务（3.7.7）、过程（3.4.1）、人员、组织（3.2.1）、体系（3.5.1）、资源。
注：客体可能是物质的（如：一台发动机、一张纸、一颗钻石），非物质的（如：转换率、一个项目计划）或想象的（如：组织未来的状态）
［源自：GB/T 15237.1—2000，3.1.1，改写］

※说明：质量管理的对象是客体，客体可以是物质的（如：一台发动机、一

张纸、一颗钻石），也可以是非物质的（如：转换率、一个项目计划）或想象的（如：组织未来的状态）。

3.6.2　质量的理解

3.6.2　质量　quality

客体（3.6.1）的一组固有特性（3.10.1）满足要求（3.6.4）的程度

注 1：术语"质量"可使用形容词来修饰，如：差、好或优秀。

注 2："固有"（其对应的是"赋予"）是指存在于客体（3.6.1）中。

※**说明**：质量是存在于客体内的固有特性与要求相比较的结果。要想理解质量，首先需要明白什么是特性。特性是指可区分的特征，包括固有特性和人为赋予特性。而质的特性是指固有特性。固有特性举例：电脑的运行速度，内存的存储容量，米饭淀粉含量，橙子的维 C 含量等；赋予特性举例：价格，物品的所有者等。

质量评价的程度可以定性描述也可以定量分析。定性描述，如电脑运行速度快或慢、内存容量大或小、米饭淀粉含量高或低。定量分析，如内存容量为 64GB、米饭的淀粉含量为 65%、100g 橙子的维 C 含量为 33mg。

3.6.3　要求的理解

3.6.4　要求　requirement

明示的、通常隐含的或必须履行的需求或期望

注 1："通常隐含"是指组织（3.2.1）和相关方（3.2.3）的惯例或一般做法，所考虑的需求或期望是不言而喻的。

注 2：规定要求是经明示的要求，如：在成文信息（3.8.6）中阐明。

注 3：特定要求可使用限定词表示，如：产品（3.7.6）要求、质量管理（3.3.4）要求、顾客（3.2.4）要求、质量要求（3.6.5）。

注 4：要求可由不同的相关方或组织自己提出。

注 5：为实现较高的顾客满意（3.9.2），可能有必要满足那些顾客既没有明示，也不是通常隐含或必须履行的期望。

注 6：这是 ISO/IEC 导则　第 1 部分　ISO 补充规定的附件 SL 中给出的 ISO 管理体系标准中的通用术语及核心定义之一，最初的定义已经通过增加注 3 至注 5 被改写。

※**说明**："要求"的含义主要包括三个方面：明示的、通常隐含的、必须履行的。

"明示的"要求，例：A 公司生产电线电缆，B 公司向 A 公司采购 100m 的家用 4mm² 的单芯铜线。A、B 公司签订了《采购合同》，那么采购合同上"白纸黑字"的内容就是明示的要求，见表 3-2。

表 3-2　采购合同"明示的"要求

序号	品　名	规　格	数　量	单　位	品　牌	备注
1	家用电线	单芯铜线（BV4）	100	m	老虎电线	无

"通常隐含的"要求，例：B 公司向 A 公司采购的电缆一定是能够导电的，通常这种"隐含"的要求并不会写在合同中，是社会认知普遍承认的要求。如：汽车一定能够行驶、矿泉水一定能够饮用、宾馆一定能够休息睡觉等。

"必须履行的"要求，例：A 公司生产的家用电线，一定是需要通过 3C 强制认证的，没有通过 3C 强制认证的家用电线是不能生产和销售的。

3.6.4　不合格（不符合）的理解

3.6.9　不合格（不符合）　nonconformity

未满足要求（3.6.4）

注：这是 ISO/IEC 导则　第 1 部分　ISO 补充规定的附件 SL 中给出的 ISO 管理体系标准中的通用术语及核心定义之一。

※说明："不合格（不符合）"的定义描述相对简单，但却是 ISO 管理体系标准中的通用术语及核心定义之一，主要是因为"开具不符合"是 ISO 管理体系贯标审核过程中，非常重要的一个输出活动。

在 ISO 9001 贯标实践过程中，不符合的形式和种类可能千差万别。举例：生产电线电缆的 A 公司，针对家用电线未能开展 3C 强制认证，就开展生产和销售活动；A 公司生产现场的特种设备，未能按照法规要求进行定期检查；A 公司也未能按照 ISO 9001 标准的要求开展内部审核活动；A 公司在贯标过程中遗漏部分的培训记录等。

在审核实践中，通常又将不符合分为"一般不符合"和"重大不符合"。

"一般不符合"是指那些相对轻微，对体系运行不产生严重影响的不符合项。这些不符合项可能是一些小的错误或遗漏，但它们通常不会对整个体系的正常运行或产品/服务的质量产生重大影响。对于一般不符合项，一般要求在一定时间内（如 3 个月内）完成纠正措施，有时还需要经过验证合格方可。如上述举例中 A 公司遗漏部分培训记录。

而"重大不符合"则是指那些与关键性要求或核心业务流程相关的严重偏差

或缺陷。这些不符合项可能会导致产品或服务无法满足客户需求，甚至可能对整个组织的核心业务目标产生严重影响。重大不符合项可能涉及质量管理体系的根本性问题，如没有按照质量方针和目标建立有效的质量管理体系，或者质量管理体系的某些关键条款未得到有效实施等。在发现重大不符合项时，应立即采取纠正措施，并进行深入调查和分析，以确定根本原因，并确保问题得到及时解决。如上述举例中 A 公司针对家用电线未能开展 3C 强制认证，就开展生产和销售活动。

3.6.5　创新的理解

3.6.15　创新　innovation

实现或重新分配价值的、新的或变化的客体（3.6.1）

注 1：以创新为结果的活动通常需要管理。

注 2：创新通常具有重要影响。

※**说明**："创新"这个术语相对比较拗口，原版的英文为："new or changed object realizing or redistributing value"。其实分解下来，创新可以理解为以下几种情况：实现价值的新的客体、实现价值的变化的客体、重新分配价值的新的客体、重新分配价值的变化的客体。

3.7　理解有关结果的术语

3.7.1　输出、产品、服务的理解

3.7.5　输出　output

过程（3.4.1）的结果

注：组织（3.2.1）的输出是产品（3.7.6）还是服务（3.7.7），取决于其主要特性（3.10.1），如：画廊销售的一幅画是产品，而接受委托绘画则是服务。在零售店购买的汉堡是产品，而在饭店里接受点餐并提供汉堡则是服务的一部分。

3.7.6　产品　product

在组织和顾客（3.2.4）之间未发生任何交易的情况下，组织（3.2.1）能够产生的输出（3.7.5）

注 1：在供方和顾客之间未发生任何必要交易的情况下，可以实现产品的生产。但是，当产品交付给顾客时，通常包含服务（3.7.7）因素。

注 2：通常，产品的主要要素是有形的。

注 3：硬件是有形的，其量具有计数的特性（3.10.1）（如：轮胎）。流程性材料是有形的，其量具有连续的特性（如：燃料和软饮料）。硬件和流程性材料经常被称为货物。软件由信息（3.8.2）组成，无论采用何种介质传递（如：计算机程序、移动电话应用程序、操作手册、字典、音乐作品版权、驾驶执照）。

3.7.7 服务 service

至少有一项活动必须在组织（3.2.1）和顾客（3.2.4）之间进行的组织的输出（3.7.5）

注 1：通常，服务的主要要素是无形的。

注 2：通常，服务包含与顾客在接触面的活动，除了确定顾客的要求（3.6.4）以提供服务外，可能还包括与顾客建立持续的关系，如：银行、会计师事务所，或公共组织（如：学校或医院）等。

注 3：服务的提供可能涉及，例如：

——在顾客提供的有形产品（3.7.6）（如需要维修的汽车）上所完成的活动。

——在顾客提供的无形产品（如为准备纳税申报单所需的损益表）上所完成的活动。

——无形产品的交付（如知识传授方面的信息（3.8.2）提供）。

——为顾客创造氛围（如在宾馆和饭店）。

注 4：通常，服务由顾客体验。

※说明：输出可以包括三种形态：产品、服务、产品和服务。

根据产品的定义，产品是指在组织和顾客之间未发生任何交易的情况下，组织能够产生的输出。为什么需要是在组织和顾客未发生交易的情况下呢？由上文可以分析出，输出包括产品、服务、产品和服务三种形态，这样只有当组织和顾客未发生交易的情况下，输出才有可能是单纯的产品，一旦组织和顾客发生了交易，过程中就有可能产生了服务。

产品的三种表现形式：硬件、流程性材料、软件。硬件和流程性材料称为货物，软件是由信息组成的。产品的主要要素是有形的，服务的主要要素是无形的。

3.7.2 风险的理解

3.7.9 风险 risk

不确定性的影响

注 1：影响是指偏离预期，可以是正面的或负面的。

注 2：不确定性是一种对某个事件，或是事件的局部的结果或可能性缺乏理解或知识方面的信息（3.8.2）的情形。

注 3：通常，风险是通过有关可能事件（GB/T 23694—2013 中的定义，4.5.1.3）和后果（GB/T 23694—2013 中的定义，4.6.1.3）或两者的组合来描述其特性的。

注 4：通常，风险是以某个事件的后果 （包括情况的变化）及其发生的可能性（GB/T 23694—2013 中的定义，4.6.1.1）的组合来表述的。

注 5："风险"一词有时仅在有负面后果的可能性时使用。

注 6：这是 ISO/IEC 导则 第 1 部分 ISO 补充规定的附件 SL 中给出的 ISO 管理体系标准中的通用术语及核心定义之一，最初的定义已经通过增加注 5 被改写。

※说明："风险"一词的定义是广义的，包括不确定的正面影响和不确定的负面影响。但在日常生活中，"风险"一词通常仅在有负面影响的可能性时使用。ISO 9001 标准中提及的"风险"大部分也是指负面的影响，ISO 9001 中采用的"机遇"大部分体现了风险的正面影响。但需要注意的是，并非所有的正面影响的风险均可提供机遇。通常人们对于风险的接受程度与风险背后的利益有着密切的关系，风险背后的利益越高，风险的接受度可能就越高。但接受风险不能采取"赌徒"心态，一定要能将风险转化为机遇，最终获取风险背后的机会。

举例：燃油汽车面临转型的今天，传统车企是继续守住燃油车销售的霸主地位，还是投资打造新能源汽车；在选择投资新能源汽车产业时，是决定研发电动汽车还是氢能源汽车。这些都是企业经营者面临的抉择。其背后隐含了巨大的风险，当然这个风险是双向的，有正面的影响（转型成功获得巨额利润），也有负面的影响（转型失败的风险）。在汽车企业圈的牌桌上，有老玩家，也有入局新手，每家汽车主机厂都手握"一把牌"，这把"牌"可能包含不同的要素，比如政策、资源、人才等，关键是如何打好手上的"牌"。

3.8 理解有关数据、信息和文件的术语——文件、成文信息、记录

3.8.5 文件 document
信息（3.8.2）及其载体
示例：记录（3.8.10）、规范（3.8.7）、程序文件、图样、报告、标准。
注 1：载体可以是纸张，磁性的、电子的、光学的计算机盘片，照片或标准样品，或它们的组合。

注2：一组文件，如若干个规范和记录，英文中通常被称为"documentation"。

注3：某些要求（3.6.4）（如易读的要求）与所有类型的文件有关，而另外一些对规范（如修订受控的要求）和记录（如可检索的要求）的要求可能有所不同。

3.8.6 成文信息 documented information

组织（3.2.1）需要控制和保持的信息（3.8.2）及其载体

注1：成文信息可以任何格式和载体存在，并可来自任何来源。

注2：成文信息可涉及：

——管理体系（3.5.3），包括相关过程（3.4.1）；

——为组织运行产生的信息（一组文件）；

——结果实现的证据［记录（3.8.10）］。

注3：这是 ISO/IEC 导则 第1部分 ISO 补充规定的附件 SL 中给出的 ISO 管理体系标准中的通用术语及核心定义之一。

3.8.10 记录 record

阐明所取得的结果或提供所完成活动的证据的文件（3.8.5）

注1：记录可用于正式的可追溯性（3.6.13）活动，并为验证（3.8.12）、预防措施（3.12.1）和纠正措施（3.12.2）提供证据。

注2：通常，记录不需要控制版本。

※说明：文件是指信息及其载体，成文信息是指组织需要控制和保持的信息及其载体。所以从定义上看，文件包含了成文信息。

文件可以包括：记录、规范、程序文件、图样、报告、标准。载体可以是纸张，磁性的、电子的、光学的计算机盘片，照片或标准样品，或它们的组合。

2008 版 ISO 9001 标准中采用的术语是"形成文件的程序"和"记录"，在 2015 版 ISO 9001 标准中已用"成文信息"代替。具体来说，原先的"形成文件的程序"用"保持成文信息"代替，原先的"记录"用"保留成文信息"代替。

3.9 理解有关特性的术语

3.9.1 特性、质量特性的理解

3.10.1 特性 characteristic

可区分的特征

注 1：特性可以是固有的或赋予的。

注 2：特性可以是定性的或定量的。

注 3：有各种类别的特性，如：

a）物理的（如：机械的、电的、化学的或生物学的特性）；

b）感官的（如：嗅觉、触觉、味觉、视觉、听觉）；

c）行为的（如：礼貌、诚实、正直）；

d）时间的（如：准时性、可靠性、可用性、连续性）；

e）人因工效的（如：生理的特性或有关人身安全的特性）；

f）功能的（如：飞机的最高速度）。

3.10.2　质量特性　quality characteristic

与要求（3.6.4）有关的，客体（3.6.1）的固有特性（3.10.1）

注 1：固有意味着本身就存在的，尤其是那种永久的特性（3.10.1）。

注 2：赋予客体（3.6.1）的特性（3.10.1）（如客体的价格）不是它们的质量特性。

※**说明**：为什么说"价格"不是固有特性，因为价格是人为赋予的，比如一瓶茅台酒，其价格受到市场供需关系的影响，是一个动态变化的过程。

3.9.2　人为因素的理解

3.10.3　人为因素　human factor

对所考虑的客体（3.6.1）有影响的人的特性（3.10.1）

注 1：特性可以是物理的、认知的或社会的。

注 2：人为因素可对管理体系（3.5.3）产生重大影响。

※**说明**：人为因素的主体是人，因为人具有较强的主观能动性，所以对于人员的管理是体系管理的一个重点。一方面要引导人员，调动人员的积极性为组织创造价值，另一方面也要采用相应的对策减少人为因素造成的不利影响。

3.10　理解有关措施的术语

3.10.1　预防措施、纠正措施、纠正的理解

3.12.1　预防措施　preventive action

为消除潜在不合格（3.6.9）或其他潜在不期望情况的原因所采取的措施

注 1：一个潜在不合格可以有若干个原因。

注 2：采取预防措施是为了防止发生，而采取纠正措施（3.12.2）是为了防止再发生。

3.12.2　纠正措施　corrective action

为消除不合格（3.6.9）的原因并防止再发生所采取的措施

注 1：一个不合格可以有若干个原因。

注 2：采取纠正措施是为了防止再发生，而采取预防措施（3.12.1）是为了防止发生。

注 3：这是 ISO/IEC 导则　第 1 部分　ISO 补充规定的附件 SL 中给出的 ISO 管理体系标准中的通用术语及核心定义之一，最初的定义已经通过增加注 1 和注 2 被改写。

3.12.3　纠正　correction

为消除已发现的不合格（3.6.9）所采取的措施

注 1：纠正可与纠正措施（3.12.2）一起实施，或在其之前或之后实施。

注 2：返工（3.12.8）或降级（3.12.4）可作为纠正的示例。

※说明：对于"纠正""纠正措施""预防措施"的区分，可以用"农夫与羊"的故事来说明。农夫养了 10 只羊，某天农夫见羊圈中少了 2 只羊，于是立刻出去找羊，找了半天终于将 2 只羊顺利找回。农夫就思考为什么 2 只羊会逃出羊圈呢？原来，随着羊不断地长大，原有羊圈的高度已经不能满足圈羊的功能了。于是，农夫立马修缮羊圈，增加了羊圈的高度，防止再有羊出逃的事情。农夫的邻居也养了很多羊，听说了农夫"丢羊补羊圈"的事情后，考虑到自家的羊圈高度也不是很高，于是也将自家的羊圈重新修缮了一下。自此，农夫与邻居再也没有丢羊的事情发生。这个小故事中，农夫找羊的过程就是"纠正"，农夫修缮羊圈是"纠正措施"，邻居修缮羊圈是"预防措施"。

在实际的生产经营过程中纠正的示例如：返工、降级，纠正措施的示例如：5Why 分析采取的措施、鱼骨头图法分析采取的措施、8D 问题解决法（Eight Disciplines Problem Solving，8D 问题解决法）分析采取的措施，预防措施的示例如：失效模式与影响分析（Failure Mode and Effects Analysis，FMEA）工具所采取的措施。

3.10.2　返工、返修的理解

3.12.8　返工　rework

为使不合格（3.6.9）产品（3.7.6）或服务（3.7.7）符合要求（3.6.4）而对

其采取的措施

注：返工可影响或改变不合格的产品或服务的某些部分。

3.12.9　返修　repair

为使不合格（3.6.9）产品（3.7.6）或服务（3.7.7）满足预期用途而对其采取的措施

注 1：不合格的产品或服务的成功返修未必能使产品符合要求（3.6.4）。返修可能需要连同让步（3.12.5）。

注 2：返修包括对以前是合格的产品或服务，为重新使用所采取的修复措施，如作为维修的一部分。

注 3：返修可影响或改变不合格的产品或服务的某些部分。

※**说明：** "返工" 和 "返修" 都是对于不合格采取的措施，那么它们之间的区别是什么呢？例如，一批半成品从机加工车间流转到热处理车间，发现这批半成品上的螺纹孔没有打，于是又将这批半成品重运回机加工车间打孔，这个流程叫作 "返工"。再例如，若一批半成品经过热处理变成了成品，包装后发往顾客方，顾客验收时，发现产品表面的光洁度不满足要求，但这批货物拉回去重新处理成本相当高，经过与顾客方沟通协商，由公司派驻两名员工在顾客现场进行手工砂纸打磨，尽量满足顾客要求，同时顾客方让步接受，对这批货物罚款 2 万元，这个过程就是返修。

所以，"返工"，通过采取措施能够使 "不符合" 满足要求，可发生在产品和服务交付前和交付后；"返修"，通过采取措施使已经不合格的产品或服务满足预期用途，很可能返修之后的产品仍不能满足要求，这时就需要顾客让步接受（如警告、降级接受、扣款、罚款）。

我们日常生活中经常说的 "售后维修" 也是属于 "返修" 的一种，如某手机出厂时是合格手机，顾客使用一段时间后，某天出现了不能拨打电话的情况，立即送往售后中心进行维修，更换零部件后恢复了通话功能。虽然这部手机实现了原来的预期功能，但已改变了该手机在出厂状态时的某些部分。所以，通常经过维修后的产品，其价值可能会随之折损。这点可能会激发顾客不满意的情绪，厂家（或商家）要采取必要的补偿措施，以抵消顾客情绪上的不满。

3.11　理解有关审核的术语

3.11.1　审核的理解

3.13.1　审核　audit

为获得客观证据（3.8.3）并对其进行客观的评价，以确定满足审核准则

（3.13.7）的程度所进行的系统的、独立的并形成文件的过程（3.4.1）

　　注 1：审核的基本要素包括由对被审核客体不承担责任的人员，按照程序（3.5.4）对客体（3.6.1）是否合格（3.6.11）所做的确定（3.11.1）。

　　注 2：审核可以是内部（第一方）审核，或外部（第二方或第三方）审核，也可以是多体系审核（3.13.2）或联合审核（3.13.3）。

　　注 3：内部审核，有时称为第一方审核，由组织（3.2.1）自己或以组织的名义进行，用于管理（3.3.3）评审（3.11.2）和其他内部目的，可作为组织自我合格声明的基础。内部审核可以由与正在被审核的活动无责任关系的人员进行，以证实独立性。

　　注 4：通常，外部审核包括第二方和第三方审核。第二方审核由组织的相关方，如顾客（3.2.4）或由其他人员以相关方的名义进行。第三方审核由外部独立的审核组织进行，如提供合格认证/注册的组织或政府机构。

　　注 5：这是 ISO/IEC 导则　第 1 部分　ISO 补充规定的附件 SL 中给出的 ISO 管理体系标准中的通用术语及核心定义之一，最初的定义和注释已经被改写，以消除术语"审核准则"与"审核证据"之间循环定义的影响，并增加了注 3 和注 4。

　　※说明：我们可以将审核活动分为主要工作及核心工作。审核的主要工作是取证（获得客观证据），取证的方式包括沟通交流、文件审核、现场观察、记录，就是我们通常所说的"谈、查（察）、看、记"。审核的核心工作是评价（确定满足审核准则的程度），以审核准则为准绳，对收集到的审核证据进行系统的评价。

　　审核过程最主要的特点就是"系统的、独立的并形成文件的"，如下文所述。

　　1）"系统的"包括两点：一是审核策划要系统全面，拿认证审核举例，一个完整的认证周期是三年，那么在方案策划时必须对整个认证周期进行系统的策划，需要考虑初次审核、监督审核的不同要求及其之间的关联；二是实施审核过程中，审核人员能够全盘考虑，有重点有主次地实施审核工作。

　　2）"独立的"是指审核过程中审核人员与受审核方之间不存在利益关系，最大限度地保证审核结论的公正客观。

　　3）"形成文件的"是指从审核的前期策划到审核实施再到审核结束，其过程需要形成相关的文件，如"审核方案策划""审核计划""审核记录""审核报告"等。

　　审核可以包括：第一方审核、第二方审核和第三方审核。通常，第一方审核叫作企业的"内部审核"，第二方审核是组织的顾客对组织进行的审核（客户审核供方），第三方审核是由独立的第三方机构对组织进行审核。第三方审核又叫"认证审核"，第二方审核和第三方审核也叫作"外部审核"。

3.11.2　多体系审核、联合审核的理解

3.13.2　多体系审核　combined audit

在一个受审核方（3.13.12），对两个或两个以上管理体系（3.5.3）一起实施的审核（3.13.1）

注：被包含在多体系审核中的管理体系的一部分，可通过组织（3.2.1）应用的相关管理体系标准、产品标准、服务标准或过程标准来加以识别。

3.13.3　联合审核　joint audit

在一个受审核方（3.13.12），由两个或两个以上审核组织（3.2.1）同时实施的审核（3.13.1）

※**说明**：多体系审核举例：一个企业同时建立运行 ISO 9001 质量管理体系和 ISO 14001 环境管理体系，对其进行审核就是多体系审核。联合审核举例：两个认证机构，同时对一个受审核方进行审核，叫作联合审核。

3.11.3　审核方案、审核计划的理解

3.13.4　审核方案　audit programme

针对特定时间段所策划并具有特定目标的一组（一次或多次）审核（3.13.1）安排

［源自：GB/T 19011—2021，3.13，改写］

3.13.6　审核计划　audit plan

对审核（3.13.1）活动和安排的描述

［源自：GB/T 19011—2021，3.15］

※**说明**：审核方案是一组审核安排，而审核计划是对审核活动的具体安排。例：一个公司申请 ISO 9001 质量管理体系的认证审核，认证公司收到申请后进行合同评审，合同评审通过后由审核方案策划人员进行审核方案的策划。审核方案是整个认证周期的安排，包括：初次审核、第一次监督审核、第二次监督审核等。审核组长接到审核任务后，需要进行文审，并针对本次审核编制相应的审核计划，可能是初审的审核计划，也可能是监督审核的审核计划。

3.11.4　审核范围的理解

3.13.5　审核范围　audit scope

审核（3.13.1）的内容和界限

注：审核范围通常包括对实际位置、组织单元、活动和过程（3.4.1）的描述。

［源自：GB/T 19011—2021，3.14，改写。注已被修改］

※说明：对于审核范围和认证范围，容易让人混淆，其实 GB/T 19000—2016 版本标准并没有"认证范围"的精确定义，那么审核范围和认证范围的区别和共性是什么呢？

1）确定认证范围的目的是认证注册，用于表明被认证实体的管理体系所覆盖的范围，通常体现在认证证书上。而确定审核范围是为审核过程界定审核内容和界限，用于指导审核的实施。

2）认证范围通常只是对认证所覆盖的产品、过程与活动、场所及所依据的标准的概括性描述。而审核范围所涉及的信息更加详细和具体，通常包括对受审核方的实际位置、组织单元、活动和过程以及审核所覆盖的时期等更加具体、全面与详细的信息。

3）一次具体审核的审核范围与认证范围很多时候是一致的，但存在不一致的可能性。两者的联系在于：依据认证范围来确定具体的审核范围；根据已审核的范围及审核结论，确定与批准最终的认证范围。

3.11.5　审核准则、审核证据、审核发现、审核结论的理解

3.13.7　审核准则　audit criteria

用于与客观证据（3.8.3）进行比较的一组方针（3.5.8）、程序（3.4.5）或要求（3.6.4）

［源自：GB/T 19011—2021，3.2，改写，术语"审核证据"已被"客观证据"替代］

3.13.8　审核证据　audit evidence

与审核准则（3.13.7）有关并能够证实的记录、事实陈述或其他信息

［源自：GB/T 19011—2021，3.3，改写，注已被删除］

3.13.9　审核发现　audit finding

将收集的审核证据（3.13.8）对照审核准则（3.13.7）进行评价的结果

注 1：审核发现表明符合（3.6.11）或不符合（3.6.9）。

注 2：审核发现可导致识别改进（3.3.1）的机会或记录良好实践。

注 3：如果审核准则（3.13.7）选自法律要求（3.6.6）或法规要求（3.6.7），审核发现可被称为合规或不合规。

［源自：GB/T 19011—2021，3.4，改写，注 3 已被修改］

3.13.10　审核结论　audit conclusion

考虑了审核目标和所有审核发现（3.13.9）后得出的审核（3.13.1）结果

［源自：GB/T 19011—2021，3.5］

※**说明**：通常审核准则包括以下四个方面：标准的要求、法律法规的要求、相关方要求、企业自身规定的要求。

审核证据的定义：与审核准则有关并能够证实的记录、事实陈述或其他信息。所以，审核证据有三种表现形式：记录、事实陈述、其他信息。记录，如企业生产记录、检验记录等。事实陈述，如审核员与受审核方沟通确认的结果。其他信息，如审核员现场观察到的结果——审核员在现场观察，操作员未按作业指导书作业。不管审核证据是以上哪种表现形式，一定是能够证实的，不能是审核员道听途说的或者揣测出来的。

审核发现的定义中包括三个要素：审核证据、审核准则、评价的结果，这三要素缺一不可。

审核结论是所有的审核发现进行综合考虑后得出的审核结果。通常审核结论是由审核组长在末次会议予以公布。

3.11.6　审核委托方和受审核方的理解

3.13.11　审核委托方　audit client

要求审核（3.13.1）的组织（3.2.1）或个人

［源自：GB/T 19011—2021，3.6，改写。注已被修改］

3.13.12　受审核方　auditee

被审核的组织（3.2.1）

［源自：GB/T 19011—2021，3.7］

※**说明**：审核委托方根据审核的性质有所不同，可能出现以下几种情况：

1）内部审核（第一方审核），通常审核委托方就是组织本身。组织可以委托组织内部人员进行内部审核，也可委托组织外部人员进行内部审核。如某大型机械制造公司，委托知名认证公司的审核员给组织进行一次内部审核，这时审核委托方依旧是组织本身。

2）第二方审核，通常审核委托方是组织的顾客（客户）。举例：某汽车零部件工厂为了被纳入汽车主机厂的 A 级供应商名录，邀请主机厂对其进行二方审核，主机厂委托本公司的供应商质量工程师（Supplier Quality Engineer，SQE）、研发人员、采购人员组成审核组到零部件工厂进行审核，这时审核委托方就是主机厂。

3）第三方审核，通常审核委托方是第三方机构。举例：某医疗器械公司申请 ISO 13485 认证审核，第三方认证机构委托相关专业的审核组（认证机构的员工）对医疗器械公司进行第三方审核，这时审核委托方就是第三方机构。

3.11.7　向导、审核组、审核员、技术专家、观察员的理解

3.13.13　向导　guide
〈审核〉由受审核方（3.13.12）指定的协助审核组（3.13.14）的人员
［源自：GB/T 19011—2021，3.12］

3.13.14　审核组　audit team
实施审核（3.13.1）的一名或多名人员，需要时，由技术专家（3.13.16）提供支持
注1：审核组中的一名审核员（3.13.15）被指定作为审核组长。
注2：审核组可包括实习审核员。
［源自：GB/T 19011—2021，3.9，改写］

3.13.15　审核员　auditor
实施审核（3.13.1）的人员
［源自：GB/T 19011—2021，3.8］

3.13.16　技术专家　technical expert
〈审核〉向审核组（3.13.14）提供特定知识或专业技术的人员
注1：特定知识或专业技术是指与受审核的组织（3.2.1）、过程（3.4.1）或活动以及语言或文化有关的知识或技术。
注2：在审核组（3.13.14）中，技术专家不作为审核员（3.13.15）。
［源自：GB/T 19011—2021，3.10，改写，注1已被修改］

3.13.17　观察员　observer
随同审核组（3.13.14）但不作为审核员（3.13.15）的人员
注：观察员可来自受审核方（3.13.12）、监管机构或其他见证审核（3.13.1）的相关方（3.2.3）。
［源自：GB/T 19011—2021，3.11，改写。动词"审核"已从定义中删除，注已被修改］

※**说明**：审核组成员包括：审核员和技术专家（需要时）。审核员包括：审核员、实习审核员（可能会存在）。注意技术专家不是审核员，但技术专家是审核组成员。观察员在 GB/T 19011—2013 定义的注 1 中说明不是审核组成员，但是 GB/T 19000—2016 及 GB/T 19011—2021 中均删掉了这句话。

第 **4** 章

组 织 环 境

从本章开始，就进入了标准的核心正文——第 4 章到第 10 章。核心正文是审核员评价受审核方符合性的根本依据。为便于读者理解标准原文，掌握标准后落地贯标，知晓审核方法与路径，笔者统一分为六个模块剖析 ISO 9001 的核心正文，分别包括：标准原文、知识点速记、标准理解、如何贯标、审核要点、审核实践。

"知识点速记"模块是对"标准原文"的内容"从厚到薄"的剖析，帮助读者快速记忆相关知识点。"标准理解"模块是对"知识点速记"的内容再"从薄到厚"讲解以加深理解。"如何贯标"模块是从贯标方视角，将标准在组织内落地并贯彻执行。"审核要点"模块是从审核员（内审员/外审员）视角，寻找组织符合标准的证据。

最后，"审核实践"模块，从"谈、查、看、记"的审核方法入手，给读者提供了具体、可实操的审核案例，解决审核员不会提问、不会文审、不会巡视现场、不会写审核记录的问题。虽然 ISO 9001 标准具有普适性，适用于各种各样的组织，但为了便于读者从审核的角度理解标准，在"审核实践"模块，用"企业/公司"代替"组织"的说法。又因为 ISO 9001 标准在生产制造型企业应用最为广泛，所以在"审核实践"模块，多以生产制造企业为案例展开论述。

本章知识点

1）本章"组织环境"相较于 ISO 9001 以前的各版本是一个新的概念，其中包含了"4.1 理解组织及其环境""4.2 理解相关方的需求和期望""4.3 确定质量管理体系的范围""4.4 质量管理体系及其过程"共四个小节。四小节的内容有着较强的逻辑关联性。4.1 和 4.2 作为 4.3 的输入，且 4.1 和 4.2 也作为第 6 章"6.1 应对风险和机遇的措施"的输入。"4.4"详细阐明了应用"过程方法"的八项措施。

2）知识框架如图 4-1 所示。

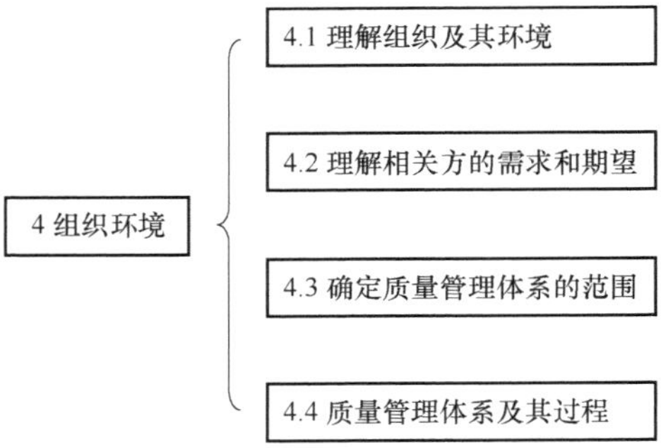

```
                        ┌──────────────────────┐
                        │ 4.1 理解组织及其环境      │
                        └──────────────────────┘

                        ┌──────────────────────┐
                        │ 4.2 理解相关方的需求和期望 │
   ┌─────────┐          └──────────────────────┘
   │ 4 组织环境 │
   └─────────┘          ┌──────────────────────┐
                        │ 4.3 确定质量管理体系的范围 │
                        └──────────────────────┘

                        ┌──────────────────────┐
                        │ 4.4 质量管理体系及其过程   │
                        └──────────────────────┘
```

图 4-1　组织环境知识框架

4.1 ▶ 理解组织及其环境

▶ 1. 标准原文

4.1　理解组织及其环境

组织应确定与其宗旨和战略方向相关并影响其实现质量管理体系预期结果的能力的各种外部和内部因素。

组织应对这些外部和内部因素的相关信息进行监视和评审。

注 1：这些因素可能包括需要考虑的正面和负面要素或条件。

注 2：考虑来自国际、国内、地区或当地的各种法律法规、技术、竞争、市场、文化、社会和经济环境的因素，有助于理解外部环境。

注 3：考虑与组织的价值观、文化、知识和绩效等有关的因素，有助于理解内部环境。

▶ 2. 知识点速记

"4.1 理解组织及其环境"的内容可以汇总成下面 5 个知识点。

1）识别组织环境，组织需要做哪两件事情？

答：①确定内外部因素；②监视和评审内外部因素的相关信息。

2）组织应确定哪些内外部因素？

答：①与其宗旨和战略方向相关的；②影响其 QMS 实现预期结果的。

3）因素可以分为哪两类？

答：正面或负面的要素和条件。

4）外部环境有哪些表现？

答：国际、国内、地区、当地的法律法规、技术、竞争、市场、文化、社会经济环境因素。

5）内部环境有哪些表现？

答：组织的价值观、文化、知识、绩效。

▶ 3．标准理解

ISO 9001 标准从第 4 章到第 10 章，是标准的核心正文，也是审核员在审核过程中的核心依据，标准的第 0 章到第 3 章及附录的内容，均不能作为判断受审核方是否符合标准的依据。

组织环境中的"环境"是英文"context"的中文翻译。由于"环境"一词容易与"环境污染"的"环境（environment）"产生混淆，笔者认为"组织环境（context of the organization）"翻译成"组织境况"更为贴切。读者在学习本标准时要注意：本条款中的"环境"并非"环境污染"所指的"环境"，而是指一个组织所处的境况。

1）组织所处的环境（境况）中，内外部因素是多种多样的，但并非所有的因素都需要监视和评审，这与"矛盾论"中抓住事物主要矛盾的原则相类似。那一个组织需要重点监视和评审哪些方面因素呢？标准中提及了两点：其一是与其宗旨和战略方向相关的因素，其二是影响其 QMS 实现预期结果的因素。

什么是组织的宗旨和战略方向？这就回到了标准开篇的第一句话"采用质量管理体系是组织的一项战略决策"，既然是战略性决策，那 QMS 的实施必定是"一把手工程"。一个企业的宗旨和战略方向由谁来定夺？肯定是由最高管理者参与并制定，这也呼应了标准的七项质量管理原则之一的"领导作用"。比如，阿里巴巴的企业宗旨是"让天下没有难做的生意"，这是 20 多年前马云在创立阿里巴巴时就建立的企业宗旨和使命；华为的企业宗旨和口号是"构建万物互联的智能世界"，说明华为的发力点在智能硬件方面。所以一个组织考虑内外部因素一定要与企业的"宗旨和战略方向"相关，因为这是引领组织发展和前进的方向。

那什么是"预期结果"呢？不同的组织有不同的回答，比如餐饮服务企业的预期结果是美味的菜肴和顾客认可的服务；生产型企业的预期结果是生产价廉物美且顾客信赖的产品；公共服务组织的预期结果是群众满意的服务品质等。

2）本条款要求组织要做两个动作，一是要"确定（determine）"内外部因素，二是要"监视和评审（monitor and review）"内外部因素。"确定"很好理解，就是找出组织的内外部的环境因素。比如，很多企业会使用"优劣势分析法（SWOT analytical method）""PESTEL（Political、Economic、Social、Technological、Environmental、Legal）法""波特五力分析"等方式对组织的内外部因素进行确定。有些大型组织会单独设立"战略规划中心""发展研究室"等部门专门研究企业的内外部环境。然而，并不是所有企业都必须凭借"高大上"的组织部门和技术手段才能"确定"企业的环境因素。有些中小型企业或者小微型企业，本身的业务流程和发展规划就相对比较简单，所以对于这样的组织而言，并不能苛刻的要求一定要将组织的环境因素落实在文件记录上，如果这样可能就背离了标准的初衷，最终会让企业处于"纸上谈兵"的尴尬境地。比如，很多小型的贸易公司，企业主肯定将公司发展状况、发展过程中的优劣势了然于胸，这就说明了企业已经"确定"了内外部因素。当然，也建议小微型企业采用适合组织的环境分析工具，如"头脑风暴""假设分析（what if）"等。

"监视和评审"，其实要传达的意思就是"回头看"，组织的内外部环境因素确定后并不是一劳永逸的。我们所处的时代是瞬息万变的，组织也应该意识到识别出的内外部因素是在动态变化的。昨天"诺基亚"的轻敌，导致了今天"苹果手机"的崛起；今天"5G 技术"的发展，造就了"华为"的异军突起，商业上永远不缺后来者居上的案例。所以对于识别出的组织内外部因素，要不断地"回头看"，及时调整和修正企业的发展方向。"回头看"的方式和途径有很多，比如企业内部审核、员工代表大会、企业管理评审等，都是"监视和评审"内外部环境因素的良好时机。

3）因素可以分为内部和外部的，且又可以分为正面和负面的。那么接下来就是一个简单的排列组合：内部正面的因素、内部负面的因素、外部正面的因素、外部负面的因素，由此可看出，看问题要"一分为二"，但组织确定环境因素则需要"一分为四"。

4）标准提供了内外部环境因素考虑的维度。比如，内部因素可以考虑组织的价值观、文化、知识、绩效。外部因素可以考虑国际、国内、地区、当地的法律法规、技术、竞争、市场、文化、社会经济环境。但是需要注意的是，标准只是给了考虑的维度，并没有给出判定的程度准则。本标准后续章节也是如此，只是给出了一套质量管理系统的方法论，但并未规定企业需要做到什么程度。那么一家企业究竟要做到什么样的程度才算是符合标准呢？其实不同行业的组织、不同规模的组织、不同体量的组织，它们需要执行的程度也是不一样的。就像拳击比赛，比赛的基础是同一重量级，把不同重量级的拳手放在同一场地竞技是不公平的。对于一个世界 500 强企业，其考虑环境因素的维度和程度必定要超过一个 10 人规模的手工作坊组织。

▶ 4. 如何贯标

企业在充分理解和掌握标准后，应根据自身的实际情况执行并贯彻标准。大型企业可以根据组织的业务状况，建立诸如"SWOT 分析""PESTEL 分析""波特五力分析"等模型。小型企业可以对内外部环境进行梳理，可以采用"头脑风暴""假设分析（what if）"等方式方法，或者企业管理者给员工讲述组织面临的"内忧外患"及发展机遇等。注意本条款并未规定必须保持或保留成文信息。

 5. 审核要点

审核员在收集本条款证据的时候，千万不能犯"刻舟求剑"的错误。因为很多审核员在审核本条款的时候，习惯性地向被审核企业索要诸如：《组织环境SWOT 分析报告》《组织环境 PESTEL 报告》《组织环境波特五力分析》等记录，盲目地将自己对于标准的理解强加给企业。首先标准并未要求对于本条款"保留成文信息"，再者标准并没有要求组织必须采用某种分析方法和工具。

对不同类型的企业实施本条款审核，审核方式和方法应存在差异。对于大型企业而言，其可能存在系统的分析工具，如"SWOT 分析""PESTEL 分析""波特五力分析"等；但是对于中小型或者小微型企业，可能并没有相关的记录。审核员可以在管理层审核时，与企业的管理层进行深度的沟通和交流，总结出企业的内外部环境因素。审核中要牢记"谈、查、看、记"的审核方法。

因为标准的各章节并非各自独立的，比如 4.1 和 4.2 作为 6.1 条款的输入，那么审核员在审核本条款时，可以综合 4.2 及 6.1 一起进行审核。

6. 审核实践

（1）谈（如何提问）

请您简单介绍一下贵司、贵部门的情况？请您介绍一下贵司、贵部门在发展过程中面临的风险和机遇有哪些？并且贵司、贵部门是如何应对这些风险和挑战的？

（2）查（如何文审）

查《组织内外部环境识别表》《××部门内外部环境因素识别表》。

（3）看（如何巡视）

基于访谈者阐述的内容及提供的文件材料，审核员需要利用现场巡视的机会，重点验证所听到的企业基本概况是否属实，风险和机遇是否能够在企业现场体现。

（4）记（如何记录）

请参考某互联网科技企业审核案例（主营业务为软件开发）：

案例

体系负责人（××）介绍：××有限公司 2018 年成立于浙江杭州，是由××集团投资，××集团给予强大技术支撑的互联网科技公司，公司主要从事××。

注册地址：浙江省杭州市××；办公地址：杭州市××。企业提供了有效的企业营业执照，统一社会信用代码：××，在有效期内。企业从事的行业与主营业务无须行政资质审批。

公司设置有人事行政部、运营服务部、技术部、业务拓展部。为加强企业在质量管理体系方面的提升，公司导入了质量管理体系的管理流程。公司按照 GB/T 19001—2016 标准建立、实施、保持和改进管理体系，于××年××月×× 日批准发布实施 A/O 版体系文件，体系运行基本正常。现场查看，自体系运行以后，企业无外包过程，无倒班情况。

企业基于 SWOT 分析法，确定了公司的内外部因素的优势和劣势，提供了《组织内外部环境识别表》，识别的内部环境因素××项，外部环境因素××项，基于 SWOT 分析，确定了后续措施。

抽取第 1、3、5 条内部环境因素，与企业负责人沟通，了解到情况如下：××。

抽取第 2、6、10 条外部环境因素，与企业负责人沟通，了解到情况如下：××。

企业基本能够识别内外部环境因素，制定了相关措施，现场访谈、文审、巡视能够基本满足要求。

4.2 理解相关方的需求和期望

1. 标准原文

4.2 理解相关方的需求和期望

由于相关方对组织稳定提供符合顾客要求及适用法律法规要求的产品和服务的能力具有影响或潜在影响，因此，组织应确定：

a）与质量管理体系有关的相关方；

b）与质量管理体系有关的相关方的要求。

组织应监视和评审这些相关方的信息及其相关要求。

2. 知识点速记

"4.2 理解相关方的需求和期望"的内容可以汇总成下面 2 个知识点。

（1）相关方的作用是什么？

答：相关方对组织提供产品和服务的能力有影响或潜在影响。

（2）组织对相关方如何控制？

答：①确定与 QMS 有关的相关方及其要求；②监视和评审有关的相关方及其要求。

▶3．标准理解

对于本条款的理解首先要建立在对"相关方"这个概念的理解基础之上。根据《ISO 9000：2015 质量管理体系 基础和术语》标准的 3.2.3 条款中对于相关方的解释。相关方是指：可影响决策或活动、受决策或活动所影响，或自认为受决策或活动影响的个人或组织。相关方具体可以包括：顾客、所有者、组织内的人员、供方、银行、监管者、工会、合作伙伴以及可包括竞争对手或相对立的社会群体。

每一个组织都存在着各个方面的"相关方"。比如，一个学校组织，典型的相关方包括：家长、学生、教育局、教师等。一个医院组织，典型的相关方包括：患者、医生、护士、卫生局、医药公司等。一个汽车制造的整车厂，典型的相关方包括：股东、消费者、渠道商、员工、监管机构、零部件供应商、设备供应商等。既然每个组织都存在若干个相关方，那么组织要想处于一个良好的管理状态，首先需要识别出与之有关的相关方，确定相关方的需求和期望，并能够做到"监视和评审"。这里再次提到"监视和评审"，就是要求组织需要不断的"回头看"，回看相关方及其要求的变化。

4.1 和 4.2 条款两次提及"监视和评审"，就是为了突出说明企业管理的过程"不但需要踏踏实实地低头走路，还需要找准方向抬头看路，更需要避免雷区回头看路"。看看组织当前境况是什么样子，看看组织相关方要求有什么变化。组织管理只有做到"眼观六路、耳听八方"，才能不会被一叶蔽目，造成决策的失误。

不同相关方有各种不同的需求和期望，即便是同一个相关方本身的需求和期望也有可能会变化。例如，社区居民的利益可以包括一个企业的积极影响（如促进居民就业），也可以包括同一个企业的负面影响（如环境污染）。组织应该认识到需求和期望的"矛盾性"，各个相关方的需求和期望也很难"一碗水端平"，所以如何平衡各方的需求和期望，是组织需要长期考虑的一个问题。

组织的生存，客观上离不开各相关方，"共生、共赢"是永恒的自然法则。4.2 条款也充分体现了质量管理原则之一的"关系管理"，监视和评审相关方及其需求和期望就是为了获得良好的关系管理。

▶4．如何贯标

企业可以根据自身的行业及性质识别出相关方，并确定其需求和期望。例如，某生产型企业识别的《相关方及其要求信息识别分析和监视评审表》，见表 4-1。

年份：××年

表 4-1 相关方及其要求信息识别分析和监视评审表

序号	相关方	需求和期望	信息来源	各项目评审得分						风险和机遇的类别	评审总分（DLB）	拟采取的措施	监视和评审的方法	监视和评审的频率	责任部门	责任人
				对组织绩效影响或潜在损害（D）		相关方产生风险及机遇的能力（L）		被组织决策或活动影响的能力（B）								
				现状描述	得分	现状描述	得分	现状描述	得分							
1	股东	盈利和透明度	公司章程、财务制度	权责分明	1	权责分明	1	个体所有、权责分明	1	投资风险	1	1）提高生产效率、减小浪费损耗 2）控制生产成本，确保利润收益	财务年度、报告总结	季度	财务部	××
2	顾客	质量、价格、交付、服务、安全性、环境保护	交易合同、质量协议、产品说明、环保协议	质量要求高	5	订单不稳定	5	当前按顾客要求生产	4	顾客流失风险	100	1）加强质量控制 2）进行订单评审，制订生产计划，确保及时交货 3）控制生产成本，降低生产单价	客诉统计，交期成本、客户满意度调查	季度	质量部、研发部、销售部	××

3	供方	1）采购信息明确（品质要求、交付条件、价格、环保要求、付款要求等）2）采购人员职业操守	采购协议、质量环保协议、采购订单	价格高、交期不准时、来料不良率高	同一物料有多个供方	可能会造成关键物料的断货	停工待料的风险	1）采购单价经双方沟通后，经授权人员批准方生效 2）所有采购单必须以副总签核无误后，方可发生 3）采购单信息如交期、质量/HSF要求等描述信息应充分完整准确 4）采购部及时完成月结报表，提报账务，财务严格支付双方约定周期支付供应商货款 5）对供应商进行定期考核，优质供应商长期合作	采购订单批准、供方货款支付月报、供应商绩效考核	月度	采购部、财务部	××
				3	4	5	60					

注：针对相关方要求的变化，发生时及每季度要要进行更新。

企业可根据自己的行业状况，制作适合自身的相关方需求和期望的记录表，但需要注意的是是否保留相关记录由企业自己决定。

▶ 5．审核要点

与 4.1 条款一样，4.2 条款同样没有要求保留或保持成文信息，所以审核员在审核过程中不能强制要求受审核方必须提供相关的记录或文件。那么对于本条款究竟如何审核呢？对于不同的企业，审核的方式方法也不太一样。这里笔者提出一个"信息传递"的概念，对于大型企业或者规模型企业，公司的人员比较多，部门相对细化，信息在传递的过程中可能存在信息衰减的情况，为了保证信息能够清晰无损地传递，组织有必要通过文件的方式进行信息固化和传递。审核员在审核过程中就可以通过相关的证据的收集，达到审核的目的。

对于规模性企业，由于其在信息传递过程中必定会留下证据，方便了审核员信息的收集。对于小微型企业，其管理可能无需太多流程和环节，因此企业没有必要形成相关的记录，那么审核员就应该与企业的管理层进行充分的沟通，通过管理层的描述进行判断，看企业是否能够充分的识别相关方，并对其需求和期望进行监视和评审。

需要注意，在审核 4.1 和 4.2 条款时，审核员应避免使用标准原文的专有名词，如："组织环境""相关方""监视和评审"等，提问管理层时应尽量使用简单浅显和生活化的语言。建立与受审核方有效沟通的基础，这也是审核员的能力之一。

▶ 6．审核实践

（1）谈（如何提问）

请您简单介绍一下贵司、贵部门的主营业务所涉及的相关企业和人员情况？您的团队是如何满足相关方的诉求的？您们是如何评审他们诉求的合理性的？

（2）查（如何文审）

查《组织质量管理利益相关方清单及评审记录》《相关方需求评审报告》。

（3）看（如何巡视）

基于访谈者阐述的内容及提供的文件材料，审核员需要利用现场巡视的机会，重点验证所听到的企业基本概况是否属实，企业识别的相关方是否与企业相适应。

（4）记（如何记录）

请参考以下的通用审核案例（适用于各行业）：

公司关注所提供的产品与服务是否符合顾客要求，是否符合相关的法律法规。公司明确了影响公司绩效或受到公司经营影响的相关方，并将相关方的需求和期望作为关注点，持续地评估和评审。与××访谈了解到公司所属相关方及其要求和期望包括：××、××、××等方面。其中××方的需求和期望是该公司重点关注的内容。公司提供了《组织质量管理利益相关方清单及评审记录》《相关方需求评审报告》，识别了内外部的相关方共计××项。抽取编号为5、9、10的内部相关方评审记录，见保持完好。抽取编号为1、7、12的外部相关方评审记录，见保持完好。公司基本能够识别相关方的需求和期望，并能够开展充分的监视和评审，现场访谈、文审、巡视能够基本满足要求。

4.3 确定质量管理体系的范围

1. 标准原文

4.3 确定质量管理体系的范围

组织应确定质量管理体系的边界和适用性，以确定其范围。

在确定范围时，组织应考虑：

a）4.1 中提及的各种外部和内部因素；

b）4.2 中提及的相关方的要求；

c）组织的产品和服务。

如果本标准的全部要求适用于组织确定的质量管理体系范围，组织应实施本标准的全部要求。

组织的质量管理体系范围应作为成文信息，可获得并得到保持。该范围应描述所覆盖的产品和服务类型，如果组织确定本标准的某些要求不适用于其质量管理体系范围，应说明理由。

2. 知识点速记

"4.3 确定质量管理体系的范围"的内容可以汇总成下面 3 个知识点。

（1）组织如何确定 QMS 的范围？

答：明确 QMS 的边界和适用性。

（2）确定范围时，要考虑哪三点要素？

答：①4.1 内外部因素；②4.2 相关方要求；③组织的产品和服务。

（3）确定范围时，应注意哪五点？

答：①如果本标准要求全部适用 QMS 范围，遵循全部要求；②保持成文信息，可获得；③覆盖产品服务类型；④不适用，说明理由；⑤声明的不适用，不影响能力或责任。

▶ 3. 标准理解

（1）搞清楚不同的"范围"所表达的含义

1）4.3 条款"确定质量管理体系的范围"和第 1 章"范围"。这两处都提及了"范围"，两者是两个不同的"范围"概念。第 1 章的"范围"说明的是 ISO 9001 这个标准的适用范围，以标准为出发点，说明了标准的普适性，标准的原文阐述就是："适用于各种类型、不同规模、提供不同产品和服务的组织"。换句话说，全球 500 强企业可以实施 ISO 9001 标准，街边夫妻餐饮店也可以实施 ISO 9001 标准，有组织的地方就可以贯标。而 4.3 条款"确定质量管理体系的范围"中的范围说明的是组织在确定贯标后，所界定的边界和适用性，包括产品和服务的范围以及物理地址的范围。

一个研发、生产汽车保险杠的企业要贯彻 ISO 9001 标准，那么其贯标的范围就可以参考以下描述。注册地址：江苏省南京市江宁区××街道××工业园区××号；生产经营地址：江苏省南京市江宁区××街道××工业园区××号；贯标范围：汽车保险杠的研发、生产。

2）"管理体系的范围"与"质量管理体系的范围"。理论上来讲，一个组织对应一套管理体系，但在实际管理过程中，我们会发现一个组织管理的维度除了"质量"，还需要从其他方面入手，如：环境管理、职业健康安全管理、信息安全管理、知识产权管理、信息技术服务管理等。所以，"质量管理体系的范围"可能只是"管理体系的范围"中的一个方面。本标准采用高层结构，方便与不同的管理体系进行一体化整合，既便于企业贯标，也便于审核组实施审核。

3）"经营范围""实际经营范围""贯标范围""审核范围"与"认证范围"。在我国，营业执照上的"经营范围"是根据 GB/T 4754—2017《国民经济工作分类》中的若干门类，由单位自主提出经营范围挂号恳求。有些经营范围虽然体现在某企业的营业执照上，但是该企业实际生产运营过程中并没有涉及。例如，某企业的营业执照的范围表述为"汽车内饰件的研发、生产、销售"，但是企业实际经营过程中，只有生产和销售并没有研发。这时，该企业的"实际经营范围"应该是"汽车内饰件的生产和销售"。

"贯标范围"是基于企业的"实际经营范围"体现的。简而言之，就是相关的业务只有在企业开展过，才能声明贯标。当然，"贯标范围"也可以在"实际经营范围"的基础上再缩减。例如企业实际的业务范围是"汽车内饰件的生产和销售"，但是贯标范围可以只限定为"汽车内饰件的销售"。

"审核范围"通常是受审核方与审核实施方协商评审后的结果，通常体现在《审核合同》或《审核方案》中。审核组长依据《审核方案》中传递的"审核范围"，在编写《审核计划》时体现具体的"审核范围"。在现场审核之前及审核现场首次会议现场，需要与受审核方再次确认"审核范围"是否准确。通常情况下，企业的"贯标范围"就是后续的"审核范围"。也有可能出现审核实施方在评审时，与受审核方沟通后，缩减"审核范围"的情况。

审核组依据"审核范围"实施审核，但是"审核范围"并不一定是最终的"认证范围"。通常在第三方认证审核过程中，审核组依据"审核范围"审核完成之后，基于若干审核发现形成最终的审核结论，审核结论中包含"推荐性范围"。认证机构的认证决定人员，基于审核案卷（审核记录、审核报告等）和审核组长给出的"推荐性范围"，决定最终的"认证范围"。在实践中，大部分情况下"审核范围"与"认证范围"一致，但也有"认证范围"在"审核范围"的基础上进行了缩减的情况。

认证范围和审核范围的区别见表 4-2。

表 4-2　认证范围和审核范围区别

	审 核 范 围	认 证 范 围
定义	审核的内容和界限，具体包括：实际位置、组织单元、活动和过程，以及审核所覆盖的时期的详细描述	认证机构所界定的被认证组织的认证注册范围，表明受审核方 QMS 提供满足顾客要求和法律法规要求的产品和服务的能力范围，也就是认证机构的"担保范围"
目的	界定一次具体审核的内容和界限，用于指导一次具体审核活动的实施	界定受审核方的认证范围，用于认证注册的目的
使用者	审核组	认证机构和获证组织

通常来讲认证范围是小于等于审核范围的，大多数情况下认证范围和审核范围是一致的。

（2）对于"边界"和"适用性"的理解

"边界"一词在应用层面上可以包括：

- 物理边界（建筑物、场所、地域、区域等）；
- 组织边界（组织结构、部门、过程的外包等）；
- 逻辑边界（互联网的应用等）；
- 业务边界（产品和服务的类型、业务活动性质等）；
- 技术边界（社会文化环境、使用的法律法规和合同的要求、技术约束等）。

如某建筑施工企业 QMS 的边界：涉及主要业务是房屋建筑施工过程；涉及

区域包括企业注册办公地址，还包括临时施工现场；涉及组织单元既包括企业与质量管理有关部门，还包括分公司、项目部。

需要说明的是，QMS 边界不是一成不变的，也可以随着管理需求进行动态变化。

美国休斯敦警察局（HPD）于 2011 年开始选择在产权和紧急通信部门范围内采用 ISO 9001 建立质量管理体系，在取得成果后，于 2015 年将 ISO 9001 认证的范围扩展至财务预算、心理健康检查等部门。

"适用性"一词，详见本标准附录 A.5："本标准在其要求对组织质量管理体系的适用性方面不使用'删减'一词。然而，组织可根据其规模和复杂程度、所采用的管理模式、活动领域以及所面临风险和机遇的性质，对相关要求的适用性进行评审。"

企业在实施 ISO 9001 标准时，可以声明某些范围不适用。举例说明：某注塑企业生产流程相对稳定，生产的标准严格遵照顾客要求、现有的国家和行业标准，生产的产品也是原有车型的固定 3 款保险杠，生产工艺参数严格固化，企业不存在保险杠的研发过程，可以声明 8.3 条款不适用。企业声明的不适用须不影响组织确保其产品和服务合格的能力或责任，对增强顾客满意也不会产生影响。不适用的理由，一定需要合理性的说明。

质量管理体系范围的确定通常需要 3 个输入：①4.1 内外部因素；②4.2 相关方要求；③组织的产品和服务。

▶ 4. 如何贯标

很多企业认为只有软件或者硬件的设计开发过程才涉及"8.3 产品和服务的设计和开发"条款，但其实很多其他过程，如销售、餐饮服务、医疗服务、教育服务等，都涉及了"设计开发"。

某连锁汉堡经营门店，按照总部提供的装潢要求和经营流程开设门店并经营。因为出售的食品是根据固定的配方生产的，且服务流程也是按照总部统一的标准设定的，故此门店在贯标过程中可以提出"8.3 产品和服务的设计和开发"不适用。但是其总部如果贯标，则总部不可以声明 8.3 条款不适用，因为经营流程和服务流程，同样也需要设计和开发。

在确定 QMS 范围时，还应考虑组织的产品或服务类型，以及实现产品和服务有关的要求。如某一大型科技企业，其产品除通信产品外，还有白色家电、智能家居、新能源汽车等，因此，该组织确定 QMS 范围时，需要根据事业部或分公司直管的原则，考虑本事业部或分公司所涉及的 QMS 范围。

确定范围除了考虑本组织产品和服务外，承包方的职能和过程、外部供应活动过程、产品及服务也应纳入组织的质量管理体系范围内。因为外包是外部组织代表本组织行使职能，尽管这些活动在组织的外部完成，但责任仍是本组织的，也一样应纳入组织的质量管理体系中加以控制和施加影响（如：电镀、喷漆、灭菌等）。

▶ 5. 审核要点

审核员在一阶段审核时应注意受审核方的审核范围，确定其审核范围是否在其营业执照和许可范围之内，为二阶段审核做准备。

如某销售公司，其营业执照的范围是"五金交电，日用百货、图书批发零售（依法须经批准的项目，经相关部门批准后方可开展经营活动）"，申请的认证范围是"五金交电，日用百货、图书批发零售"，审核员在第一阶段审核时，需要关注企业是否有"出版物经营许可证"，否则"图书批发零售"的范围不能成立，属于超范围经营。

若是监督审核或是再认证审核，需要查看本次的审核范围与上一年度的审核范围的异同，确定审核的可行性，并及时沟通和反馈。

审核员需要关注受审核方是否有标准的某些条款不适用的情况。若存在这种情况，应审看受审核方对不适用理由的描述是否充分和准确。审核员需要关注受审核方是否存在为了减轻自己的审核主体责任，对其 QMS 进行过度删减的情况。

审核员现场审核时需关注：若受审核方存在多场所，其有关场所是否被纳入其质量管理体系范围并与其所申请的认证范围相一致。受审核方的 QMS 范围应作为成文信息，可获得并得到保持。

▶ 6. 审核实践

（1）谈（如何提问）

贵司的在贯标（ISO 9001）过程中确定的范围是什么？跟您再确认一下本次审核的范围是：××，是否正确？

（2）查（如何文审）

查《质量手册》、以往的"认证证书"、以往的《审核计划》等。

（3）看（如何巡视）

基于访谈者阐述的内容及提供的文件材料，审核员需要利用现场巡视的机会，重点验证受审核方的"贯标范围"与实际生产、经营范围的差异，尤其要确认企业是否超范围经营（如：超营业执照范围经营、超生产经营许可证范围经营等）。查看企业是否存在因主观规避法律责任而缩减"审核范围"的情况。

某生产制造企业明明有生产环节，但是审核范围只有销售过程。审核员调查后发现，原来该企业没有生产许可证，为了规避法律责任，主动删减"审核范围"。此类情况，可能存在审核的风险，需要及时与审核委托方进行沟通汇报。

（4）记（如何记录）

参考下面某机械加工企业审核案例：

××公司编制《质量手册》（编号：××××－××××），内容包括：企业简介、机构设置、体系负责人任命书、各部门的职能分配、质量方针、质量目标、质量管理体系的范围，应用了 ISO 9001：2015 标准条款的内容。根据公司产品特点对质量管理体系过程及其相互作用的描述、优化服务流程等内容，自体系试运行以来未发生变化，体系运行基本正常。本公司管理体系的范围为：××，现场巡视和查验，描述的范围与实际相符，未超范围经营，基本满足标准要求。

如果某些企业声明 8.3 设计开发的条款不适用，审核员需要在记录中声明不适用的理由。例如：××企业仅按照顾客的要求进行图纸来料加工，故 8.3 设计开发的过程不适用。虽然声明了"8.3 条款不适用"，但是该声明不影响企业确保产品和服务合格的能力或责任，对增强顾客满意也不会产生影响。

4.4 质量管理体系及其过程

➤ 1. 标准原文

4.4　质量管理体系及其过程

4.4.1　组织应按照本标准的要求，建立、实施、保持和持续改进质量管理体系，包括所需过程及其相互作用。

组织应确定质量管理体系所需的过程及其在整个组织中的应用，且应：

a）确定这些过程所需的输入和期望的输出；

b）确定这些过程的顺序和相互作用；

c）确定和应用所需的准则和方法（包括监视、测量和相关绩效指标），以确保这些过程的有效运行和控制；

d）确定这些过程所需的资源并确保其可获得；

e）分配这些过程的职责和权限；

f）按照 6.1 的要求应对风险和机遇；

g）评价这些过程，实施所需的变更，以确保实现这些过程的预期结果；

h）改进过程和质量管理体系。

4.4.2　在必要的范围和程度上，组织应：

a）保持成文信息以支持过程运行；

b）保留成文信息以确信其过程按策划进行。

▶ **2．知识点速记**

"4.4 质量管理体系及其过程"的内容可以汇总成 3 个知识点。

1）组织应建立、实施、保持、持续改进 QMS，包括所需的过程及其相互作用。

2）"过程方法"在组织中如何应用？

答：可以参考以下 8 点（口诀记忆："输、序、法、资、职、险、评、改"）：①确定过程的输入和输出；②确定过程顺序和相互作用；③确定准则和方法；④确定资源，确保获得；⑤分配职责权限；⑥应对风险和机遇；⑦评价过程，实施变更；⑧改进过程和 QMS。

3）保持成文信息；保留成文信息。

▶ **3．标准理解**

标准 4.4 条款的原文重点突显了四个核心动词：建立、实施、保持和持续改进。这四个词在本标准中多次出现，一方面体现了"PDCA 循环"的核心方法，另一方面也是组织在贯标过程中的一个基本思路。

本条款给出的是建立、实施、保持和持续改进质量管理体系有效性总的思路和要求，也是七项质量管理原则中的"过程方法"在质量管理体系中的具体应用，可以从以下 8 个方面执行过程。

（1）确定过程的输入和输出

体系由过程构成，过程由活动组成。每个过程都有输入和输出，如图 4-2 所示。输入一般包括：原料、半成品、信息、样件、图纸等。有些输出是组织期望的，如过程产品、成品、试验报告等，有些输出是组织不期望的，如不合格品、环境污染等。要想采用"过程方法"，第一步就是确定过程的"输入"和"输出"。输入、输出可以是有形的（如：材料、零配件等）也可以是无形的（如：数据、信息等）。

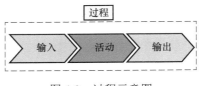

图 4-2　过程示意图

（2）确定过程顺序和相互作用

一个过程的输入通常是其他过程的输出，该过程输出可能也是其他过程的输入。企业实际运行体系是由过程"编织"而成的，它们或复杂或简单。要想管理好这些过程，一定需要理清楚它们的顺序和相互作用。小微型企业可能就是简单的"串联过程模型"，复杂企业就有可能是复杂的"串并联过程模型"，如图 4-3、图 4-4 所示。

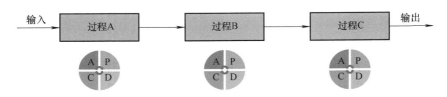

图 4-3　串联过程模型

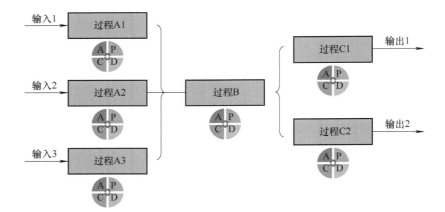

图 4-4　串并联过程模型

（3）确定准则和方法

确定体系所需的过程，并且理清楚过程相互之间的顺序和关系，接下来要用准则和方法来控制以上过程。有些组织应用质量功能展开（QFD），将顾客需求通过质量屋逐步转化为设计、采购、生产的准则和要求。有些组织确定每个过程的绩效指标，如某汽车企业生产制造过程的绩效指标，包括产品检测合格率、生产周期、按时交付率、零部件存货周期、准时入库率、单台人工工时等。过程的控制方法（即确保过程受控的方法或程序）通过组织的策划而确定。如某企业的售后服务过程，制定了服务程序、电话接听作业指导书等规定。

某企业软件开发的过程流如图 4-5 所示。

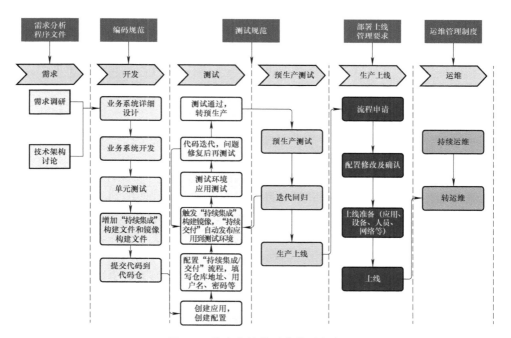

图 4-5　某企业软件开发的过程流

图 4-5 的过程流图中，诸如"需求分析程序文件""编码规范""测试规范"等文件均为过程的准则和方法。

（4）确定资源，确保获得

任何过程的运行都需要资源的提供，应确定并确保获得这些过程所需的资源。资源应包括资金、人力、必要的基础设施、运行环境、监视和测量资源及组织的知识等，详见本书第 7 章的内容。

（5）分配职责权限

组织在确定其所需的过程及活动后，紧接着应确定由谁来实施该过程的活动，即为 QMS 所需过程分配职责和权限。职责和权限的分配宜保持成文信息，例如：组织结构图、职位任命书。组织应按照"过程方法"，鼓励每个过程均有对应的责任人，做到各司其职，各尽所能，详见本书第 5 章的内容。

（6）应对风险和机遇

此项要求是新版标准增加的要求。QMS 的任何策划工作，都是在事件发生前进行的。随着内外部环境的不断变化，所策划的体系或过程是否能实现策划的活动并达到预期的结果，具有不确定性。这种不确定性的影响就是风险，而风险又往往和机遇相伴而生。因此组织在策划 QMS 及其所需过程时，应确定需要应对的风险和机遇（见标准 6.1 条款）并策划为处理这些风险和机遇而采取的措施。

（7）评价过程，实施变更

评价过程是确保 QMS 有效性的重要基础，通过评价为过程运行中的问题采取措施和改进提供依据。

（8）改进过程和 QMS

过程执行后，对出现的问题和过程实施的总体情况，要总结经验、持续改进，确保过程和质量管理体系螺旋上升。

为了支持过程运行，且提供其过程按策划进行的证据，新版标准对保持与保留成文信息提出了要求。ISO 9001：2015 版标准中要求成文信息共 25 处，分别是：4.3 质量管理体系范围、4.4.2 质量管理体系过程中必要的成文信息、5.2.2 质量方针、6.2.1 质量目标、7.1.5.1 监视和测量的必要的信息、7.1.5.2 测量可追溯性的成文信息、7.2 能力成文信息、7.5 成文信息、8.1 运行和策划控制所必要的成文信息、8.2.3.2 与产品和服务要求有关的评审的成文信息、8.3.2 设计和开发策划、8.3.3 设计和开发输入、8.3.4 设计和开发控制、8.3.6 设计和开发变更、8.4 外部提供的过程、产品和服务的控制、8.5.1 生产和服务提供的控制、8.5.2 标识和可追溯性、8.5.3 顾客或外部供方的财产、8.5.6 变更控制、8.6 产品和服务的放行、8.7 不符合输出的控制、9.1 监视、测量、分析和评价总则、9.2 内部审核、10.2.2 纠正措施。相对于老版标准而言，保持成文信息可以类比"文件"，保留成文信息可以类比"记录"。

▶ 4. 如何贯标

质量管理中的"过程方法"可以采用多种方式去实践和落地。许多汽车制造及其零部件供应商采用"乌龟图"（图 4-6），以识别每个关键过程的输入和输出及其控制。"乌龟图"因形似乌龟而得名。国际汽车工作组（International Automotive Task Force，IATF）通过长期实践证实了乌龟图的效果，推荐使用该工具。

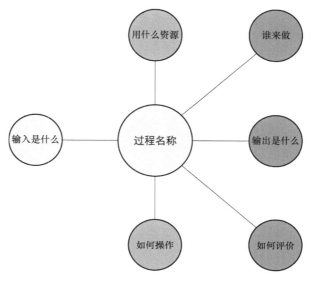

图 4-6 乌龟图

为了便于组织对 QMS 过程进行管理，下面提供一种简单的表单便于组织对过程进行梳理，见表 4-3。

表 4-3 某企业过程梳理列表

过 程 描 述	过 程 输 入	运 行 准 则	过 程 输 出	过程管控责任人	过程绩效指标	关 联 过 程
过程 1		××作业指导				
过程 2		××管理规定				
过程 3		××检验规范				
过程 4		××程序文件				
过程 5		××技术要求				
过程 6		××技术指南				

组织可以结合使用以上两种方法，或其他任何适用的方法，使得组织内的过程受控。

不同的组织可能面临的内部管理的复杂程度不尽相同，有些组织内部过程相对比较简单，如销售活动，其核心过程就是"买进卖出"，所以其对于过程的定义和管理相对比较简单。有些大型组织的内部管理过程可能极其复杂，大过程里面嵌套着小过程，小过程里面还与其他过程有着密不可分的关系。此时，对于管理者而言，也需要迎接较大的挑战。

对于一个大型的生产制造型企业，其内部流程可能包括：研发→采购→生产→

销售→售后等。每个大流程里面还包含很多小过程，如采购过程，其内部过程如图 4-7 所示。

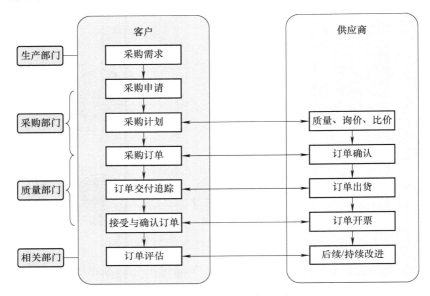

图 4-7　某企业采购流程图

此时，管理者需要将相互关联的活动"合并同类项"，按照流程管理每一项内容，做到过程管理的"各个击破"。

5. 审核要点

由于 ISO 9001：2015 标准没有对质量手册和程序文件提出明确要求，许多习惯了旧版本标准的审核员会不知所措。因此，可以要求组织提供有关过程确定的信息，如整个 QMS 的过程清单或过程网络图，单个过程的输入、输出及控制要求等类似信息，以便审核员有效开展审核。当然，QMS 中对于过程的管理是一个动态的过程，并非一成不变的，审核员在监督审核或是再认证时，需要关注企业过程管理的变化。

本条款涉及的章节内容比较多，基本涵盖整个 QMS。本条款提及的要求，在标准后续条款中还会重点阐述。审核员审核时，可以通过"文审"查看受审核方是否执行相关要求，至于执行得怎么样，可以在后面的条款中重点审核。

6. 审核实践

（1）谈（如何提问）

贵公司的核心业务流程是什么样的？贵公司产品的工艺流程是什么？

（2）查（如何文审）

查《质量手册》《生产作业流程图/服务流程图》《设计开发流程图》。

（3）看（如何巡视）

基于访谈者阐述的内容及提供的文件材料，审核员需要利用现场巡视的机会，重点验证企业的核心业务流程与策划的内容是否有偏离。

（4）记（如何记录）

请参考下面的某电线电缆企业审核案例：

基于与生产厂长（××）的访谈和《质量手册》（编号：××××–××××）的文审内容，现场进行了巡视，见企业车间张贴《作业流程图》。针对不同的产品线，核心的作业流程包括：

① 单芯安装线：导体→绝缘注塑→耐压试验→检验合格→成卷包装→出厂；导体→导体绞线或束丝→绝缘注塑→耐压试验→检验合格→成卷包装→出厂。

② 护套安装线：导体→绝缘注塑→耐压试验→合并护套注塑→检验合格→成卷包装→出厂；导体→导体绞线或束丝→绝缘注塑→耐压试验→合并护套注塑→检验合格→成卷包装→出厂。

企业基本能够按照过程方法理清具体的作业流程，确定过程的输入和输出，并保持和保留相关的文档资料，基本满足 4.4 条款的要求。

第 **5** 章

领 导 作 用

本章知识点

1）本章将"领导作用"作为一个独立章节进行阐述，凸显了"领导作用"在新版 ISO 9001 标准中的地位和重要性。"火车跑得快，全靠车头带"，在现代组织管理中，优秀的领导团队起着决定成败的关键作用。所以本章在整个 PDCA 拓扑架构中，处于最中心的位置。本章一共分为三个小节，"5.1 领导作用和承诺"从 10 个方面论述了领导在质量管理方面的作用；"5.2 方针"阐述了最高管理者应制定、实施和保持质量方针，并在组织内得到沟通、理解和应用；"5.3 组织内的岗位、职责和权限"阐述了最高管理者应确保组织内相关岗位的职责、权限得到分配、沟通和理解。

2）知识框架如图 5-1 所示。

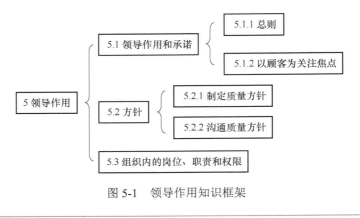

图 5-1 领导作用知识框架

5.1 领导作用和承诺

5.1.1 总则

⟫1. 标准原文

5.1.1　总则

最高管理者应通过以下方面，证实其对质量管理体系的领导作用和承诺：

a）对质量管理体系的有效性负责；

b）确保制定质量管理体系的质量方针和质量目标，并与组织环境相适应，与战略方向相一致；

c）确保质量管理体系要求融入组织的业务过程；

d）促进使用过程方法和基于风险的思维；

e）确保质量管理体系所需的资源是可获得的；

f）沟通有效的质量管理和符合质量管理体系要求的重要性；

g）确保质量管理体系实现其预期结果；

h）促使人员积极参与，指导和支持他们为质量管理体系的有效性做出贡献；

i）推动改进；

j）支持其他相关管理者在其职责范围内发挥领导作用。

注：本标准使用的"业务"一词可广义地理解为涉及组织存在目的的核心活动，无论是公有、私有、营利或非营利组织。

⟫2. 知识点速记

"5.1.1 总则"的内容可以汇总成下面 2 个知识点。

（1）最高管理者应通过哪 10 个方面，证实其对 QMS 领导作用和承诺？

答：口诀记忆："担责任""制方标""融过程""促过险""保资源""沟通重要性""保预果""促参与""推改进""支持管"：

① 对 QMS 有效性负责（"担责任"）；

② 确保制定 QMS 的质量方针和质量目标（"制方标"）；

③ 确保 QMS 要求融入组织业务过程（"融过程"）；

④ 促进使用过程方法和基于风险思维（"促过险"）；

⑤ 确保资源可获得（"保资源"）；

⑥ 沟通重要性（"沟通重要性"）；

⑦ 确保 QMS 实现预期结果（"保预果"）；

⑧ 促使人员积极参与，指导支持做贡献（"促参与"）；

⑨ 推动改进（"推改进"）；

⑩ 支持其他管理者在其职责范围内发挥领导作用（"支持管"）。

（2）对于"业务"一词应如何理解？

答："业务"是指涉及组织存在目的的核心活动（公有、私有、营利、非营利）。

▶ 3. 标准理解

本条款体现了七项质量管理原则中的"领导作用"。对于本条款首先需要理解最高管理者的概念，根据 ISO 9000 标准的定义，最高管理者是指：在最高层指挥和控制组织的一个人或一组人。最高管理者最显著的特点就是能够指挥和控制其所在组织，通常理解就是组织的"一把手"。当然这里的最高管理者可以是一个人，也可以是一组人。有些组织对于最高管理者的称谓是：老板、总经理、厂长，有些组织的最高管理者可能是：经管会、董事会等。最高管理者不在于其职务称呼是什么，而是要能对其下辖的组织具备完全的"指挥和控制"的权力。

1）"担责任"，最高管理者是确保 QMS 有效性的首要责任人，根据管理的"二八原则"，质量问题 80% 都是管理的问题导致的。最高管理者需要担责任，这里的"担责任"不是发生了问题去救火，承担"事后责任"，而是在发生问题之前就规范企业的管理，把"责任"担在前面。

有不少最高管理者花费了很多时间和精力亲自处理执行层面的问题，对如何在本组织内建立有效制度，从根本上杜绝这类问题的发生却重视不够，没有认识到基层问题频发恰恰表明了本组织的 QMS 存在亟待解决的问题。这种情况下，首要责任人并不在基层，而恰恰是最高管理者自己。企业质量管理的问题，大部分是"一把手问题"。

大部分企业的最高管理者发自内心地重视质量，但也有一些最高管理者认为质量尽管重要，但由于自身工作很忙，无法亲自来抓，就任命某位副总或总工程师代为全权处理相关事务。于是就有"管理者代表""体系负责人"这样的说法。当然，最高管理者可以通过授权副总或总工程师来发挥其领导作用，但有的工作则必须由最高管理者亲自处理，比如沟通 QMS 要求的重要性、促使人员积极参与、推动改进、支持其他管理者发挥领导作用等。这些工作如果由"管理者代表"或"体系负责人"代劳，则不能达到根本目的。要想践行好 ISO 9001 标准，最高管理者必须"亲自挂帅"。

2）"制方标"，最高领导者应确保在制定 QMS 的质量方针和质量目标时，考虑组织环境的内、外部因素和战略方向，以确保其与整个业务流程一致并支持整个业务流程。这里所谓的"确保制定"，是指可以由最高管理者亲自制定，也可以在最高管理者的推动下制定。小微型企业管理比较简单，企业的人数也不是很多，完全可以由总经理谋划相关的方针和目标。如果是大型的跨国型企业，企业方针的制定可能需要董事会、总经办、经管会等反复沟通讨论。

3）**"融过程"**，最高领导者应确保 QMS 融入组织的业务过程，否则就会出现管理的"两张皮"现象。没有融入组织业务过程的管理体系可能就是一堆"假文件"，用来应付内审、外审，费时费力，劳民伤财。没有融入组织业务过程的管理体系其实是增加了组织的管理成本。相反，融入了组织的业务过程，才能事半功倍，提升企业管理。

QMS 如何才能融入组织的业务过程呢？可以考虑"过程方法"。通过"过程方法"融合各个职能部门，如采购部、研发部、销售部、生产部、质量部等。通过"过程方法"将各个职能部门的接口连接起来，此时"过程方法"就像柔性的链条，串起所有的职能部门，将各个职能部门的厚厚的"部门墙"给击碎。

需要说明的是，本标准使用的"业务"一词可广义地理解为涉及组织存在目的的核心活动，无论是公有、私有、营利或非营利组织。如销售企业其"业务"就是销售活动，医院的"业务"就是看病救人，学校的"业务"就是教书育人。在一个组织中使用"过程方法"不可能面面俱到，组织可以确定管理的边界和能力，对于核心业务过程需要重点管控。

4）**"促过险"**，促进使用过程方法和基于风险的思维。"过程方法""PDCA 循环""基于风险的思维"是践行本标准的三个核心工具。风险管理可以参考 ISO 31000 风险评估系列标准。

5）**"保资源"**，确保质量管理体系所需的资源是可获得的。"巧妇难为无米之炊"，最高管理者应确保资源可获得。这里的资源包括：人员、资金、设施、信息、能力等方面，详见本书第 7 章的阐述。

某医院从事医疗活动，院长决定推动 ISO 9001 质量管理体系在全院中落地生根，争做全市"让病人满意，让百姓放心"的好医院。为此，医院积极推动人才引进；推动重点学科的发展；加大资金扶持，完善内部的管理流程；加大设施投入，购置国内领先的诊断仪器设备；推动信息公开透明；推动医护人员的能力提升。

6）**"沟通重要性"**，沟通有效的质量管理和符合质量管理体系要求的重要性。其核心就是最高管理者需要传达重要性。QMS 的重要性不言而喻，那么 QMS 的重要性在组织内如何传达、由谁传达就显得尤为重要。最高管理者应当在组织内沟通 QMS 的重要性，只有这样才能在组织文化上、员工意识上得到提升。

7）**"保预果"**，确保质量管理体系实现其预期结果。在企业实施 QMS，重视过程但同样关注结果。采用"过程方法"的最终目标就是获得良好的结果。

8）**"促参与"**，全员参与是七项质量管理原则之一。组织内各级人员的胜任、授权和参与，是提高组织创造价值和提供价值能力的必要条件。在质量管理的方法中，很多工具都体现了"全员积极参与"的基本原则，如："QC 小组""头脑风暴法""因果图""群策群力""合理化建议制度"等。

9）**"推改进"**，推动改进。此项要求是新版标准提出的要求。改进包括产品和服务的改进，以及过程和 QMS 的改进。最高管理者应推动各层级识别改进机会，建立必要的改进目标和改进计划，学习掌握改进的工具和方法，评价改进结果，表彰和奖励改进成果，在组织内部形成浓厚的改进氛围。常用的改进工具包括：QC 七大手法，5S 管理，六西格玛管理等。

10）**"支持管"**，最高管理者支持其他相关管理者在其职责范围内发挥作用。成功的组织总是离不开团队的合作，高级管理层也需要相互支持。同时，应支持中层和一线管理团队在其负责的领域实现其领导作用，以实现组织的整体目标。

▶ 4. 如何贯标

本条款通过 10 个方面证实最高管理者对于组织的 QMS 的领导作用和承诺，虽然每个要求都很具体，但是在实际执行过程中还是需要关注一些管理的盲点和误区。

有些最高管理者可能不习惯使用过程方法和管理的系统方法开展工作，不善于利用 QMS 进行"法治管理"，仍旧习惯于"人治"。有些领导甚至经常发出违背既定 QMS 规定的指令，导致已经建立的管理体系和已经分配的职责、权限形同虚设，基层管理者不能发挥积极作用，必定影响管理体系的有效性。

有些最高管理者，只看结果不重视过程，导致贯彻 QMS 过程中呈现"散兵游勇"不成体系的现象。有些最高管理者不理解"过程方法""PDCA 循环""风险思维"，盲目追求"大、干、快、上"，出现典型的"集团军的规模，游击队的打法"的情况。有些最高管理者短期内看不到质量提升，就全面否定 ISO 9001 质量管理体系。也有些最高管理者，只看"过程"，对于"预期结果"却鲜有关注，贯标的过程"只顾着低头走路，不抬头看路"，可能过程很扎实，但是却迟迟不能得到质量提升的结果。

有些最高管理者只有"惩罚"没有"奖励"，对于质量出现的问题，都是靠罚款员工解决问题，然而这样的做法"治标不治本"，既不能促使人员积极参与，又不能推动持续改进。

有些最高管理者成天把"质量管理"挂在嘴边，口号喊得震天响，但真正要落实起来就是另一副态度。当"质量"与"产量"发生了矛盾后，很多管理者往往向市场屈服，能够真正抡起铁锤砸向不良品的"张瑞敏"少之又少。质量部门成了"背锅部门"，基本的监视测量工具可能都配备不齐，即便配齐了也不一定能定期校准、检定，发生了质量问题就是"质量部"没有盯紧。

⪢ 5. 审核要点

本条款并没有规定成文信息的要求，故审核员现场审核时，没有整齐划一的方法和方式，但通过与最高管理者的交谈，听取最高管理者如何实践本条款要求是一条便捷的途径。与此同时，审核员还可以通过审核各个职能部门，在获得各类信息综合评价后，反向总结出最高管理者在 QMS 领导作用的履行情况。

⪢ 6. 审核实践

（1）谈（如何提问）

您作为企业的一把手，是如何确保公司按照 ISO 9001 标准的要求来管理的？对您现在的工作，您最满意和需要改进的地方有哪些？您能给我们展开介绍一下企业质量方针的本质内涵吗？在公司质量管理方面您提供了哪些资源？

（2）查（如何文审）

查《质量手册》，查涉及 QMS 最高管理者的审批单、发言稿、会议纪要等。

（3）看（如何巡视）

基于最高管理者访谈的内容，审核员需要利用现场巡视的机会，与企业中层、基层员工进行沟通，了解企业最高管理者在实际工作中，是否按照其表述的内容贯彻执行。

（4）记（如何记录）

请参考下面的某生产制造企业审核案例：

与最高管理者（××）交谈，了解到：管理层通过对管理体系活动重大事项决策，审批公司管理方针、管理目标，将体系中存在的风险与日常工作结合，提供所需资源，通过会议培训等活动宣贯质量管理体系的重要性。最高管理者通过日常的工作检查、管理评审等工作对质量管理体系结果进行监视测量，对发现的问题及时责成有关部门采取相应的措施，推动全公司员工均参与其改进活动，并支持其他管理者履行其相关领域的职责，确保公司质量管理体系有效运行等活动，发挥了对管理体系的领导作用。

现场见《质量手册》（编号：××××-××××）由最高管理者签发，体系负责人（××）由最高管理者任命。企业提供了本年度与质量管理相关的审批单，共计××份。抽查1月份、3月份、5月份的审批单共计12份，内容包括质量人员安排、质量资源采购、月度质量大会决议等。

现场巡视过程中与生产部经理（××）、质量部经理（××）、营销部经理（××）进行点对点的沟通访谈，了解企业的最高管理者能够按照标准的要求，提供资源，推动改进，沟通传达质量管理重要性等。

5.1.2　以顾客为关注焦点

▶1．标准原文

5.1.2　以顾客为关注焦点

最高管理者应通过确保以下方面，证实其以顾客为关注焦点的领导作用和承诺：

a）确定、理解并持续地满足顾客要求以及适用的法律法规要求；

b）确定和应对风险和机遇，这些风险和机遇可能影响产品和服务合格以及增强顾客满意的能力；

c）始终致力于增强顾客满意。

▶2．知识点速记

"5.1.2 以顾客为关注焦点"的内容可以汇总成 1 个知识点——最高管理者应通过哪三个方面，证实其以顾客为关注焦点的领导作用和承诺？

答：①确定、理解、持续满足顾客要求以及适用的法律法规要求；②确定和应对风险和机遇；③始终增强顾客满意。

▶3．标准理解

本条款体现了七项质量管理原则中的第一条"以顾客为关注焦点"，但现实中却有部分高层管理者"以顾客的钱包为关注焦点"，中低管理者和员工"以领导的脸色为关注焦点"，没有做到"以顾客为关注焦点"。那么如何才能做到"以顾客为关注焦点"呢？可以从以下三个方面考虑。

（1）确定、理解、持续满足顾客要求及适用的法律法规的要求

这里有三个动词非常值得研究——确定、理解和持续满足。"确定要求"通常是指调查、获取并了解顾客和法规需求，这些要求可能是明示的要求，如合同上

规定的要求；也可能是指隐含的要求，如购车人对于汽车的要求就是正常行驶。"理解要求"通常是指要充分掌握顾客和法规要求，可以包括顾客要求的细化和展开。"持续满足要求"通常是指稳定地提供给顾客符合要求的产品和服务。

此外，我们还应该注意到"要求"不单单是指顾客的要求，法律法规的要求也同样需要满足。各行各业都是在相应的法规和标准的框架下来发展的，所以法律法规要求就是各行各业的高压线，满足法规的要求是满足顾客要求的前提。

（2）确定和应对风险和机遇

最高管理者要有敏锐的洞察力，能随时跟踪市场的变化及可能引起变化的内外部因素，如相关新技术的出现、网络营销模式的变化等，从中发现可能影响产品和服务的风险和机遇，确定如何应这些风险和机遇的措施，化风险为机遇，增强使顾客满意的能力。比如，随着电子商务的发展，传统的通过电商平台开店上传图片进行销售的模式逐渐遇到瓶颈，如今短视频、直播电商模式开展得如火如荼，传统电商也面临模式的风险和机遇。

（3）始终增强顾客满意

顾客今天满意不代表明天也满意，要想做到"始终"增强顾客满意，需要对顾客满意状况和感受及时监视和测量。顾客满意是永无止境的，最高管理者作为组织的领航员应当实时关注顾客的需求并及时响应。

在手机通信处于 3G 时代时，诺基亚一直处于全球领先地位，顾客对其产品质量和性能均比较满意，但随着通信行业进入 4G 时代，由于诺基亚固守原来的业务战略，即便其产品质量一直保持良好，但因其产品不能满足 4G 时代的需求，依旧被市场无情地抛弃。所以企业要想做到"以顾客为关注焦点"，就必须"始终增强顾客满意"。

▶ 4. 如何贯标

在组织内部运行的中间环节，往往是贯彻本条款的薄弱点，因为内部中间环节不直接面对最终顾客，所以内部人员很容易推诿责任。需要注意的是，顾客不仅仅存在于外部，组织内部同样存在顾客，即我们经常提及的"下一道工序是上一道工序的顾客"。只有组织内每个人都抱有"顾客"意识，才能让最终的顾客满意，才能真正落实"以顾客为关注焦点"。否则，"以顾客为关注焦点"就是一句空喊的口号。

▶ 5. 审核要点

本条款体现了七项质量管理原则中的第一条"以顾客为关注焦点"，标准的内容体现了需要最高管理者做到以下三点：①确定、理解、持续满足顾客要求及适用的法律法规的要求；②确定和应对风险和机遇；③始终增强顾客满意。

本条款无保留或保持成文信息的要求，故审核过程中应通过"沟通、询问、观察"等方法进行，必要时可以结合"文件审核"同步进行。因为涉及的对象主要是最高管理者，所以需要与企业的最高管理者深入地沟通和交换意见，这就是我们通常说的"管理层审核"。

本标准 5.1 条款属于通用条款，包括 5.1.1 和 5.1.2，审核过程中可以按照"过程方法"对这两项并行审核。审核员也可以通过其他专业条款的审核，如 6.1、8.2、9.1.2、10.1 等条款，来综合评价企业的最高管理者是否满足本条款的要求。

需要注意的是，审核员在审核过程中，应掌握"谈、查、看、记"方法，灵活地运用适当的审核技巧，避免刻板生硬的"标准原文式的提问"，因为受审核方从事的行业各式各样，其最高管理者可能是相应领域的"专家"，却不一定是 ISO 9001 标准的专家。审核员学会提问，应是其职业生涯中需要长期修炼的技巧。审核的过程是为了获得有效的审核证据，而不是用标准专业性的术语难倒受审核方，这是许多新审核员需要注意的问题。

▶ 6. 审核实践

（1）谈（如何提问）

您是如何理解"顾客就是上帝""顾客第一"的，能说说您的感受和体会吗？贵司是如何贯彻"以顾客为中心"的经营理念的？

（2）查（如何文审）

查《质量手册》、与顾客满意相关的"程序或制度"等。

（3）看（如何巡视）

基于最高管理者访谈的内容，审核员需要利用现场巡视的机会，探查企业是否践行"以顾客为中心"的经营理念。在巡视的过程中，可以留意企业宣传标语、文化符号等内容。

（4）记（如何记录）

请参考下面的通用审核案例：

公司通过市场调研、顾客回访等方式了解顾客的要求，对顾客需求进行评审。销售过程中，加强和顾客的沟通。交付后，继续进行满意度测量，进一步增加顾客的满意程度。最高管理者（××）阐明了对于"以顾客为关注焦点"的基本认识。与中层管理者（××、××）、基层员工（××、××）沟通，了解到企业具备"以顾客为中心"的企业文化。

5.2 方针

5.2.1 制定质量方针

▶ 1. 标准原文

5.2.1 制定质量方针

最高管理者应制定、实施和保持质量方针，质量方针应：

a）适应组织的宗旨和环境并支持其战略方向；

b）为建立质量目标提供框架；

c）包括满足适用要求的承诺；

d）包括持续改进质量管理体系的承诺。

▶ 2. 知识点速记

"5.2.1 制定质量方针"的内容可以汇总成下面 2 个知识点。

（1）最高管理者与"方针"的关系？

答：最高管理者应制定、实施、保持质量方针。

（2）质量方针的四点要求？

答：①适应宗旨和环境，支持战略方向；②为制定质量目标提供框架；③满足适用要求的承诺；④持续改进 QMS 的承诺。

▶ 3. 标准理解

制定、实施和保持质量方针是最高管理者的职责，对最高管理者来说，是其"领导作用和承诺"的重要体现。需要注意的是，最高管理者不但要制定质量方针，实施和保持质量方针也是其义务。质量方针如同一面旗帜，最高管理者不但要设计这面旗帜，还需要担当旗手，要想旗帜迎风飘扬，最高管理者就需要身体力行地击鼓助威。

对于建立质量方针的四点要求，其实就是 a）、b）、c）、d）四个方面的内容。为了便于读者记忆，总结起来就是"适应+支持，一个框架，两个承诺"，详述如下文。

（1）适应+支持

"适应+支持"是指适应宗旨和环境，支持战略方向。组织的宗旨是其经营的总目标、总方向、总特征和总的指导思想，是组织形象的具体描述，包括愿景、使命和价值观。战略是组织指导全局的计划和策略，是与宗旨相关联的。在其宗旨的框架下，组织的质量方针是战略中关于质量的追求的体现，要结合组织所处的环境，要适合组织的发展要求。

（2）一个框架

一个框架是指为制定质量目标提供框架。质量方针是组织追求的方向，是一种管理理念。质量方针要通过质量目标的落实来实现，因此，组织需要明确在一定时间期限内的总体质量目标。质量目标应依据质量方针制定，质量方针是建立和评审质量目标的依据。这些目标应体现明确的预期结果，不能模糊不清。

（3）两个承诺

两个承诺即"适用要求"和"持续改进"的承诺。这里的"适用要求"包括顾客要求和法律法规的要求。

具有战略管理定位的每家企业，组织战略一经确定，"持续改进"自然会成为企业日常经营活动中的着力点，质量方针也自然会反映出组织在这方面的追求。

> **4．如何贯标**

有人会问"质量方针不过是企业自己喊的口号，真的有必要建立质量方针吗？"质量方针是由企业最高管理者正式发布的总的质量宗旨和方向，建立质量方针统一了组织战线，对内可以用于形成全体员工的凝聚力，对外可以显示企业在质量领域的追求，以取得顾客信任，所以质量方针不仅仅是一句口号，更是企业质量承诺与追求。

质量方针可以定性地描述本组织在质量方面的追求，并为建立质量目标提供框架和指引。这就要求质量方针至少应包括满足适用要求的承诺和持续改进质量管理体系的承诺。质量方针无强制性字数的要求，但需要便于沟通和理解。如有必要，组织可以对"质量方针"做出详实的解释，便于员工和相关方理解。

质量方针的制定应充分考虑行业特点，如铁路客运服务其质量方针可能关注安全、准时、舒适、便利，而电子银行服务则要考虑可靠性、安全性、快捷性等。注意，质量方针应包括满足顾客要求、法律法规要求和持续改进方面的承诺。

华为质量方针：时刻铭记质量是华为生存的基石，是客户选择华为的理由。我们把客户要求与期望准确传递到华为整个价值链，共同构建质量；我们尊重规则流程，一次把事情做对；我们发挥全球员工潜能，持续改进；我们与客户一起平衡机会与风险，快速响应客户需求，实现可持续发展。华为承诺向客户提供高

质量的产品、服务和解决方案，持续不断让客户体验到我们致力于为每个客户创造价值。（截取自华为官网）

⤳ 5. 审核要点

审核员现场审核时，需关注质量方针是否适应企业的宗旨、环境和战略，是否体现了最高管理者符合本标准要求的承诺，查验质量方针是否包括"适用要求"和"持续改进"的承诺，即查验受审核方的质量方针是否满足"适应+支持，一个框架，两个承诺"的要求。

审核员应查验受审核方的质量方针是否脱离其核心业务，防止受审核方照搬照抄其他组织的方针；查验质量方针是否脱离了实际情况；且查验质量方针"目标化"情况，如产品合格率 100%、顾客满意度 100%；查验质量方针是否过度发散而针对性差，成为"放之四海而皆准"的口号。

需要注意的是，质量方针应保持适宜性，如有需要，最高管理者应组织评审后更新质量方针，避免质量方针与组织的环境宗旨和战略方向不匹配。

⤳ 6. 审核实践

（1）谈（如何提问）

请问贵司的质量方针是什么？能给我们详细阐述一下质量方针的核心内涵吗？

（2）查（如何文审）

查《质量手册》、场所的标语和宣传栏。

（3）看（如何巡视）

审核员在访谈受审核方人员的过程中，了解企业的质量方针内涵。现场巡视的过程中，要注意场所的标语和宣传栏，是否能够体现质量方针的内容。在巡视的过程中，也要向企业各层次人员（一线操作工、班组长、部门经理、部长等）了解质量方针的内容和内涵，可与 5.2.2 条款审核并行开展。

（4）记（如何记录）

请参考下面的通用审核案例：

质量部长（××）介绍，为实现以用户满意为目标，确保用户的需求和期望得到确定，并转化为公司的产品和服务要求，特确定本公司的质量方针为："××××、××××、××××"。质量方针的内涵是："……"。

5.2.2 沟通质量方针

> **1. 标准原文**

5.2.2 沟通质量方针

质量方针应：

a）可获取并保持成文信息；

b）在组织内得到沟通、理解和应用；

c）适宜时，可为有关相关方所获取。

> **2. 知识点速记**

"5.2.2 沟通质量方针"的内容可以汇总成 1 个知识点——沟通质量方针的三点要求？

答：①保持成文信息，可获取；②内部得到沟通、理解、应用；③适宜时，相关方可获取。

> **3. 标准理解**

质量方针"可获取"的前提是其应当是"文件化"的。质量方针应保持成文信息，可将质量方针写入公司管理文件中，可以将质量方针张贴在公司宣传栏上，也可以作为员工的开机屏保等。保持成文信息的方式多种多样，其目的就是为了质量方针可获取。

保持"质量方针的成文信息"是指对于质量方针的适宜性进行定期评审，确保质量方针能够满足变化的要求。老版标准中对质量方针的描述是"持续适宜性方面得到评审"，在新版标准中通过"可获取并保持成文信息"体现。

质量方针应以成文信息存在，在组织内得到沟通、理解和应用，适宜时提供给外部相关方。在方针的理解方面，组织应建立统一受控的解释或阐述，对方针解释或阐述的信息是否要形成文件，可根据组织的需求来定。组织可以安排统一的培训教育活动，也可以用书面文字对方针内涵进一步解释，以确保在组织内得到理解和沟通，从而得到有效的实施。

> **4. 如何贯标**

质量方针以"成文信息"的形式存在，是为了确保质量方针"可获取"。所以质量方针文件可以根据组织的习惯，考虑以任何介质和方式发布，包括纸质、电子、网络平台等。质量方针可以写入公司的《管理手册》，可以印在公司的宣传手册上，也可以体现在公司的官方网站上。

在企业内部，质量方针需要沟通、理解和应用，这是贯彻 ISO 9001 标准的硬性要求，可以通过最高管理层的内部宣贯、企业内部培训等方式进行。但是对于其他的相关方，在适宜的情况下，可以让他们获取，这不是硬性规定，可以通过"往来邮件""告知书""招聘宣讲会"等形式进行。

5. 审核要点

审核员可以通过查看企业的管理评审记录，评价最高管理者的承诺和在建立、实施、保持、更新质量方针方面的参与程度。

审核员应评价管理层是否有效地将质量方针转化成易于员工理解的表达，并通过在各适当的职能或层次上确立相应的目标，将其细化成企业相应层次的指导方针。

审核员应与部分员工面谈，验证他们是否树立正确的质量意识，是否理解企业的质量方针。当审核员觉察企业员工有明显不了解组织的质量方针时，可以通过适当扩大抽查员工样本，获得相应的审核证据。

审核员应搜寻质量方针基于适当沟通、进行有效传播的证据，以及在"适宜时"，有关相关方获得质量方针的证据，如组织的培训记录、往来邮件等。

6. 审核实践

（1）谈（如何提问）

请简述一下您对贵司质量方针的理解，结合您日常工作情况，简述您是如何践行质量方针的理念的？

（2）查（如何文审）

查《质量手册》《沟通计划》《培训计划与记录》、"往来邮件"等。

（3）看（如何巡视）

审核员在访谈受审核方人员的过程中，了解企业的质量方针内涵；在现场巡视的过程中，要注意场所的标语和宣传栏，是否能够体现质量方针的内容；在巡视的过程中也要向企业各层次人员（一线操作工、班组长、部门经理、部长等）了解质量方针的内容和内涵，以判断质量方针是否在组织范围内沟通、理解和应用。

（4）记（如何记录）

请参考下面的某生产制造企业审核案例：

现场访谈最高管理者（××）、质量部长（××）、生产部长（××）、研发部长（××）、QE 经理（××）、采购经理（××）、组装线组长（××）、QC 巡线组长（××）、操作工（××、××、××）等，均基本能够完整表述公司质量方针的内容和内涵。

基于新员工培训、领导讲话、年度全员大会等方式将公司的质量方针进行传达和沟通。公司高层在内部会议上将"质量方针"进行阐述、剖析，以确保全员理解质量方针。查见 2023 年 10 月新员工培训记录，有质量方针传达的内容。

公司基于往来邮件的"签名栏"、公司官方网站等形式，对外展示"质量方针"，以确保相关方能够获取"质量方针"。

5.3 组织内的岗位、职责和权限

1. 标准原文

5.3 组织内的岗位、职责和权限

最高管理者应确保组织内相关岗位的职责、权限得到分配、沟通和理解。

最高管理者应分配职责和权限，以：

a）确保质量管理体系符合本标准的要求；

b）确保各过程获得其预期输出；

c）报告质量管理体系的绩效以及改进机会（见 10.1），特别是向最高管理者报告；

d）确保在整个组织中推动以顾客为关注焦点；

e）确保在策划和实施质量管理体系变更时保持其完整性。

2. 知识点速记

"5.3 组织内的岗位、职责和权限"的内容可以汇总成下面 2 个知识点。

（1）对于组织内的岗位、职责和权限要做到哪三点？

答：分配、沟通、理解。

（2）最高管理者分配职责和权限的五点原因？

答：①确保 QMS 符合本标准的要求；②确保各过程获得预期输出；③报告 QMS 绩效及改进机会；④确保推动以顾客为关注焦点；⑤确保 QMS 变更时，保持完整性。

3. 标准理解

本条款与标准的 4.4.1e）和 5.1.1j）有密不可分的关系。如果组织的职能部门职责不清、权限不明，或组织职责、权限没有在组织内得到充分的沟通和一致的理解，员工不清楚各自分工与合作的要求，极易造成部门之间的推诿、扯皮现象，影响 QMS 的有效性。

岗位泛指职位，不同的组织有不同的称呼，由"工种""职务""职级""职称"等内容组成。

以生产制造型企业常用的岗位分配举例，如：总经理、生产部部长、质量部部长、研发部部长、管理部部长、生产部经理、质量部经理、研发部经理、管理部经理、生产部组长、质量部组长、研发部组长、管理部组长、生产部技术员、质量工程师、研发工程师、工艺工程师、人事专员、财务人员等。

以小型软件开发企业常用的岗位分配举例，如：总经理、研发部经理、测试部经理、综合部经理、项目经理、程序员、测试员、行政办公人员等。

每一个岗位都可以从两个方面进行定义：职责和权限。通常"职责和权限"也是成对出现的词汇。职责通俗讲就是"该岗位的人员被期许完成的事情"；权限通俗讲就是"该岗位的人员被允许做的事情"。每个岗位都有自己的"职责"和"权限"。只有岗位的"职责"和"权限"相匹配才能释放该岗位的全部能量。如果一个岗位的"职责"比较大，"权限"比较小，那么就是我们通常说的"有责无权"，往往不能达到履行职责的结果，管理者应考虑合理授权。如果一个岗位的"职责"比较小，"权限"比较大，那么管理层需要考虑合理地分配"权限"。

对于"最高管理者应确保组织内相关岗位的职责、权限得到分配、沟通和理解"，需要注意的是，应该由最高管理者确保岗位的"责、权"能够得到分配、沟通、理解，即最高管理者是"责、权"分配的最终责任人。组织内发生"岗位模糊、推诿扯皮"的事情，根本原因还是最高管理者的工作没有做到位。

与此同时还需要注意，是由最高管理者"确保"岗位的职责、权限得到分配、沟通和理解，但并不是所有岗位的"责、权"都需要最高管理者一一规定。如某大型民营上市企业，其中高级管理层岗位的"责、权"由最高管理者确认，一线管理层的"责、权"可由各职能部门自行确定。

岗位"责、权"的分配的相关活动可以包括：组织内部机构设置、岗位人员安排、职责和权限的规定、岗位任命书、岗位描述等。

岗位"责、权"的沟通和理解：全体员工应按照所规定的质量职责和权限进行沟通和交流，以确保各职能和层次不但熟悉自己的职责，也相互明了彼此的职责范围和接口，避免职权矛盾，便于 QMS 的有效运作和控制。

最高管理者分配职责和权限的 5 点原因，分别是本条款的 a）、b）、c）、d）、e），详解如下：

a）确保 QMS 符合本标准的要求：如果一个组织建立、实施 QMS，那么组织的最高管理者能够将组织岗位的"责、权"分配、沟通、理解，是该组织能够符合本标准要求的必要条件。

b）确保各过程获得其预期输出：只有岗位的"责、权"得到有效的分配、沟通和理解，全员才能各司其职，确保各过程获得预期的输出。

c）报告 QMS 的绩效及改进机会（见 10.1），特别是向最高管理者报告：本标准取消了 QMS 中的"管理者代表"（管代）的说法，但要求报告 QMS 的绩效及改进机会，特别是向最高管理者报告，以便能及时采取措施，纠正 QMS 可能偏离质量方针的趋势，使 QMS 得到持续改进。

d）确保在整个组织中推动以顾客为关注焦点：例如，某些组织通过设置"顾客代表"，授权其获取相关信息，协调并处理顾客反馈，安排相应的会议、培训、文件资料传递等，促进组织内员工不断提升满足顾客要求的质量意识，确保在组织中各相关环节关注顾客要求。

e）确保在策划和实施 QMS 变更时保持其完整性：组织的 QMS 调整时，最高管理者要采取强有力的措施，确保变更不会造成管理的停滞和缺失，以实现变更的无缝衔接。

➤ 4．如何贯标

不同行业、规模和性质的企业，对于本条款的执行存在诸多差异。通常可以参考的方法包括：建立组织的架构图、人员岗位说明书、重要岗位的人员任命书等。

需要注意，企业内各岗位的职责和权限是否被明确且履行，在体系运行中要加以监视，并在内审、外审和管理评审中进行检查。特别要关注岗位接口关系的明确，出现问题时应及时调整。

➤ 5．审核要点

审核员可以通过文件审核，详细查阅企业岗位的"责、权"分配相关的文件资料。可以依据"过程方法"，查阅每个过程是否有对应的责任人，其"责、权"是否规定，相关人员是否理解，在企业内部是否得到沟通。对于小微型企业，如果组织无架构图、人员岗位说明书等文件化材料，可以直接与组织的最高管理者访谈相关岗位的"责、权"分配问题。

审核员应重点关注企业是否有机构臃肿、职责重叠、职责不明等现象；审核部门与部门之间的接口，有无相互推诿扯皮的现象，形成定性的审核发现，作为审核结论的输入。

需要注意的是很多企业因为业务的需要，存在跨部门的项目组，审核员应酌情对于项目组人员岗位的"责、权"进行审核。

6. 审核实践

（1）谈（如何提问）

　　贵司的岗位是如何划分的？不同岗位的"责、权"（职责和权力）是如何约束的？您觉得贵司岗位职责的划分是否合理，还有哪些值得改进的地方？贵司是如何确保岗位、职责和权限在内部已经被充分的沟通和理解？贵司是否存在横向跨部门的项目组，项目组中岗位、职责、权限是如何分配沟通的？贵司人员的岗位晋升通道是如何定义的？

（2）查（如何文审）

　　查《质量手册》，查重要人员"任命书"、《组织架构图》《岗位职责说明书》。

（3）看（如何巡视）

　　审核员应该根据访谈的结果和文件审核的内容进行现场巡视，以此作为审核路线的参考，可以按照部门分工或过程先后安排巡视路线。在巡视过程中，结合访谈和观察来判定公司的岗位、职责、权限是否落实到位。

（4）记（如何记录）

　　请参考下面的某生产制造企业审核案例：

　　查看《质量手册》（编号：××××-××××），手册中明确了公司组织架构及部门职责，职责分工在"岗位职责"章节中进行了具体描述。人事部（××）提供了《公司岗位职责说明书》（编号：××××-××××），抽取质量部、销售部、生产部、研发部的《岗位职责说明书》，内容包括：领导岗位、员工岗位的职责分配和要求。《岗位职责说明书》与《质量手册》基本能够保持一致。

　　现场巡视质量部、生产部、研发部，与部门中层管理人员（××、××、××等）、基层员工（××、××、××、××等）进行沟通访谈，了解其岗位职责分配情况，基本与《岗位职责说明书》保持一致，职责权限与实际基本相符（详见各部门的相关条款的审核记录）。

　　《质量手册》中，总经理任命××为企业体系负责人，并明确了其职责。××介绍，各岗位职责、权限通过内部培训进行沟通和理解。经询问，总经理和体系负责人对自己的职责清楚、明确。

　　查验 2023 年 11 月新员工培训记录，有涉及部门划分、岗位职责等方面的内容。现场询问新员工（××），对于公司的组织架构、职责分工基本明确。

第**6**章

策　　划

1）本章"策划"是"PDCA 循环"中"P 策划"的核心内容，主要从三个方面进行阐述："6.1 应对风险和机遇的措施"着重体现了"基于风险的思维"，包含了老版标准中的"预防措施"；"6.2 质量目标及其实现的策划"阐述了质量目标的制定和实施；"6.3 变更的策划"强调了 QMS 变更时需要关注和考虑的事项。

2）知识框架如图 6-1 所示。

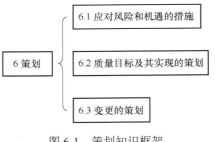

图 6-1　策划知识框架

6.1 ▷应对风险和机遇的措施

➤**1. 标准原文**

6.1　应对风险和机遇的措施

6.1.1　在策划质量管理体系时，组织应考虑到 4.1 所提及的因素和 4.2 所提及的要求，并确定需要应对的风险和机遇，以：

a）确保质量管理体系能够实现其预期结果；

b）增强有利影响；

c）预防或减少不利影响；

d）实现改进。

6.1.2 组织应策划：

a）应对这些风险和机遇的措施；

b）如何：

1）在质量管理体系过程中整合并实施这些措施（见 4.4）；

2）评价这些措施的有效性。

应对措施应与风险和机遇对产品和服务符合性的潜在影响相适应。

注 1：应对风险可选择规避风险，为寻求机遇承担风险，消除风险源，改变风险的可能性或后果，分担风险，或通过信息充分的决策而保留风险。

注 2：机遇可能导致采用新实践，推出新产品，开辟新市场，赢得新顾客，建立合作伙伴关系，利用新技术和其他可行之处，以应对组织或其顾客的需求。

▶ 2. 知识点速记

"6.1 应对风险和机遇的措施"的内容可以汇总成下面 5 个知识点。

（1）组织在策划 QMS 时，应考虑哪些内容？

答：需考虑 4.1 的内外部环境因素和 4.2 的相关方的要求，确定风险和机遇。

（2）策划 QMS 的四点好处？

答：①确保 QMS 实现预期结果；②增强有利影响；③预防减少不利影响；④实现改进。

（3）应对风险和机遇，组织要做到哪 3 点？

答：①策划应对风险和机遇的措施（策划措施）；②考虑如何实施这些措施（实施措施：措施的可行性）；③评价这些措施的有效性（评价措施：措施的有效性）；

（4）应对措施应与风险和机遇对于产品和服务的符合性的潜在影响相适应。

（5）应对风险的方式有哪些？

答：规避风险、承担风险、消除风险源、改变风险可能性或后果、分担风险、保留风险。

▶ 3. 标准理解

本条款重点体现了"基于风险的思维"。根据定义风险是"不确定性的影响"，而机遇是指有利的条件和环境。对于风险和机遇的辩证关系，参考 0.3.3 条款"基于风险的思维"的阐述："某些有利于实现预期结果的情况可能导致机遇的出现。利用机遇所采取的措施也可能包括考虑相关风险。风险是不确定性的影响，不确定性可能有正面的影响，也可能有负面的影响。风险的正面影响可能提供机遇，但并非所有的正面影响均可提供机遇。"风险和机遇的逻辑关系如图 6-2 所示。

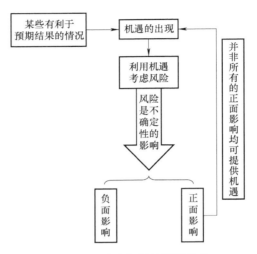

图 6-2　风险和机遇的逻辑关系

从图中我们可以看出，"风险"和"机遇"并非绝对对立，有时候风险可以成为机遇，也有些时候机遇可以成为风险。

6.1 节包含 6.1.1 和 6.1.2 条款，其主要区别在于 6.1.1 条款主要阐述确定（determine）风险和机遇；6.1.2 条款主要阐述策划应对风险和机遇的措施（actions）。

在第 4 章组织环境的 4.3 条款"确定质量管理体系的范围"中描述：4.1 和 4.2 条款的内容是 4.3 条款的输入。同样，在组织策划 QMS 时，4.1 和 4.2 条款的内容依旧是本节的输入。可以看出，ISO 9001 标准各章节之间的内容存在很强的依附和关联，并总体按照"PDCA 循环"的思路编排。

4.1 和 4.2 条款作为 6.1.1 条款的输入，说明组织的内部环境和外部环境可能给组织带来风险和机遇，组织所面临的相关方及其需求和期望也可能给组织带来风险和机遇。所以，组织要想利用机遇并且最大限度地将风险转变为机遇，就需要对组织环境和相关方的内容进行监视和评审，如有必要可以结合采用相关的管理工具。

策划 QMS 的四点好处包括：①确保 QMS 实现预期结果；②增强有利影响；③预防减少不利影响；④实现改进。总结起来策划 QMS 就是为了能够做到"未雨绸缪、趋利避害、防患未然"。

6.1.2 条款主要阐述的是策划应对风险和机遇的措施（actions）。既然有"风险和机遇"就必须有与之对应的措施（actions），"兵来将挡，水来土掩"。既然"风险和机遇"与 4.1 和 4.2 条款有关，那么应对措施也需要考虑组织的内外部环境以及相关方的需求和期望。应对风险和机遇的措施策划出来之后，还应该考虑这些措施的可行性和有效性。

▶ 4. 如何贯标

在老版标准中有"预防措施"一词，在新版标准中做了删除，其实本节所阐述的应对风险和机遇就体现了"预防措施"的思想。企业识别"风险和机遇"并制定相关措施时，特定的领域可能采用不同的一些常用方法。例如汽车行业的潜在失效模式及影响分析（FMEA）、军工行业的故障树分析法（Fault Tree Analysis，FTA）、食品行业的危害分析临界控制点（HACCP）、医疗器械行业的失效模式、影响和危害性分析（Failure Mode，Effects and Criticality Analysis，FMEACA）等。

对于通用的风险管理类方法，可以参考 ISO 31000 系列标准。ISO 31000 标准作为风险管理的核心标准，阐述了风险管理的原则、架构和过程。ISO 31010 标准侧重于风险评估方法与技术的介绍，是实施 ISO 31000 标准的技术支持和补充标准。ISO 31004 标准是 ISO 31000 标准的实施指南，为实施 ISO 31000 系列标准提供具体指导。是否应用这些标准建立系统的风险管理是企业的自主行为，而且这些标准也并不要求所有的企业都采用一样的风险管理模式。企业风险管理与架构的设计实施应取决于组织的实际情况（如目标、环境、结构、运营、过程、产品、项目等）和具体实践。

虽然标准中没有强制要求应用某种特定的风险管理手段，但是企业质量管理相关的风险识别、评价与控制措施确定，应由懂体系、过程管理以及风险管理方法的技术管理人员来实施。切莫让新进企业的人员操刀，因为新进人员往往对于组织概况不熟悉，对组织过程不明朗，容易事倍功半，最终导致管理体系的"两层皮"现象。

大型企业在落实本条款时，可以采用相关的标准（ISO 31000）和工具（FMEA、HACCP 等），但是小微型企业需要考虑简洁实用的技术方法，诸如头脑风暴、SWIFT（结构化假设分析）、（风险出现）概率与后果（严重程度）矩阵等评价方法。

"应对措施应与风险和机遇对产品和服务符合性的潜在影响相适应"，这里的潜在影响包括两个方面，即正面影响和负面影响。不管是风险还是机遇，都有可能会造成正面影响或者负面影响。所以标准原文表达的意思是指应对措施能够消除"风险和机遇"对于产品和服务的负面影响,增强"风险和机遇"对于产品和服务的正面影响。应对措施需要能够解决问题,否则"应对措施"就是"无效措施"。

▶ 5. 审核要点

标准没有要求企业必须使用正式的风险管理框架来识别风险和机遇。应对风险和机遇也没有固定式"一劳永逸"的措施。企业可以结合各自行业的特点与产品和服务特性选择适合他们的方式来识别风险和机遇。但审核员应关注企业在策划 QMS 时,是如何识别风险和机遇的,针对这一线索寻求审核证据。需要注意的是,本条款并未强制要求企业保留/保持成文信息。

审核员需要重点审核企业制定的应对风险和机遇的措施是否具有"可行性",这些措施如何能够真正执行到位,执行后是否进行了"有效性"评价。没有"可行性"的措施都是"假把式",措施没有进行"有效性"评价就是一笔"糊涂账"。

在风险管理领域不乏大量的知识,审核员除了掌握标准的核心内涵之外,也需要强化风险管理领域的知识,提升自己的审核水平。

▶ 6. 审核实践

(1)谈(如何提问)

贵司是如何识别质量管理领域相关的风险的?参考了哪些标准和工具?风险识别后是否采取了与之相对应的措施?措施的推进是否有责任部门/责任人?是否对于措施的执行情况进行了评价?

(2)查(如何文审)

查《风险管理制度》、风险管理措施(FMEA、FTA、LEC 打分等)、《风险管理评价报告》。

(3)看(如何巡视)

按照"过程方法"巡视企业现场,抽取核心环节或过程,审视企业策划的风险管理措施和执行情况,是否与文件的内容一致。例如,某企业核心环节"注塑"采取了质量风险管理,列举了一系列的措施和方法,现场巡视时,需要重点关注是否与策划的内容基本一致。

(4)记(如何记录)

请参考下面的某生产制造企业审核案例:

企业针对相关方的需求和期望以及组织内外部的环境因素,进行了监视和评审,并据此确定了相关的风险和机遇,提供了执行文件《风险和机遇管理程序》

（文件编号：×××-××××），负责人（××）介绍该程序文件用于控制公司的风险和机遇。根据此程序的流程规定，该企业识别了相关的风险和机遇，并采取了与之相对应的控制措施。

企业提供了《过程风险和机遇识别应对措施及评价表》（文件编号：×××-××××），共涉及企业核心业务过程××项，抽取××、××、××此3个核心过程的风险识别和控制措施情况。以上过程风险管理和管控措施均有责任部门和责任人，有评价反馈措施。生产现场（1、3、6号车间）巡视，控制措施基本到位。

6.2 质量目标及其实现的策划

▶ 1. 标准原文

6.2 质量目标及其实现的策划

6.2.1 组织应针对相关职能、层次和质量管理体系所需的过程建立质量目标。

质量目标应：

a）与质量方针保持一致；

b）可测量；

c）考虑适用的要求；

d）与产品和服务合格以及增强顾客满意相关；

e）予以监视；

f）予以沟通；

g）适时更新。

组织应保持有关质量目标的成文信息。

6.2.2 策划如何实现质量目标时，组织应确定：

a）要做什么；

b）需要什么资源；

c）由谁负责；

d）何时完成；

e）如何评价结果。

▶ 2. 知识点速记

"6.2 质量目标及其实现的策划"的内容可以汇总成下面4个知识点。

（1）组织建立质量目标应遵循什么原则？

答：组织应针对相关职能、层次和 QMS 所需的过程建立质量目标。

（2）建立质量目标的 7 点原则？

答：①与质量方针保持一致；②可测量；③考虑适用的要求；④与产品和服务合格以及增强顾客满意相关；⑤予以监视；⑥予以沟通；⑦适时更新。

（3）保持质量目标的成文信息。

（4）如何实现质量目标，组织应考虑哪 5 个方面的内容？

答：4W1H，①做什么（what）；②什么资源（what）；③谁负责（who）；④何时完成（when）；⑤如何评价结果（how）。

▶ 3．标准理解

6.2 条款包括 6.2.1 和 6.2.2 两部分，其中 6.2.1 条款重点是建立质量目标，6.2.2 条款重点是策划完成目标的措施。

与老版标准相比，质量目标的建立除了"职能目标""层次目标"，新版标准还增加了"过程目标"。这是因为标准的通用性增强，新版标准更强调过程方法的应用，过程质量目标显得特别必要。随着信息化和工业化进程的加快，以及工业 4.0 时代的来临，体验式消费、柔性化生产、项目式管理越来越普及，因此项目实施过程的里程碑也可作为过程质量目标。"过程目标"的概念体现了"过程方法"的基本思想。

设计和开发的过程目标可以体现设计和开发输出满足输入要求的能力，适当时可包括：武器装备的功能和性能指标，可靠性、安全性和性价比指标，一次试验通过率，设计责任更改率，设计责任损失率等。

建立质量的"职能目标"和"层次目标"，其实就是在组织的横向和纵向分别建立质量目标。"职能目标"（横向目标）的建立是指，组织应在管理职责的不同职能部门上建立目标。

生产部目标（产品生产合格率≥98%；生产按时完成率 100%；设备正常运转率 95%；5S 管理量化得分>95 分），质量部目标（产品流出合格率≥99.99%；全员质量改进活动保证每月 1 次），研发部目标（研发任务按期完成率≥90%；研发产品转化率≥85%；5S 管理量化得分>98 分；年度取得专利≥5 件），管理部目标（培训计划执行率 95%以上；体系文件、记录管理符合率≥95%；5S 管理量化得分≥99 分）。

对于各个职能部门的下属子部门（科、室、车间/工段/班组等），可以将部门目标进一步细化。"层次目标"（纵向目标）的建立是指，组织建立了总体的质量目标，将总体质量目标纵向垂直分解，细化到每个职能部门，成为职能部门的目标。对于各个职能部门的下属子部门，可以将部门目标进一步细化，即在具体职能岗位等管理权限由高到低的不同层次上建立质量目标。每个不同的层次都有相应的过程，应明确其关键过程和关键过程绩效指标（即 KPI）。质量目标分解如图 6-3 所示。

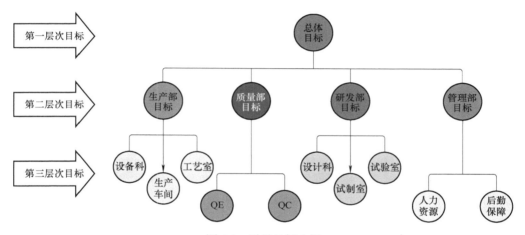

图 6-3　质量目标分解

生产部的子部门包括设备科、生产车间、工艺室，这三个子部门属于同一层级。针对生产部制定的目标，由其子部门（设备科、生产车间、工艺室）进行分解和承接，所以"层次目标"通常是自上而下的纵向分解。

对建立质量目标的 7 点原则详解如下。

（1）与质量方针保持一致

该原则与 5.2.1 条款制定质量方针相互映射，"质量方针应为建立质量目标提供框架"。组织在建立质量目标时，应将质量方针作为输入。

（2）可测量

质量目标应当是可测量的（即：可考核目标是否能够实现，不能模糊不清）。所以质量目标的建立可以是定性的，也可以是定量的。例如，建立顾客满意度的定性目标，可由以下几个层级组成：非常满意、满意、一般、不满意、非常不满意；建立顾客满意度的定量目标，可设为 2023 年顾客满意度≥95%。不管是设立定性目标还是定量目标，均需要满足考核目标是否实现的要求。

（3）考虑适用的要求

"适用"是英文"applicable"的翻译，即建立目标时，需要建立合适的目标，在可预见的情况下，目标是合理的，既不能过度保守，也不要好高骛远。

（4）与产品和服务合格以及增强顾客满意相关

质量目标必须包括满足产品和服务要求的内容，组织正是通过落实这些具体要求，来实现满足顾客要求和达到顾客满意这一根本目的。

（5）予以监视

没有监视的目标等于"空喊口号"，所以组织需要对质量目标的完成情况进行监视和评审。

（6）予以沟通

让相关的人员知晓、理解质量目标，并将质量目标的实现措施进行宣贯，还需将质量目标的实现情况进行公布和传达。

（7）适时更新

质量目标不能一成不变，应根据环境的变化、时间的推移、实现程度等进行必要的更新。e）条款"予以监视"的内容可以作为 g）适时更新条款的输入。可以看出，本节质量目标的策划也遵循"PDCA 循环"。

那究竟如何实现质量目标呢？6.2.2 条款重点阐述了 5 个方面，总结起来就是"4W1H"：①做什么（what）；②什么资源（what）；③谁负责（who）；④何时完成（when）；⑤如何评价结果（how）。

▶ 4. 如何贯标

制定目标看似是件简单的事情，每个人都有过制定目标的经历，但如果上升到技术层面，"SMART 原则"的应用能帮助企业科学合理地完成目标策划，即确保目标是具体的、可测量的、可实现的、相关的并且有时限的。

- S：目标必须是具体的（Specific）；
- M：目标必须是可以测量的（Measurable）；
- A：目标必须是可以实现的（Attainable）；
- R：目标是要与其他目标具有一定的相关性的（Relevant）；
- T：目标必须具有明确的截止期限（Time-bound）。

新版标准中删除了"指标"的说法，其实在新版的目标中包含了老版"指标"的内容，即"可测量"的目标要求。

质量目标应通过层层展开将其落到实处，成为部门、车间、班组和全体职工的奋斗目标和行动指南。质量目标的展开是指把质量方针、目标、措施逐层进行分解、加以细化、具体落实。质量目标的分解及控制应综合使用上述的"4W1H"方法，明确目标的负责人、资源提供、完成期限、考核期限、评价结果等，表格形式可参见表 6-1。

表 6-1　质量目标分解及控制措施

年份：××年						编制：××		审核：××		批准：××	
序号	目标类型	目标层次	目标内容	测量方法	应对措施	对 应 过 程	资源	考核周期	评价结果	责任部门及责任人	备注
1	公司总体目标	公司层面						年度			
2	职能部门目标	综合部				人员招聘过程 人员绩效考核过程 后勤资源提供过程 办公采购过程 ……		季度			
		生产部				生产过程 设备保养过程 工艺调试过程 ……		季度			
		质量部				产品检验过程 质量数据统计分析过程 质量改进提升过程 ……		季度			
		研发部				产品设计过程 产品试制过程 ……		季度			

▶ **5. 审核要点**

审核员需要关注受审核方建立的质量目标是否针对企业的职能、层次和过程。很多企业往往忽略了过程的目标，尤其是企业的核心业务过程。

审核员审核企业质量目标的建立情况，可参考质量目标的 7 个原则：①与质量方针保持一致；②可测量；③考虑适用的要求；④与产品和服务合格以及增强顾客满意相关；⑤予以监视；⑥予以沟通；⑦适时更新。

审核员需要关注组织策划的质量目标措施，是否遵循"4W1H"的方法：①做什么（what）；②什么资源（what）；③谁负责（who）；④何时完成（when）；

⑤如何评价结果（how）。

标准说明了需要保持形成文件的信息，故审核员需要关注相关的成文信息。

▶ 6. 审核实践

（1）谈（如何提问）

请问贵司是否策划了质量目标管理的程序或制度？从执行层面来讲贵司是如何策划质量目标的？建立质量目标的层次和原则是什么？是否与公司的方针保持方向上的统一？质量目标是否进一步地细化和分解？质量目标细化和分解的路径是什么（是按照部门，还是按照过程）？哪些是定量目标，哪些是定性目标？质量目标多久进行测量？是否有质量目标的责任部门和责任人？质量目标在什么情况下进行更新调整？是否针对质量目标策划了具体的、可执行的措施？是否对质量目标措施进行了评价？

（2）查（如何文审）

查质量目标相关的《程序或制度》，查质量目标及措施相关的《策划记录》《测量记录》《评价记录》《更新记录》（记录类的文档可能是不同的文件，也可整合到同一文件中）。

（3）看（如何巡视）

根据企业所策划的质量目标及相关的措施进行现场巡视，参见下面的案例：

某企业策划的目标之一："因产品质量问题（功能/性能缺陷），导致的顾客投诉≤3 次/年"。具体措施包括：①建立并优化质量管理体系；②建立产品质量保证制度、产品质量检验制度；③制定并优化产品全链路的生产作业指导，制定并优化产品质量检验作业指导（原材料、首件、过程、成品）；④员工质量意识培训（研发端、生产端、质量端、客服端）；⑤针对既往客诉严格整改，形成知识库《既往客诉处理清单》，在相关部门宣贯培训。责任部门：质量部、研发部、生产部、客服部。

在这个案例中，审核员在现场巡视过程中应关注企业是否建立了制度保障、是否建立了标准化作业流程（作业指导、检验指导）、是否有全员的质量培训、是否形成了知识库，与此同时，在巡视过程中应做好记录。

（4）记（如何记录）

请参考下面的通用审核案例：

企业通过会议、培训等方式向员工传达了管理方针，提高了员工质量意识。

企业在管理方针的框架下，制定了质量管理体系目标。企业通过内部审核、管理评审等方式，认为质量管理体系目标比较适宜，基本能够实现。

查见本年度公司层面质量目标如下：a）××××；b）××××；c）××××等。质量目标的内容与质量方针保持一致，目标可测量，考虑了适用的要求，质量目标与产品和服务合格以及增强顾客满意相关。公司层面的质量目标，各部门进行了细化和分解，详见各部门对应条款的审核。

查质量目标控制措施及考核情况：查见《质量目标控制措施及考核报告》，企业将质量目标分解到了各个职能部门，并制定了相应的控制措施。控制措施具体包括了"做什么、资源保障、负责人、预期达成日期、目标考核方式和周期"等内容。

抽查企业××关键质量目标的控制措施：××××，资源保障的内容包括：××××，负责人：××，目标考核的方式和周期为：××××。考核结果显示，公司层面的质量目标已实现。各部门分目标及完成考核情况，见各部门 6.2 审核记录。体系负责人负责对分析与改进的效果进行评价与验证。

6.3 变更的策划

➢ 1. 标准原文

6.3　变更的策划

当组织确定需要对质量管理体系进行变更时，变更应按所策划的方式实施（见4.4）。

组织应考虑：

a）变更目的及其潜在后果；

b）质量管理体系的完整性；

c）资源的可获得性；

d）职责和权限的分配或再分配。

➢ 2. 知识点速记

"6.3 变更的策划"的内容可以汇总成下面 2 个知识点。

1）组织确定对 QMS 变更时，变更应按所策划的方式实施。

2）策划 QMS 变更时，组织应考虑哪 4 个方面？

答：①变更的目的及潜在的后果；②QMS 完整性；③资源的可获得性；④职责和权限的分配或再分配。

▶ 3. 标准理解

ISO 9001：2015 标准中共涉及 4 处"变更"或"更改"，包括：6.3 变更的策划、8.2.4 产品和服务要求的更改、8.3.6 设计和开发更改、8.5.6 更改控制。需要注意的是，6.3 变更的策划指的是管理体系的变更，而 8.5.6 更改控制是指生产和服务提供过程中的更改。

事物是"牵一发而动全身"的，管理体系的变更同样如此。由于 QMS 具有整体性、有序性、关联性、动态性等特点，组织在策划 QMS 变更时，需要考虑其复杂性和稳定性。尤其是对于稳定的生产制造型企业，有变更就有"风险"，或者说"变更是风险之源"。要想最大程度控制或降低变更风险，就需要将管理体系"柔性化"。

QMS 变更有主动变更，如组织寻求业务的突破而扩大生产，也有被动变更，如组织外部的环境发生了重大变化。不管是主动变更还是被动变更，QMS 的变更应按所策划的方式实施，即变更需要"受控"。如何才能保证 QMS 变更受控，需要考虑以下 4 个方面。

（1）变更的目的及潜在的后果

本条款考虑了变更的潜在后果，体现了"基于风险的思维"。变更后的结果可能有风险也可能带来机遇，如果变更后引发相应的风险，组织需要考虑是否有应对的控制措施。

（2）QMS 完整性

应考虑因变更引起的不完整的地方做何补充，防止因变更导致的 QMS 的局部失效。如某传统生产制造型企业采用手工 Excel 表格进行仓库管理，在数字化转型的浪潮中，采购了一套企业资源计划（Enterprise Resource Planning，ERP）系统，但新上线的 ERP 系统不能完全满足企业的仓库管理需求，此时企业需要考虑结合 ERP 系统和传统的 Excel 表格的方式对于仓库进行管理，防止因系统的变更造成仓库管理的局部失效。

（3）资源的可获得性

企业应考虑变更时所需的资源是否可获得。如某公司为了扩大产能，新购置了一批国外设备，那么该公司需要考虑培训有能力操作新产品线的工作人员，以及实现检验放行过程的资源配给。

（4）职责和权限的分配或再分配

变更 QMS 可能伴随着职责、权限的重构，只有预先策划和安排，才会避免管理上出现"群龙无首""职责缺失、分工不清"的局面。尤其一个组织面临重组、改制或重大人事调动时，企业需要重点关注本条款的要求。

▶ 4．如何贯标

因为 QMS 变更涉及的面非常广，企业可根据自身的情况建立相应的管理制度，统一管理企业内部的管理体系的变更。虽然本条款无强制性成文信息的要求，但企业可根据自身需求，适当采用"管理体系变更申请单"，以实现变更可追溯，见表 6-2。变更的内容可以自主判定等级分类，如：一般变更、较大变更、重大变更。

表 6-2　××公司管理体系变更申请单

表单编号：

变更申请部门		申请人		申请日期	
变更涉及的项目名称及编号：产品□/物料□/过程□/设施□/设备□/模具□/系统□/质量文件□/系统□/标准□/工艺□					
变更目的和原因：					
当前状况：			期望的变化：		
变更前：			变更后：		
变更领域：□*生产系统（水、电、气）　□*虫害控制系统　□*空调系统　□*生产设施　□*生产能力　□*生产设备　□*生产配件　□*模具　□*检测设备　□*生产区域　□*管理层人事　□*质量文件　□法律法规　□*物料标准　□*产品标准　□*生产条件					

变　更　评　估	评 估 意 见	变　更　批　准	签字/日期
□业务		□批准/□否决	
□工程		□批准/□否决	
□品管		□批准/□否决	
□服务		□批准/□否决	
□生产		□批准/□否决	
□财务		□批准/□否决	
□设备		□批准/□否决	
□生管		□批准/□否决	
□仓储		□批准/□否决	
□采购		□批准/□否决	
□行政		□批准/□否决	
□厂长		□批准/□否决	

变更等级评估	□一般变更　□较大变更　□重大变更
重大变更实施效果评估	
变更修正方案记录及效果评估	

变更结束归档文件：	变更结束同时修改文件：
归档人：	归档时间：

▶ 5．审核要点

审核员应结合自己的专业背景和行业经验，对受审核方的变更进行基本判断，搞清楚哪些变更是属于 QMS 的变更，哪些变更需要控制。例如，生产线操作员小王变更为小李，则不属于 QMS 体系的变更；若某集团公司，在全公司重新部署上线了一套新的办公自动化（Office Automation，OA）系统，则需要采取变更控制措施。

对于本条款的审核要充分发挥"谈、查、看、记"的审核方法，通过询问、观察、文审的方式进行全方位的审核，避免遗漏。对于管理体系的变更章节内容的审核，监督审核和再认证审核需要重点关注。

▶ 6．审核实践

（1）谈（如何提问）

贵司管理体系变更是否有程序或制度进行管控？自管理体系运行以来，是否发生过变更？体系变更过程中，有哪些配套的记录文档？

（2）查（如何文审）

查变更相关的《程序或制度》、体系变更的《申请与批复》《控制记录》。

（3）看（如何巡视）

本条款"变更的策划"指的是管理体系的变更，而非 8.5.6 条款生产和服务提供过程中的"更改控制"。审核员在现场巡视过程中，应关注企业管理体系的变更的策划和控制。如管理体系换版、管理体系重要文档更新发布、新增管理体系与原有管理体系一体化贯标、企业重大人事变更、企业重组、改制等。

（4）记（如何记录）

对于本条款的记录，可分以下两种情况：

1）无 QMS 变更。公司管理体系运行时间较短，暂未变更。

可记录为：体系负责人××介绍，公司运行至今，暂无 QMS 变更，若以后企业 QMS 变更，应考虑变更目的及潜在的后果、资源及职责、权限的调整等因素，企业编制了《管理体系变更控制程序》《体系变更申请单》等控制文档，以确保体系变更受控，监督审核持续关注。

2）有 QMS 变更。

可记录为：经询问，企业的管理体系发生了"一体化整合变更"。企业于2023 年 1 月 1 日正式发布了质量、环境、职业健康安全管理体系文档，包括管理手册、程序文件、管理制度、记录文件等。体系负责人××介绍，在数字化转型的浪潮中，企业积极拥抱数字化变革，于 2023 年 10 月 1 日正式导入了两化融合管理体系，并与原有管理体系进行一体化整合。在此变更过程中，按照《变更管理控制程序》《管理体系变更规范》等要求和流程实施，查见 2023 年 9 月 25 日企业管理系统签批的《体系变更控制单》，签批人为企业最高管理者××。查看企业《管理手册》，有变更履历和清单，记录基本详实、清楚。

第 7 章

支　　持

1）本章"支持"规定了为达到预期目标，有效实施和运行 QMS 所需的必要条件。"7.1 资源"着重介绍了"人、机、环、测、知识"；"7.2 能力"阐述了人员能力的重要性；"7.3 意识"突显了组织人员的意识；"7.4 沟通"说明了组织内外部沟通的重要性；"7.5 成文信息"详细介绍了成文信息的创建、更新及控制。

2）知识框架如图 7-1 所示。

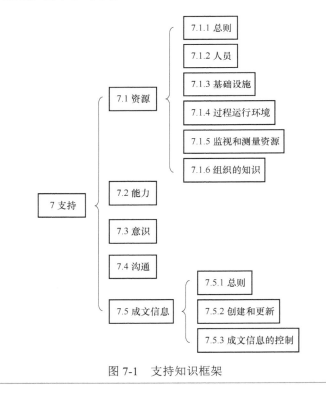

图 7-1　支持知识框架

7.1　资源

7.1.1　总则

▶ 1. 标准原文

7.1.1　总则

组织应确定并提供所需的资源，以建立、实施、保持和持续改进质量管理体系。

组织应考虑：

a）现有内部资源的能力和局限；

b）需要从外部供方获得的资源。

▶ 2. 知识点速记

"7.1.1 总则"的内容可以汇总成下面 2 个知识点。

1）组织应确定、提供所需的资源，以建立、实施、保持、持续改进 QMS。

2）组织在确定、提供资源时，需要考虑哪两点？

答：①现有内部资源的能力和局限；②需从外部供方获得的资源。

▶ 3. 标准理解

组织需要"确定"所需的资源，然后再"提供"所需的资源。在贯标过程中，这两个动词需要被充分理解。所谓"确定"就是要梳理组织所需的资源。若提供的资源远大于组织所需的资源，则会造成资源的浪费。相反，提供的资源远小于组织所需的资源，则会造成资源的不足。

标准的原文重点突显了四个核心动词："建立、实施、保持和持续改进"。这 4 个词在本标准中多次出现，一方面体现了"PDCA 循环"的核心方法，另一方面也是组织在贯标过程中的一个基本思路。

组织在确定、提供资源时，需要考虑以下两个方面：

1）现有内部资源的能力和局限；

2）需从外部供方获得的资源。

需要注意的是，组织在确定并提供资源之前，需要看看自家的"余粮"是否充足，然后再考虑需要从外部供方获得哪些资源。例如：大部分组织的生产用"水、电、气"来自社会供应，"突然停电"对于热处理炉里的产品质量来说，无疑会受到影响。又如，一些企业采取"借脑发展"的方式，与一些高等院校或科研院所合作进行产品开发，解决自身研发资源不足的问题。对于外部提供的过程、产品和服务的控制详见标准 8.4 条款的要求。

▶ 4．如何贯标

7.1.1 条款是"总则"，即对于 7.1 整个条款的总体的概述。在执行层面可以参考 7.1.2～7.1.6 条款的内容。所以标准的 7.1.2～7.1.6 条款内容均采用统一的步骤：先确定资源后，再提供资源。在确定和提供资源时，需要考虑：现有内部资源的能力和局限；需要从外部供方获得的资源。

▶ 5．审核要点

审核员需要关注企业是否为建立、实施、保持和持续改进 QMS，确定并提供了所需的资源。可以与企业最高管理者沟通，了解企业对 QMS 运行提供资源保障的想法与做法。审核员需要现场观察，企业的 QMS 运行是否有充足的资源保障，这里的资源包括有形的资源和无形的资源，如知识储备、信息资源、渠道资源等。

▶ 6．审核实践

（1）谈（如何提问）

贵司在建立 QMS 的过程中，有哪些资源投入？如何考虑并解决资源过剩和资源不足的问题？哪些是自有资源？哪些是外部获得的资源？

（2）查（如何文审）

通常本条款与 7.1.2～7.1.6 条款并行审核，具体文审内容见相关条款。

（3）看（如何巡视）

审核员在企业现场巡视过程中，应关注企业是否有相应的资源作为支持，包括人力资源、基础设施资源、场所及环境、监测资源、知识储备、技术储备等。

（4）记（如何记录）

请参考下面的某生产制造企业审核案例：

最高管理者（××）介绍：为建立、实施、保持、改进质量管理过程，以及企业的正常运作，公司确定并提供了所需设备、生产场地、办公场所、资金等资源，与此同时，公司加强与科研院所的产学研合作，并外聘高校教授开展技术支持。

在资源管理方面，企业建立了相应资源台账，定期评价资源的充分性、适宜性，并以此作为新增资源的输入条件，避免相应资源不足或者过剩的问题。

现场巡视，企业对工作环境的要求：干净整洁、卫生适合办公。目前的公司办公场所为××××，公司出具了相关协议和证明，查验在合同期内，总面积为××平方米。公司现有员工××人，拥有一批经验丰富、作风良好的工作团队，公司配置有电脑、打印机、复印机、扫描仪等用于××工作，有空调、照明、消防、公共卫生间、茶水间等配套设施和其他办公设施，基本满足要求。

7.1.2　人员

▶ 1. 标准原文

7.1.2　人员

组织应确定并配备所需的人员，以有效实施质量管理体系，并运行和控制其过程。

▶ 2. 知识点速记

"7.1.2 人员"的内容可以汇总为 1 个知识点——确定、配备所需人员，以有效实施 QMS，运行控制过程。

▶ 3. 标准理解

正如 7.1.1 总则内容的阐述，7.1.2～7.1.6 条款内容为先"确定"后"提供"。在人员方面，组织需要先确定所需的人员，然后再配备相关的人员。人力资源是生产和服务过程中最活跃、最不可控的因素。人力资源作为"第一资源"，无论对于知识密集型还是劳动密集型组织，人员的素质、技能甚至情绪，都直接影响最终产品和服务的质量。

▶ 4. 如何贯标

"确定人员"时应遵照人力资源管理的"三定原则"，即定岗、定编和定员。企业要确定内部所需要的岗位，根据工作范围和性质，按科学方法确定其数量。这有助于明确企业的组织结构和职能划分（定岗）。企业需要明确需要多少适合企业发展的人员。以此合理控制人员规模，避免人力浪费，提高运营效率（定编）。此外，企业需要严格按照编制数额和岗位质量要求，为企业每个岗位配备适合的人员（定员）。这些人员包括各级人员（如个人、团队和领导者）和各职能岗位（如生产岗位、质量岗位、销售岗位、客服岗位），并考虑这些人员应具备的相关经验、资格。

"配备人员"的核心要素，就是将合适的人员放在合适的岗位上，即要做到两点：选对人、用对人。可以通过招聘、培训等方式配备人员。人员配备筛选过程中，可以通过《岗位说明》对于岗位的任职要求（包括：学历、经历、能力）、职责和权限做出规定。企业中通常可以由人力资源招聘官负责该事务，但需要各个部门协同配合。

需要注意的是，企业考虑降低劳动力成本时，会采用劳务工、临时工、兼职等方式配备人员。此时，企业应评价此类人员的能力和风险管控是否到位，并评价法律法规符合性，如童工、特种作业人员、特种设备作业人员、技术敏感岗位等。适用时，采取相应的措施，如签订保密协议、明确岗位边界等。

企业可以按照类别对人员分类管理，如：全日制员工、非全日制员工、劳务派遣等。企业需要建立一整套"选、用、育、留"的人才梯队建设制度，提升企业人员的核心竞争力。

▶ 5. 审核要点

本条款重点阐述组织内的"人员"管理，大部分企业会设立专员或部门管理，如人事专员、组织部、人事部等。虽然本条款审核的重点是人事部门，但审核员不应存在审核思维的定势，需要遵从"过程方法"，理清企业的核心过程后，对过程合理抽样。

审核员需要关注受审核方是否建立了有效的人力资源管理机制，对企业内各类人员的能力评估和风险管控是否到位。

审核员需与受审核方的人力资源部门沟通，其既有人员状况及人力资源发展规划方向，关注受审核方的岗位设置，了解受审核方从事现有岗位工作的人员数量和能力的充分性，以及受审核方如何确定所需人员的信息。

审核员需关注并记录受审核方所需特定资格的岗位信息，如特种作业人员、特种设备作业人员等。本条款可以与 7.2、7.3 条款一起审核，避免造成过程审核的割裂。

审核员需要关注企业对于人员管理的考核统计，如员工离职率、员工年龄构成、男女占比等，通过数据统计，改进人员管理，践行"PDCA 循环"的原则。

▶ 6. 审核实践

（1）谈（如何提问）

请谈一谈贵司人力资源管理的流程，重点介绍下"招聘与配置"这一板块。企业目前在职员工有多少人？各职能部门分布有多少人？员工纵向层级和晋升通道是什么？在定岗过程中是否编制了《岗位职责说明书》？在招聘过程中是否编制了《岗位任职要求》？重要岗位上任前是否公示了《任命书》？企业是否有兼职员工、劳务派遣员工、临时工？企业是否有特种作业人员、特种设备作业人员、技术敏感岗位？

（2）查（如何文审）

查《人力资源管理程序/制度》《岗位职责说明书》《岗位任职要求》《××岗位任命书》。需要注意的是，标准条款中并未强制要求企业必须提供以上文件，企业可以灵活变通。

对于某些小微型企业，无需岗位任命这一过程，可能在企业微信群中"入群介绍"这一简单动作，就完成了"任命"这一动作。

（3）看（如何巡视）

基于人事部门的介绍和文件审核的结果，现场巡视过程中看企业的人员规模、部门划分情况，看企业是否有特种作业人员、特种设备作业人员、技术敏感等岗位。

（4）记（如何记录）

请参考下面的某软件开发、系统集成企业审核案例：

公司编制了《人力资源管理控制程序》（编号：××××-××××），用于公司的人力资源管理。根据该程序公司编制了《人力资源招聘管理制度》（编号：××××-××××）、《部门职责及岗位任职要求》（编号：××××-××××），对公司的各岗位进行了规定。审核查看，公司需要以下部门设置及人员：人事行政部、商务部、技术部。具体人员包括：人事行政部经理、行政专员、人事专员、采购专员；销售经理、销售专员、售后专员；技术部经理、系统开发工程师、运维工程师等。对其"职、责、权"的分配，在《部门职责及岗位任职要求》中说明得具体清晰，详见各部门的5.3的审核记录。

经核查，企业人数为××人，与审核申请人数差异在可控范围内。企业为软件开发性质企业，无特种作业人员、特种设备作业人员，但内部设立了信息安全专员 1 名（××）、员工选举工会主席 1 名（××），员工选举职业健康安全事务代表 1 名（××），最高管理者任命体系负责人 1 名（××），基本满足要求。

7.1.3 基础设施

▶ **1. 标准原文**

7.1.3 基础设施

组织应确定、提供并维护所需的基础设施，以运行过程，并获得合格产品和服务。

　　注：基础设施可包括：

　　a）建筑物和相关设施；

　　b）设备，包括硬件和软件；

　　c）运输资源；

　　d）信息和通信技术。

▶ 2. 知识点速记

"7.1.3 基础设施"的内容可以汇总成下面 2 个知识点。

1）确定、提供、维护所需基础设施，以运行过程，获得合格产品和服务。

2）基础设施可以包括哪些？

答：①建筑物和相关设施；②设备，包括硬件和软件；③运输资源；④信息和通信技术。

▶ 3. 标准理解

"确定、提供、维护"，这 3 个核心动词是本条款的重点。

（1）确定所需的基础设施

组织可通过开展差距分析，检查目前的基础设施，识别新需求及需要采取的行动。通俗地讲，就是组织对基础设施自我审视的过程，应解决这几个问题：看自己有什么设施？缺什么基础设施？需要淘汰什么基础设施？

解决上述问题后，可以制定基础设施配置计划，策划并推进基础设施的更新换代。与此同时，在数字化转型的浪潮下，企业需要关注信息化设施和工具，助力实现"降本、增效、提质"。

（2）提供所需的基础设施

组织基础设施的提供途径通常包括外购、定制、自制、租赁等方式。组织在外购、定制或租赁基础设施之前，应对提供基础设施的外部供方的能力进行必要的考察和评价，选择适宜的外部供方，可以参考 8.4 外部提供的过程、产品和服务的控制。

（3）维护所需的基础设施

如制定设备设施的维护保养制度，明确维护保养的准则并加以实施。对制造型企业来说，生产合格产品对设施设备的依赖度较高，往往会成立专门的队伍对设施、设备进行维护保养，比如设备科。通过计划性维修和保养，减少故障和停机对生产的影响，通过故障抢修减少对加工工时的影响。对很多服务型企业来说，无形的服务提供也依赖于有形的设施和环境。总之，基础设施管理是组织 QMS 有效运行的基础。

基础设施可以包括：建筑物和相关设施；设备，包括硬件和软件；运输资源；信息和通信技术。

1）**建筑物和相关设施**。如办公室、生产车间、研发中心、食堂等，以及建筑物中的水、电、天然气、管道设施等。

2）**设备，包括硬件和软件**。如生产设备、包装设备、加工中心、仓储设备等。以上设备中包含了硬件和软件，如加工中心为硬件，加工中心的程序属于软件；仓储设备的扫码枪属于硬件，仓储管理系统属于软件。

3）**运输资源**。如配送的车辆、输送燃气的管道、组织名下的车队、车间流转的料架周转车等。

4）**信息和通信技术**。如通信设备（对讲机、电话、手机等）和器材或信息系统（ERP、OA、企业微信等）。

▶4．如何贯标

本条款重点阐述企业内的"基础设施"管理，对于制造型企业而言，核心的"基础设施"就是生产的设备，如工业机器人、加工中心、生产流水线等。一般中大型生产制造企业会专门设立"设备科/保全科"对设备进行管理。而对于小微型生产企业，可能将这部分"职、权"分配给了生产部。不管企业对这部分的管理是否独立，都应使"基础设施"的管理系统化、专业化。因为设施设备是生产产品及提供服务的源头，如果源头出了问题，必定不能提供高质量的产品和服务。正如《论语·卫灵公》所述："工欲善其事，必先利其器。"

企业进行基础设施管理，涵盖：需求分析、选型、购置、安装、使用、维护保养、检修、报废等设施的全生命周期过程。

（1）选型和采购

企业应正确地选择和购置设备。合理的设备选型和采购是组织提高生产率、降低生产成本、管控设备运行成本的关键。

（2）确保"基础设施受控"

企业应建立相应的管理制度或规范。根据企业需求，确定是否建立固定资产台账，并定期监测，保证设备始终处于良好的技术状态，具体应包括要求设备功能正常，精度和性能满足生产工艺要求。对于这些要求，建议保留相关的记录。

设备的使用和管理部门应定期评定重要设备的技术状况/等级，同时也应明确决策者、使用者、监护者需承担的责任。在做出设备"带病"运行的决定前，应对其可能造成的影响进行风险评估（对产品质量的影响、对设备使用寿命的影响，可能增加的修理费用等），并保留参与评估人员签署的评估报告。

（3）维护保养及修理改造

企业应做好设备的保养、修理、改造、更新工作，保证满足生产对设备的需要，满足零部件加工能力及精度要求，同时不断提高设备维修质量，降低维修费用，节约设备改造和更新的费用支出，建议保留必要的维护保养计划和记录。

（4）工装模具管理

针对生产制造型企业经常使用的工装模具，其主要管理内容有模具设计与制造、验证、使用管理、日常保养、周期确认等，建议保留相关的记录。

在某些行业，信息系统也是重要的基础设施，如软件开发型企业，硬件和软件是其核心"基础设施"。管理的基本要求是稳定、安全、可靠，管理的基本内容有软件的开发、软件的验证、权限设置、病毒防护、软件更新、数据备份等。

鼓励组织采用全员生产维护（TPM）方法，借鉴 ISO 55000《资产管理体系》系列标准进行系统的管理。

▶ 5．审核要点

虽然本条款无成文信息的要求，但建议审核员关注企业为"确保基础设施受控"，而建立的管理制度及其他策划的表单记录。

审核员需要与牵头部门或小组（某些分工较细的企业会单独设立设备科/保全科，或者 IT 企业的 IT 设备部）进行充分沟通，了解企业设备生命周期管理的思路和方法。

审核员现场实施审核时，需要关注设备的运行和监护情况，尤其是对于企业中某些关键设备（如"精、大、稀、贵"的设备），需要关注设备的在用、停用、报废等状态管理。

审核员需要关注企业对于"技改"或租赁设备的管理，对于重大设备的技术改造，需要执行标准 6.3 条款的管控。租赁设备的管理除了满足本条款的要求，还需关注 8.4 条款要求。

审核员需要关注特种设备的管理，了解企业的特种设备是否办理了使用登记，是否按照要求张贴特种设备使用标志。若特种设备停用，是否进行了停用报废注销登记。对于特种设备的管理可以参考 TSG 08—2017《特种设备使用管理规则》。

对于需要定期校准或检定的设备需要按规实施，审核员需要查验记录报告和标志信息，可参考 7.1.5 条款的要求。

对于 IT 企业，企业核心的"基础设施"可能是电脑、服务器、软件、系统等。审核员需要关注设备及场所的权限设置、病毒防护、软件更新、数据备份等。

6. 审核实践

（1）谈（如何提问）

请问哪个是贵司基础设施的主控部门？请问是否编制了基础设施相关的程序或制度文件？请您（设备管理科负责人）实际谈一谈贵司的基础设施是如何管理的？贵司的基础设施是如何分类的？是否有特种设备，如何管控的？基础设施是如何点检、保养、检修的？在基础设施管理过程中，有无相关的记录文档？

（2）查（如何文审）

查《基础设施管理程序/制度》《基础设施台账》《基础设施点检及保养计划》《基础设施点检表》《基础设施保养记录》《基础设施检修记录》《基础设施报废/停用申请单》《特种设备管理记录》等。在大部分企业中，基础设施这个词可能并不常用，而称之为"设备设施"。设备设施是狭义的基础设施，审核员需要理清两者的界限和语境。

（3）看（如何巡视）

在现场巡视过程中，大致对比企业实际的基础设施与台账中统计的基础设施数量的出入情况。查看设备设施运行、停用及报废情况。查看在用设备的点检记录、状态标识、保养检修情况（通常设备的生命周期管理记录会放置在设备旁边，或在现场机台电脑里）。重点关注企业是否有特种设备及其管理情况。

（4）记（如何记录）

请参考下面的某研发、生产企业审核案例：

企业识别了基础设施配置的需要，提供了研发、生产、办公必需的设备设施。体系负责人（××）介绍：年末各部门提报下一年度的采购需求，财务部门做好预算，当工作需求变化时，及时增添设备。各部门负责对本部门的基础设施进行管控和担责。具体包括：建筑物、工作场所和相关设施。各部门确保设备设施的完好和正常运转。

企业提供了《基础设施管理程序》（编号：××××-××××），据此编制了《设备设施管理制度》（编号：××××-××××）。本次审核的范围是：××××，针对此范围的核心过程，涵盖生产部、研发部、质量部、智能制造部、仓管部、物流部、综合管理部的《基础设施台账》。具体抽样情况说明如下。生产部设备台账共备案登记××台套，具体包括：激光切割机、冲压机、折弯机、加工中心、焊接机、喷涂流水线、组装流水线等。研发部设备台账共备案登记××台套，具体包括：工作站、三维设计软件、仿真分析软件等。质量部设备台账共备案登记

××台套，具体包括：三坐标测量仪、光学检测仪、拉力测试仪等。智能制造部设备台账共备案登记××台套，具体包括：服务器机房、客户关系管理（Customer Relationship Management，CRM）系统、研发系统（CAD、CAE、CAM、PDM）、CAPP 调度系统、ERP 系统、MES 系统、QMS 质量管理体系、设备管理系统、仓储管理系统（Ware house Management System，WMS）、实验室信息管理系统（Laboratory Information Management System，LIMS）、能源管理系统、安环管理体系、工业互联网平台、数据中台、商业智能（Business Intelligence，BI）分析平台等。相关设备设施由各责任部门主控并担责。

抽查生产部设备保养维修计划与记录。负责人介绍在数字化转型过程中，企业由智能制造部门牵头部署了设备管理系统（Equipment Management System），点击进入系统界面，见有设备巡检、设备保养检修、特种设备管理等模块。查设备保养检修模块，见规定了设备保养的内容、周期和负责人等。抽取 2023 年 11 月 7 日设备保养记录表，见已按计划对设备进行了保养，各设备可正常使用。在系统中见设备检修台账记录，抽查 2023 年 11 月 9 日"激光切割机检修记录"，内容包括故障原因、采取措施、检修人员等相关内容。在系统中未见停用和报废设备，与现场巡视一致。

企业设备管理系统中包含了特种设备管理模块，查企业的特种设备包括：10T 行车 5 台、叉车 10 台、箱式货梯 4 台、压力容器 5 台。企业在特种设备管理模块，进行了设备全生命周期管理，具体包括：设备的采购、使用登记、年度检查、停用报废等功能。考虑到风险要求，对于场内特种设备管理情况全抽样。审核结果显示，场内的特种设备手续齐全，年检记录保存完整，暂未发生停用报废等情况（建议：对于特种设备的审核记录，可详细记录使用登记、年检记录等内容，限于篇幅不赘述）。

7.1.4 过程运行环境

▶ 1. 标准原文

7.1.4 过程运行环境

组织应确定、提供并维护所需的环境，以运行过程，并获得合格产品和服务。

注：适宜的过程运行环境可能是人为因素与物理因素的结合，例如：

a）社会因素（如非歧视、安定、非对抗）；

b）心理因素（如减压、预防过度疲劳、保证情绪稳定）；

c）物理因素（如温度、热量、湿度、照明、空气流通、卫生、噪声）。

由于所提供的产品和服务不同，这些因素可能存在显著差异。

▶ 2. 知识点速记

"7.1.4 过程运行环境"的内容可以汇总成下面 3 个知识点。

1）确定、提供、维护所需的环境，以运行过程，获得合格产品和服务。

2）适宜的过程运行环境可能是人为因素与物理因素的结合。

3）因素的 3 种分类？

答：①社会因素（非歧视、安定、非对抗）；②心理因素（减压、防止过度疲劳、保证情绪稳定）；③物理因素（温度、热量、湿度、照明、空气流通、卫生、噪声）。

▶ 3. 标准理解

与 7.1.3 条款一样，"确定、提供、维护"这 3 个核心动词是本条款的重点。

（1）确定所需的环境

不同的产品和服务对于过程运行的环境有不同的要求。生产集成电路芯片的场所要求超净环境和防静电，棉纺厂的纺纱过程要求保持一定的温度、湿度和防尘，食品加工时有洁净和卫生要求、存储和运输时有温度要求，宾馆和客房有卫生和环境噪声方面的要求，精密仪器设备有防振和温度的要求。所以不同的行业，生产和提供不同的产品和服务的企业需要确定本组织所需的环境。

（2）提供所需的环境

确定所需的环境后，企业应策划采取相关的措施确保能够提供所需的环境。简单来说就是"有条件，就提供条件；没有条件，创造条件"。这里的措施对不同行业，有不同要求，比如创建无尘车间、配备温控系统、加装噪声隔离装置等。当然这里的措施不仅指物理层面的因素，也可以包括社会因素和心理因素，如建立企业的心理辅导室、企业团队建设避免焦虑和对抗情绪等。

（3）维护所需的环境

通俗地讲就是将良好的环境，一以贯之地坚持下去。创造环境容易，保持环境难。日本企业在工作环境管理方面采用"5S"（整理、整顿、清扫、清洁、素养）管理模式，使得工作现场秩序井然。

- 整理，区分物品的用途，清除多余的东西。
- 整顿，物品分区放置，明确标识，方便取用。
- 清扫，清除垃圾和污秽，防止污染。
- 清洁，对环境洁净制定标准，形成制度。
- 素养，养成良好习惯，提升人格修养。

过程运行的环境可以包括三个方面：①社会因素（非歧视、安定、非对抗）；

②心理因素（减压、防止过度疲劳、保证情绪稳定）；③物理因素（温度、热量、湿度、照明、空气流通、卫生、噪声）。

（1）社会因素

社会因素包括非歧视（如种族、年龄、文化、健康、相貌歧视等）、社会安定（如社会和谐、地区稳定）、无对抗（如对抗冲突）等。

（2）心理因素

心理因素包括如减压、预防过度疲劳、保证情绪稳定等因素，例如，为减缓压力而鼓励运动和交流，为避免冲突而提供调解服务，为预防过度疲劳而安排充足的人员轮班、排班或停工时间。

（3）物理因素

物理因素包括温度、湿度、热量、照明、空气流通、卫生、噪声、洁净度等方面的要求。根据产品和服务不同，这些因素的要求差异会很大。

在现代服务业迅速发展的今天，心理因素和社会因素对于最终产品和服务的质量起着越来越重要的作用。一线服务人员的心态会直接影响服务提供质量，应安排充足的人员轮班、排班或停工时间，以预防人员筋疲力尽，如对飞行员的飞行时间控制；控制货运或配送服务的驾驶员的驾驶时间，防止疲劳驾驶。

海底捞的员工永远都带着真诚而有美丽的笑容，总会感染到你，让你觉得也很快乐，这是为什么呢？海底捞员工能够这么快乐，与其企业文化密不可分。一般来说，很多餐饮店的员工住的环境都很差，甚至是住地下室，但是海底捞给员工租的是居民小区，四人一间，有热水，有电脑，有网络。海底捞每个月都给员工发奖金，奖金直接寄给他们老家的父母。海底捞还开办员工子弟学校，这样员工在老家的孩子都有地方上学。父母和孩子都考虑到了，这样员工的快乐是自内而外的真正快乐。

▶ 4. 如何贯标

企业贯彻本条款推荐使用"过程方法""基于风险的思维"和"PDCA 循环"。

企业应根据其业务和管理流程中（过程方法）所暴露的各类风险（基于风险的思维），来确定、提供、维护和管理为达到产品和服务符合要求的过程环境。例如：物资/档案文件的储存条件，油漆作业时对温度和湿度的要求，车工对照明的要求，空气流动对焊接质量的影响，每天对作业场所进行的"工完、料尽、场地清"管理等。特别是服务行业，因为服务提供过程所需的环境，通常直接暴露在服务现场，并直接影响顾客满意，所以更需要加强服务提供过程中的运行环境质量控制。

企业可以通过对"环境（包括：社会、心理、物理因素）"进行量化考核，运用"PDCA 循环"思维不断改进过程运行的环境，在企业内推广 5S 管理、环境看板管理等措施。

若综合考虑 7.1.3"基础设施"和 7.1.4"过程运行环境"，可以借鉴人体工程学设计和工业工程的方法，一方面提高员工工作效率，另一方面减少劳动者在生产过程中的职业伤害，可以参阅职业健康安全相关的标准文件。

▶ 5. 审核要点

这里的"环境"，并非 ISO 14001 标准中所指的"环境污染"的环境，也并非本标准第 4 章"组织环境"的"境况"之意，审核员应关注三者之间的语义区别。

审核员需要结合自己的专业知识和工作经验，了解受审核方的过程运行所需的环境，判别受审核方提供和维护的环境是否能够满足要求，所以审核员需要不断提升自己的知识储备和业务能力。

审核员现场巡视时，应关注受审核方用于保持过程运行环境所配备的设备和设施（如照明、空调、通风系统、除尘系统等），是否处于正常运行状态，是否满足其实现产品和服务符合性的需要，并有利于员工职业健康安全的需要。

审核员应与受审核方员工沟通，了解其加班、轮班情况，了解其对于组织的想法与抱怨，了解员工在组织内是否有被歧视的情况等。

审核员可以将 7.1.3"基础设施"和 7.1.4"过程运行环境"两个条款放在一起审核，防止过程审核中的割裂情况。

▶ 6. 审核实践

（1）谈（如何提问）

贵司的生产、服务等核心活动中，哪些环节的环境控制需要特殊关注？您所谈到的需要重点关注的环境控制，是否有法律规范和标准约束？为了达到环境控制要求，贵司采取了哪些措施？贵司的工作时长和加班情况如何？是否关注员工的心理健康问题？是否采取措施为员工进行心理疏导和安抚？注意，在访谈的过程中，除了与领导进行沟通，还需要进行员工抽样，了解各层级员工实际心理健康状况。

（2）查（如何文审）

查《环境管理程序/制度》、环境保持相关记录等。

（3）看（如何巡视）

根据访谈对象所描述的情况，进行现场比对验证，比如查看：无尘车间洁净情况、机房的温湿度情况、电子产品组装线人员防静电情况等。了解员工的工作时长和加班情况，了解员工心理健康问题。

（4）记（如何记录）

请参考下面的某互联网科技企业的机房与办公室审核案例：

现场巡视企业的机房，见计算机机房的建筑地面要高于室外地面，以防止室外水倒灌。机房顶棚与吊顶灯具、电扇等设备安装牢固，用电线路设计考虑到了安全用电。门窗安装防盗网和防盗门，机房内安装了自动报警器。装饰墙面和地面、门、窗、管线穿墙等的接缝处，均采取密封措施，防止灰尘侵入，并配置吸尘设备，且安装防静电地板。

安装了空调，参数配置为：夏季温度为（23±2）℃，冬季温度为（20±2）℃，湿度为 45%～65%。同时安装通风换气设备，机房操作环境基本满足要求。查见《机房运行环境记录表》，由专人专岗负责，每天进行登记记录。查 2023 年 11 月 9 日记录如下：××××。

公司办公场所做到整洁、安静、环境清新；布局合理、道路畅通、区域划分明确；储存设施完好，防止产品丢失、损坏等。

注意，对于环境有特殊要求的场所，需要特别记录，如超净室、无菌车间、冷链运输车等；对于无特异性要求的场所环境，可简单记录。

7.1.5 监视和测量资源

7.1.5.1 总则

▶ 1. 标准原文

7.1.5 监视和测量资源

7.1.5.1 总则

当利用监视或测量来验证产品和服务符合要求时，组织应确定并提供所需的资源，以确保结果有效和可靠。

组织应确保所提供的资源：

a）适合所开展的监视和测量活动的特定类型；

b）得到维护，以确保持续适合其用途。

组织应保留适当的成文信息，作为监视和测量资源适合其用途的证据。

▶ 2. 知识点速记

"7.1.5.1 总则"的内容可以汇总成下面 3 个知识点。

1）当利用监视/测量（活动）验证产品和服务是否符合要求时，组织应确定、提供所需资源，确保结果有效可靠。

2）组织提供的监测资源，应确保哪两点？

答：①适合监视、测量活动类型；②得到维护，以持续适合其用途。

3）组织应保留适当的成文信息，证明监测资源能够持续适合其用途。

▶ 3. 标准理解

"当利用监视或测量来验证产品和服务符合要求时"，完整的表述应该是"当利用监视或测量（活动）来验证产品和服务符合要求时"。那究竟什么是"监视"什么是"测量"呢？

1）**监视** monitoring（GB/T 19000—2016 3.11.3），确定体系、过程、产品、服务或活动的状态。（注：确定状态可能需要检查、监督或密切观察。）

2）**测量** measurement（GB/T 19000—2016 3.11.4），确定数值的过程（注：根据 GB/T 3358.2，确定的数值通常是量值）。

监视和测量所需的资源，可能根据企业提供的产品和服务的类型及建立的质量管理体系过程而有所差异。某些情况下，简单的监视就足以确定定性状态（定性）。而有些情况下，测量则是必需的，测量出定量的数值（定量）时，还可能要求测量设备经检定或校准、或既要检定也要校准。监视活动与测量活动具有相同的目标（即确保结果有效和可靠），但使用的工具和产生的结果有所不同。

不管是制造业还是服务业，均需要基于其产品和服务的质量特性的不同，选用不同的监视和测量资源、手段和方法。

1）**监视活动**。检验员目测工件是否变形，判断其是否合格。酒店保安通过摄像监控、红外防盗报警系统、烟感火警系统来监视酒店的正常运行。售后部通过"问卷调查"监控顾客的心声。通信公司员工通过"网络测线仪"判断网络是否通畅。餐厅的主厨评价厨师的菜品是否能够被端上客人餐桌。酒厂里的品酒师评价批次酒水的口感。甚至，销售人员询问顾客的需求也是监视活动的一种。

2）**测量活动**。检验员通过游标卡尺，记录工件的尺寸判断其是否合格。售后部通过"顾客满意度调查表"测量顾客的满意度。软件测试人员编制了"测试用例"，测试开发软件的 BUG 数量。

区分了监视活动和测量活动，就可以将监视资源和测量资源做系统性的归类。监视资源包括：人（检验员、主厨、品酒师等）、监控系统、防盗报警系统、烟感火警系统、问卷调查表、网络测线仪等。测量资源可以包括：游标卡尺、千分尺、图像尺寸测量仪、台秤、三坐标测量仪、硬度仪、声级计、压力表等。

企业应确定所需的监视和测量资源，其活动包括确定需求、选型、采购等活动。组织提供的监测资源，应确保两点。

（1）适合监视、测量活动类型

提供的监视和测量资源所需的精度、量程及其功能效率等与要求的监测能力相一致，这是选配监测资源的一个原则。企业在做设备选型的时候，需要综合考虑：精度、量程、功能、价格、保养等因素。

（2）得到维护，以持续适合其用途

对提供的监视和测量资源进行必要的维护保养，确保持续的适宜性。如：仪器、仪表类监测资源需要满足其使用环境、贮存条件和搬运要求。监控、安防类设备需要保证信息安全、线路安全，可以采用定期点检的方式加以维护。

企业应保留适当的成文信息，证明监测资源能够持续适合其用途。相关的成文信息包括：校准记录、检定报告、维护保养记录等。

▶ 4．如何贯标

上一版标准称为之"监视和测量设备"，本版标准改为"监视和测量资源"，因为除了监视和测量仪器设备外，监视和测量过程中的环境条件、监视和测量方法、监视和测量的对象及人员也是监视和测量资源的组成部分。

对于生产制造型企业而言，本条款的主控部门是质量部的设备科。主控部门应制定监测资源的管理制度，并策划对应的表格记录，如监测资源的台账管理。

确定监测资源的管理过程，需要按照"过程方法"对于组织的核心业务过程进行梳理，确定需要配备的监测资源。通过合理选型，采购对应的监测资源。对于故障监测资源和报废监测资源应做好分类管理，防止与正常监测资源造成混用。

组织可将测量系统分析（MSA）应用于监视测量资源的管理。测量系统须具有良好的准确性和精确性，MSA 则是使用统计学的方法，了解测量系统中的各个波动源，以及它们对测量结果的影响，最后给出测量系统是否符合使用要求的明确判断。

▶ 5．审核要点

不同性质的行业和组织对于监测资源的定义是不一样的，审核员需要结合自己的专业背景和经验，判别受审核方提供的监测资源是否充分和适宜。

审核员应与受审核发充分沟通，了解其确定、提供监测资源的过程，是否能够适合所开展活动的类型，避免监测资源能力不足或者能力过剩。

审核员应关注受审核方对于监测资源的维护情况，包括审阅受审核方监测资源的台账，并基于适当的抽样方案从中抽取部分监测资源查看其状态。

▶ 6. 审核实践

通常 7.1.5.1 和 7.1.5.2 条款不拆分审核，详见本书 7.1.5.2 节统一的审核实践。

7.1.5.2 测量溯源

▶ 1. 标准原文

7.1.5.2 测量溯源

当要求测量溯源时，或组织认为测量溯源是信任测量结果有效的基础时，测量设备应：

a）对照能溯源到国际或国家标准的测量标准，按照规定的时间间隔或在使用前进行校准和（或）检定，当不存在上述标准时，应保留作为校准或验证依据的成文信息；

b）予以识别，以确定其状态；

c）予以保护，防止由于调整、损坏或衰减所导致的校准状态和随后的测量结果的失效。

当发现测量设备不符合预期用途时，组织应确定以往测量结果的有效性是否受到不利影响，必要时应采取适当的措施。

▶ 2. 知识点速记

"7.1.5.2 测量溯源"的内容可以汇总成下面 3 个知识点。

1）何时测量溯源？

答：当要求测量溯源，或者组织认为测量溯源是信任测量结果有效的基础时。

2）如何测量溯源？

答：①对照能溯源到的国际、国家标准，按照规定时间间隔/使用前进行校准或检定；若不存在上述标准，保留校准或验证的成文信息；②予以识别，确定其状态；③予以保护。

3）若发现测量设备不符合用途，确定以往结果是否受不利影响，必要时采取适当措施。

▶ 3. 标准理解

为了使计量结果准确一致，任何量值都必须由同一个基准（国家基准或国际基准）传递而来。换句话说，测量设备必须能通过连续的比较链与计量基准联系起来，这就是溯源性。"测量溯源"是指追溯测量的源头。一般来说，测量溯源就是对照国际/国家标准进行校准/检定。能溯源到的国际、国家测量标准，如：长度的标准是块规，电量的基准有标准电阻、标准电压、标准电感，化学分析中用于比对的标准化学制品如碳酸钠试剂，质量的标准有标准砝码等。

什么时候需要"测量溯源"呢？标准中说：当要求测量溯源或组织认为测量溯源是信任测量结果有效的基础时，要进行测量溯源。也就是说，"测量溯源"的目的是为了确保测量结果有效。

当组织确定要"测量溯源"时，如何溯源呢？

（1）对照能溯源到的国际、国家标准，按照规定时间间隔/使用前进行校准或检定。若不存在上述标准，保留校准或验证的成文信息

校准是指在规定条件下，为确定测量设备的示值或实物量具所体现的值与被测量相对应的已知值之间关系的一组操作。企业可利用自己拥有的高等级测量设备对低等级测量设备进行比对校准，也可以委外校准。

检定是指国家法定计量部门为确定或证实测量器具完全满足检定规程的要求而做的全部工作。企业使用的最高精度等级的测量设备和具有法定计量要求的测量设备，应委托经政府授权的机构进行校准或检定。

校准和检定存在差异。校准不具有强制性，属于企业自愿的测量溯源行为。这种技术活动，可根据组织的实际需要，评定计量器具的示值误差，是为计量器具或标准物质定值的过程。企业可以根据实际需要，规定校准规范或校准方法，自行规定校准周期、校准标识和记录等。企业可以采用自校、外校，或自校加外校相结合的方式进行。检定属于强制性的执法行为，属法制计量管理的范畴。检定必须到有资格的计量部门或法定授权的单位进行。

企业里哪些测量设备需要校准，哪些需要检定。可以参考《中华人民共和国计量法》《实施强制管理的计量器具目录》。

摘录 2018 年 10 月 26 日颁布实施的《中华人民共和国计量法》第九条：县级以上人民政府计量行政部门对社会公用计量标准器具，部门和企业、事业单位使用的最高计量标准器具，以及用于贸易结算、安全防护、医疗卫生、环境监测方面的列入强制检定目录的工作计量器具，实行强制检定。未按照规定申请检定或

者检定不合格的，不得使用。实行强制检定的工作计量器具的目录和管理办法，由国务院制定。对前款规定以外的其他计量标准器具和工作计量器具，使用单位应当自行定期检定或者送其他计量检定机构检定。

校准/检定的时间和周期，标准的阐述是"按照规定的时间间隔或在使用前进行校准和（或）检定"，企业应建立相应的校准/检定规程，明确规定校准/检定的时间间隔，若未规定相关的时间间隔，则应在使用前进行校准/检定。

若没有能溯源到的国际或国家的测量标准时，企业应制定测量设备的自校规程，在规定的时间间隔内，由具备相应能力/资质的人员进行校准，并应保留作为校准依据的成文信息。企业应确保校准或试验人员具有相关的能力。

（2）予以识别，确定其状态

企业应采用适宜的方法，确保测量设备的状态得到识别（如使用校准/检定标签，标识合格、准用、限用、禁用等）。

（3）予以保护

经过校准或检定的仪器设备，一般不要随意调整，防止失效。有些测量仪器或设备确实需要调整的（如托盘天平、万用表等），使用前要先做调整（复位）。监视或测量仪器在故障或报废停用时，应由相关部门办理封存手续，并贴上标识。封存后的监测设备若要重新启用，必须对这些设备重新进行校准或检定，合格后方可投入使用。

如果发现经校准或检定的测量设备偏离校准状态，或使用中发现测量设备不符合要求时，企业应对该测量设备以前的测量结果的有效性进行评价。必要时，采取措施对受到影响的产品进行适当处理，如重新检验、召回等；也可能无须采取措施，这取决于后果的严重性和企业可接受的风险程度。该测量设备可能需要考虑维修、限用或报废等。

▶ 4. 如何贯标

企业应按照"过程方法"，理清企业里需要监测和测量的活动，区分校准和检定的差异，明确企业中现有哪些监测资源，需要采购补充哪些监测资源，哪些监测资源需要维修，哪些监测资源需要校准或检定。

企业应建立监测资源的管理制度并策划相关的表格记录，如《监测资源台账》《监测资源维护保养计划》《监测资源维护保养记录》《监测资源校准/检验计划》《监测资源校准/检定记录》等，可参考表 7-1 监测资源年度校准/检定计划和记录。

表 7-1 监测资源年度校准/检定计划和记录

文件编号：×××××

计划：○ 执行：●							编制：×× 审核：×× 批准：××											
序号	名称	规格	厂家	校准/检定	校准/检定单位	校正周期	年份：2020 年											
							1月	2月	3月	4月	5月	6月	7月	8月	9月	10月	11月	12月
1	电子天平	JY502				1 个月	○●	○●	○	○	○	○	○	○	○	○	○	○
2	白度仪	DN-B				6 个月			○						○			
3	激光颗粒分布仪	BT9300S				6 个月												
4	水份仪	WL-02				6 个月	○●								○			
5	pH 计	STARTER 3100				6 个月						○					○	
6	恒温干燥箱	101-1A				12 个月	○●											
7	箱式电阻炉	5-12				12 个月										○		
8	电热蒸馏水器	YA-ZD-5				12 个月		○●										
9	量筒	50mL				12 个月	○●											
10	容量瓶	100mL				12 个月	○●											
11	酸式滴定管	50mL				12 个月									○			
12	移液管	10mL				12 个月					○							

有些企业从国外进口的仪器设备等监视和测量资源，不能溯源到国际或者国家标准，于是就置之不理，不校准不检定。遇到内外审时，甚至从计量台账中将设备除名，且将设备隐藏起来，规避被询问的可能。有些组织为应对内外部审核，请校准或检定机构搞突击，或者因为校准和检定的仪器设备数量太多，出于降低成本的需要，干脆少检或不检，采取"偷工减料"的方式来应对。这些方式只能是自欺欺人，将企业的质量管理推入风险之中。

▶5. 审核要点

审核员需要关注企业是否按本条款的要求，确定并提供所需的监视和测量资源，以确保结果有效和可靠。企业对监测资源是否按照规定的时间间隔进行校准或检定。审核员应查阅监测资源校准和检定计划，以及该计划执行的成文信息，必要时应根据抽样方案进行审核。

现场观察监测设备的状态标识情况，审核时应关注监测设备是否有能够确定其状态的标识。

若在有效期内，监测资源发生了测量偏离，要查阅确保其测量结果有效性的评价记录及采取的相关措施。可以结合 8.7 和 10.2.1 条款进行审核。

本条款针对不同的行业差异较大，如对于软件开发型组织，其监测资源可能是测试用例、测试软件等，这类监测资源并非硬件，对其校准/检定可能存在变通，如针对此工具的专家评审，第三方软件测试的评审报告等。

▶ 6. 审核实践

（1）谈（如何提问）

贵司统筹管理监测资源的是哪个部门？贵司主要的监测资源包括哪些，是否进行了分类？是否制定了监测资源的管理程序或制度？是否有统一的监测资源的台账列表？监测资源是否按照规定的要求进行了校准/检定？校准/检定的结果是否保存完好？是否有停用或报废的监测资源，是否进行了标识区分？是否发生过测量结果偏离的不符合，如何处理应对的？

（2）查（如何文审）

查《监测资源管理程序/制度》《监测资源台账》《监测资源年度校准/检定计划和记录》等。若企业采用自校的方式，查阅《自校规程》《自校记录》等。需要关注 7.1.5.1 条款中要求保留成文信息，故本条款必须查看相关的文件记录。

（3）看（如何巡视）

基于访谈的结果，现场巡视时需要关注企业监测设备与台账登记的类目与数量是否基本吻合。查看监测设备的状态标识和标签，如：合格、准用、限用、禁用等。

（4）记（如何记录）

请参考下面的某生产制造企业审核案例（机加工行业）：

监视和测量资源的控制执行《监视和测量资源控制程序》文件，企业主要业务范围：××××。目前用于监测的工具有：游标卡尺、卷尺、万用表、电子天平、三坐标测量仪、水平仪、直角尺、塞尺、水准仪、经纬仪、焊接检验尺、超声波测厚仪等。

企业提供了《监测资源台账》，共计监测设备 120 台套。根据监测设备的用途和性质制定了《监测资源年度校准/检定计划》，其中校准设备 100 台套（30 台套为自校，70 台套为第三方委外校准），检定设备 20 台套。审核分层抽样，自校设备抽取 7 台套、第三方委外校准抽取 9 台套，检定设备 20 台套全抽。见校准/检定记录和结论，能够满足使用要求。

现场巡视，见企业监测设备与台账登记的类目与数量基本吻合。查看监测设备的状态标识和标签，均贴有校准/检定合格标签。现场询问主管人员，了解到无暂停/报废监测设备，现场巡视时也未见暂停/报废监测设备。

7.1.6 组织的知识

▶ 1. 标准原文

7.1.6 组织的知识

组织应确定必要的知识，以运行过程，并获得合格产品和服务。

这些知识应予以保持，并能在所需的范围内得到。

为应对不断变化的需求和发展趋势，组织应审视现有的知识，确定如何获取或接触更多必要的知识和知识更新。

注1：组织的知识是组织特有的知识，通常从其经验中获得，是为实现组织目标所使用和共享的信息。

注2：组织的知识可基于：

a）内部来源（如知识产权，从经验获得的知识，从失败和成功项目汲取的经验和教训，获取和分享未成文的知识和经验，以及过程、产品和服务的改进结果）；

b）外部来源（如标准、学术交流、专业会议、从顾客或外部供方收集的知识）。

▶ 2. 知识点速记

"7.1.6 组织的知识"的内容可以汇总成下面 4 个知识点。

1）确定所需知识，以运行过程，获得合格产品和服务。

2）保持知识，可获得。

3）审视现有知识，确定获取或接触更多必要知识和知识更新。

4）知识的两种来源？

答：①内部来源（知识产权，经验知识，失败和成功项目的经验和教训，未成文的知识和经验，改进结果）；②外部来源（标准、学术交流、专业会议、从顾客或外部供方收集的知识）。

▶ 3. 标准理解

管理大师德鲁克认为："21 世纪的组织，最有价值的资产是组织内的知识工作者和他们的生产力。"培根说："知识就是力量。"在现代组织管理中，知识就是生产力。

本条款是新版标准新增的内容，本条款涉及的几个重点动词包括：确定知识、保持知识、审视知识、获取/接触知识、更新知识。其核心表达的含义就是：企业（组织）的知识需要管理。

（1）确定知识

确定知识的过程可能是识别企业内部自有的知识，以及需要从外部获取的知识。需要注意的是，内部知识和外部知识可以相互转化，如通过理解和实践外部知识可以内化成组织的知识。内部的知识也可以通过分享和转化成为大众的知识（外部知识）。所以企业需要考虑知识产权的保护（如：专利、著作权等），防止知识被非法窃取。

（2）保持知识

企业已经识别和掌握的知识应予以保持，如通过记载和沟通，在必要的范围内获取、分享以传承和利用这些知识，避免由于员工的更替而丧失其知识。知识也可分为"显性知识"（以文字、符号、图形等方式表达的知识）和"隐性知识"（未以文字、符号、图形等方式表达的知识，存在于人的大脑中）。组织中重要的隐性知识、关键技能等掌握在少数几个人手中，若没有措施防止流失（离职、泄密等），企业就很难做到保持知识。

（3）审视知识

一个企业只有审视自己的知识，才能应对不断变化的需求和发展趋势。当今世界，知识变更的速度非常快，由于知识的脱节导致企业被时代抛弃更是屡见不鲜。知识管理是动态的，所以定期审视知识，可以评估企业短期知识和长期需求，以决定适时获取和保留知识。

近年来，中国电子商务的兴起对部分传统实体行业是一种巨大的打击，但同时电商带来的市场经济效益也是巨大的。以阿里巴巴、京东、拼多多为首的电商平台产业链应运而生，不仅突破了地域瓶颈，也提高了经济运转效率，转变了经济形态。为了让传统实业加上互联网的翅膀实现产业腾飞，就需要组织增加电子商务及互联网的知识。

（4）获取/接触知识、更新知识

1）获取/接触及更新内部知识包括：观察和总结现有业务过程的运行知识，积累现有的经验知识，从组织的知识产权、失败和成功中汲取经验教训，获取组织内部存在的知识（隐性的和显性的），获取和分享未成文的知识和经验，以便对过程、产品和服务的改进结果进行管理。

2）获取/接触及更新外部知识包括：有意识地从标准、学术交流、专业会议、顾客、供应商和合作伙伴方面收集知识，与竞争对手比较，与相关方分享组织知识，并应用于组织的管理中。

➤ 4. 如何贯标

企业开展知识管理，目的是将凌乱的知识加以系统的管理，实现隐性知识的显性化、杂乱知识的有序化，降低人员获取所需知识的时间成本。企业可设立专门的知识管理人员或部门对知识进行系统管理，必要时建立相关的管理制度，将知识管理固化为企业的核心竞争力，从而实现知识赋能业务、知识优化管理。

企业可以识别与产品和服务有关的专利技术、企业标准、科研成果、工艺路线、秘方诀窍、检测手段、成功案例、典型质量问题等。企业应采用易于获取和分享的方式保持组织的知识，如建立档案室、知识库或数据库，适宜时可以采取网上发布、公开讨论、产品发布等方式进行。

企业应建立可靠渠道，进行知识更新。避免二手错误情报知识、非法版权知识等，同时企业本身也应注意知识产权的保护。若企业追求系统性的知识管理，可以参考 GB/T 23703.1~8《知识管理》系列国家标准，但并不强求所有的组织都使用该标准进行知识管理。流程复杂的企业可采用正式的知识管理方法，坚持"PDCA 循环"的原则，策划知识管理，持续改进。

➤ 5. 审核要点

本条款是新增加的内容，审核员应关注企业对于知识管理的整体策划和执行情况，了解企业确定、保持知识的方法和途径，查验企业接触和获取知识、更新知识的能力和方法。审核员应关注受审核方采取哪些方式保护知识产权，关注企业是否获取非正常途径的知识，如盗版等。

➤ 6. 审核实践

（1）谈（如何提问）

贵司是如何做知识管理的？是否建立有相关的程序或制度？在知识管理领域是否有专岗专职？是否对企业现有知识做了梳理和分类（知识库）？是否策划下一阶段的知识需求和输入？贵司的知识是如何更新和传承的？企业是如何保障自身的知识产权，又如何避免侵害他方的知识产权的？

（2）查（如何文审）

查《知识管理的管理程序/制度》《知识库列表》《知识产权台账列表》等。

（3）看（如何巡视）

巡查企业的专利、软件著作权等。有企业可能会借助数字化的手段，建立数字化"知识库"，巡视过程中可登录系统演示查看。

（4）记（如何记录）

请参考下面的某生产制造企业审核案例：

经查实，企业为获得合格产品和服务，确定了获得知识的途径和方式。职能支持部门获得的知识包括：公司的战略方针、管理程序、管理制度、人员的信息等内容。技术研发部门获得的知识包括：产品设计和研发的专业知识。商务销售部门获得的知识包括：客户信息、销售技巧和技能等。生产制造部门获得的知识包括：生产流程、生产工艺、生产安排与调度知识等。质量管理部门获得的知识包括：产品不良、原因分析、质量改进措施等。

负责人（××）介绍：企业的知识可以分为内部和外部的知识。内部的知识包括：公司共有 10 份现行有效的战略方针文件（包含体系管理手册）、33 份管理程序文件、67 份管理流程和制度、48 份作业指导书和检验指导书、124 份产品设计文档（成品）、43 份专利证书等。公司针对产品的售后问题，专门修订了《产品售后故障知识库》，以方便运维和维修人员快速帮客户解决问题。由质量部、客服部共同完善和更新《产品售后故障知识库》。

7.2　能力

▶ 1. 标准原文

7.2　能力

组织应：

a）确定在其控制下工作的人员所需具备的能力，这些人员从事的工作影响质量管理体系绩效和有效性；

b）基于适当的教育、培训或经验，确保这些人员是胜任的；

c）适用时，采取措施以获得所需的能力，并评价措施的有效性；

d）保留适当的成文信息，作为人员能力的证据。

注：适当措施可包括对在职人员进行培训、辅导或重新分配工作，或者聘用、外包胜任的人员。

▶ 2．知识点速记

"7.2 能力"的内容可以汇总成下面 2 个知识点。

1）组织如何提升人员的能力？

答：①确定在其控制下工作人员所需具备的能力；②基于适当的教育、培训、经验，确保人员胜任；③采取措施，获得所需能力，并评价措施有效性；④保留成文信息，作为人员能力的证据。

2）组织可采取哪些措施，帮助员工获得能力？

答：①培训；②辅导或重新分配工作；③聘用、外包胜任人员。

▶ 3．标准理解

7.1.2 条款"人员"是确定并配备组织所需的人员，如果人员是"1"，那么能力就是"1"后面的"0"，能力越强后面的零越多，能给组织创造的价值就越大。组织配备了所需的人员，那究竟如何提升人员的能力呢？说到提升能力，大家下意识就会想到"培训"，其实培训是提升人员能力的核心要素，但并不是全部。提升组织人员能力可以从以下四个步骤执行。

（1）确定在其控制下工作人员所需具备的能力

本条涉及的管理对象为"在其控制下，影响质量管理体系绩效和有效性的人员"，可能包括管理、设计、工艺、技术、采购、生产操作、检验等岗位的工作人员，这些人员有可能是组织内部的员工，也有可能是来自组织外部的承包方。所以确认人员是确定能力的前提。

企业应基于人员岗位的职责和权限，识别并确定承担相应岗位的人员必备的能力要求。从事焊接、无损检测、计量检定等工作的人员需具备相关专业技能。从事机动车驾驶、电工作业、起重机械作业、锅炉作业、压力容器操作等国家规定的特种作业人员，则应具备相应的资格。软件开发型企业对于程序员岗位有编程技能要求，电子商务企业对于美工岗位有摄影和图像处理能力要求等。所以，不同性质的企业，需要先设定不同的岗位（人员），再根据具体岗位匹配相关的能力要求，即先定岗，再定能力。

（2）基于适当的教育、培训、经验，确保人员胜任

通常企业在招聘员工的时候，会规定并告知对应岗位的能力要求。那企业如何确保招聘的员工是胜任的呢？可以从以下几个维度进行综合评价：教育（教育背景）、培训（培训经历）、经验（项目经验）。

需要注意的是 7.2b）条款的核心是**"确保能力"**，即基于适当的教育、培训、经验，确保人员胜任。这一点需要与 7.2c）条款**"采取措施，获得能力"**进行区

分。通常，"确保能力"是在招聘和候选环节，确保招聘进企业的人员具备相应能力；而"获得能力"是针对已聘人员，进行能力的持续提升。

某知名医疗软件开发企业"高级测试技术专家"岗位招聘，期望应聘者所需具备的能力：①本科及以上学历、五年及以上测试经验、计算机相关专业；②熟悉医疗信息化系统相关行业测试经验优先；③两年以上 web 服务器开发经验，熟悉 apache、tomcat、Nginx 任一主流 web 服务器，了解 Django、springMVC、struts2.bootstrap、jQuery 等前后端技术；④熟悉 Linux 操作系统，熟练使用 Java/Python，H5 等；⑤有自动化测试工具开发经验者优先。以上招聘要求是为了"确保能力"。

（3）采取措施，获得所需能力，并评价措施有效性

企业对于员工能力的需求是动态变化的。企业要发展，员工要进步，就必须采取措施保证人员获得所需的能力。这里的措施可以包括：①培训；②辅导或重新分配工作；③聘用、外包胜任人员。

企业应定期评审员工的能力，确定员工的能力与期望能力的差距，据此（因人制宜）制定培训计划，培训计划的制定切忌"大锅饭式"（公司所有人参加所有培训）。培训应该分层，如：新入职员工培训、基础员工培训、管理人员培训等。另外培训的方式也可以多种多样，如：集训、网上教育、企业大学等。此外，企业需要注意某些职业资格的培训是强制的，如特种设备作业人员。

如果培训解决不了的能力差距，可以进行"岗位辅导"或者"换岗"，最后还可以采取聘用、外包胜任人员的措施。

企业应及时评价以上措施的有效性，以推动改进。评价的措施包括：培训考试、试用期考核、技能评定、绩效考核等。

（4）保留成文信息，作为人员能力的证据

按本标准的要求，应当保留适当的成文信息（如学历证明、培训记录、岗位资格证、职称证明、工作经历等），作为人员能力的证据。

4. 如何贯标

从标准的理解来看，企业的"确保能力"和"获得能力"是不同的概念。其中"确保能力"的手段包括：基于适当的教育、培训、经验，确保人员胜任。"确保能力"的过程通常发生在人员招聘和候选的过程中。而"获得能力"的手段包括：①培训；②辅导或重新分配工作；③聘用、外包胜任人员。以上过程通常发生在人员招聘过程之后。

本条款结构清晰、顺序得当，通常企业里的主控部门是人事部。企业可以采用适当的方式（如岗位说明书）确定各岗位对于人员能力的需求。在人员招聘环节，可以基于适当的教育、培训、经验，确保人员胜任。对于专业能力的确认可以与业务部门协同进行，例如企业可以设置多轮面试。必要时，企业可以做应聘人员的背景调查。

企业应定期评审员工的能力，为确保企业人员能够获得相应的能力，可采取的措施包括：培训，辅导或重新分配工作，聘用、外包胜任人员等，企业应及时评价以上措施的有效性。

企业应当保留适当的文件化信息（如学历证明、培训记录、岗位资格证、职称证明、工作经历等），作为人员能力的证据，通常作为员工档案统一保管。企业应确保法律法规强制要求的从业人员资格证书在有效期内，并协助做到相关人员资格复审的事务。

▶ 5．审核要点

审核本条款时，切忌直接向受审核方要培训计划和培训记录。审核员应充分理解本标准条款后再实施审核。审核员应与受审核方充分沟通，关注受审核方是如何确定人员能力需求的？是各职能部门上报的用人条件，还是组织整体策划？了解受审核方采取哪些措施保证招聘的员工是胜任的？人员招聘后是采取哪些措施提升人员能力的？组织采取的措施是否进行了评价？针对评价的内容是否制定了改进？企业是否制定并保留了相关的制度和记录？如"人事管理制度""招聘需求联络单""培训计划/记录""人事档案"等。审核员在查阅记录时，应合理采用抽样方案。

审核员应当了解企业强制要求的人员执业资格的管理和控制情况，查看相关的证书是否过期？并到现场查看从事对应工作的人员与证书人员是否一致？是否有违规"挂证"现象？

▶ 6．审核实践

（1）谈（如何提问）

贵司对于人员能力管控，主责是哪个部门？是否制定了能力的管理程序和制度？是如何确定人员能力需求的？是各职能部门上报的用人条件，还是组织整体策划？人员招聘过程中主要基于哪些维度，考察候选人是否胜任？人员招聘后是采取哪些措施提升人员能力的？对采取的措施是否进行了评价？针对评价的内容是否制定了改进？贵司是否有强制要求的人员执业资格？是否进行了管控和维持，避免人员证书失效？为"获得能力"企业采取了哪些措施？公司的培训是如何开展的？

（2）查（如何文审）

查《能力管理程序/制度》《招聘要求与条件》《人员培训计划与记录》《人员能力考核》、人员档案、人员能力证书等。

（3）看（如何巡视）

巡视企业的核心业务过程，了解企业核心能力需求。

（4）记（如何记录）

请参考下面的某研发、制造企业审核案例（机加工行业）。

企业人力资源部作为能力的主责部门，人力资源部负责人（××）介绍公司制定了《人力资源管理制度》，内容包括了新员工招聘、入职、培训、能力提升等方面的要求。执行层面上，各部门年初提出招聘需求和能力要求，由人力资源部会同相关业务部门对于候选人邀约面试、笔试、复试。基于候选人的教育背景、工作经验、培训情况、笔试情况、面试情况等，综合判断是否与需求部门的能力要求相匹配。本年度新进员工共计 10 人，抽取××、××、××、××这 4 人的招聘流程记录和员工档案，能够基本与制度要求的内容相匹配。

企业基于教育培训、调岗、外聘专家等方式，持续增加组织的人员能力。企业策划了"年度培训计划"，负责人介绍公司层面的培训是由各业务部门提出需求，由人力资源部统一安排并制定计划。抽查企业 2023 年度的培训计划，包括了管理层培训、业务技能培训、管理技能培训、中层干部培训、一线班组长领队技能培训、财务知识培训、研发能力提升培训等，培训计划能够做到分层、分级。培训的执行由各业务部门牵头，邀请适宜的讲师，做好培训记录、培训评价等工作。抽查研发部的"三维设计软件 CATIA 技能提升培训"、财务部的"财务技能与合规培训"、生产部的"智能装备现场教学培训""中层管理能力提升培训"等培训执行情况，查见《培训签到表》"人员培训结果反馈""讲师教学能力评价"等记录。

企业对于人员能力的信息保存基本完整，了解到企业应具备人员特种作业操作证：电工作业、焊接与热切割、高处作业。企业提供了人员的资质证书，均在有效期内。了解到企业应具备特种设备作业人员证：场（厂）内专用机动车辆、锅炉、电梯、压力容器。企业提供了人员的资质证书，均在有效期内。对于以上人员，现场巡访，均为企业实际作业人员。

7.3 意识

1. 标准原文

7.3 意识

组织应确保在其控制下工作的人员知晓:

a) 质量方针;

b) 相关的质量目标;

c) 他们对质量管理体系有效性的贡献,包括改进绩效的益处;

d) 不符合质量管理体系要求的后果。

2. 知识点速记

"7.3 意识"的内容可以汇总成 1 个知识点——组织应确保在其控制下的工作人员,知晓哪 4 点内容?

答:①质量方针;②相关质量目标;③对 QMS 有效性贡献,改进绩效益处;④不符合 QMS 的后果。

3. 标准理解

7.3 条款涉及的对象是在组织控制下工作的人员,而不仅仅是企业自己的员工,还应包括承包方、临时工、季节性劳工等为组织或代表组织工作的人员。应让其知晓以下 4 点内容。

(1) 质量方针

最高管理者应确保质量方针在企业中得到充分沟通,将质量方针内化成企业的文化,使其成为员工心中的精神图腾,并努力为之共同奋斗。

(2) 相关质量目标

应使得员工了解相关的质量目标,注意是"相关"的质量目标,而非全部的质量目标。因为对于小微型企业而言,部门的目标可能比较简单,但对于大型的企业来说,二、三级部门会比较庞大,目标分解较复杂,所以员工只需要了解本部门或本科室的质量目标,并努力实现质量目标。每位员工为自己的目标而奋斗,各司其职,聚沙成塔,终究会完成企业整体的质量目标。

(3) 对 QMS 有效性贡献,改进绩效益处

企业应充分调动员工的积极性,让员工意识到对企业 QMS 做贡献是有益处的,提升组织绩效是有益处的,充分调动每位员工积极性,来帮助企业持续改

进。这里的"益处"就是"好处"，比如员工对于 QMS 做贡献能够得到荣誉或奖励。荣誉是精神层面的，奖励是物质层面的。"贡献"是指对于企业整体的绩效的提升。企业应该让相关人员理解自身的作用，激发员工主人翁意识，从而能够更加主动地投入到持续改进中。

（4）不符合 QMS 的后果

让有关人员了解到如果不符合要求（包括行为、结果等）可能带来的后果（包括对企业和对其个体，可能会带来的影响），使其认知到有关问题的严重性，从而防止错误的动机、行为乃至结果的产生。

▶ 4. 如何贯标

质量意识的提升说到底是质量文化的提升，在整个企业中形成"尊重质量、尊重员工、尊重改进"的质量氛围。对于企业质量文化的提升，最高管理者往往能够起到事半功倍的作用，所以企业质量文化的建设和质量意识的提升，需要最高管理者"亲自挂帅"。

质量文化的建设，可采取的措施包括：QC 小组活动、全公司的质量大会、5S 管理、看板管理、标杆对比、质量培训、质量研讨会等。最高管理者应当充分发挥"奖罚分明"的原则，员工对 QMS 做贡献要充分地表彰奖励，对于产生的不符合或质量绩效滑坡，应查明原因积极改进。

企业员工对于质量方针和相关质量目标的掌握，切忌为了应付内外审而死记硬背，而应形成质量文化在组织中宣导，并成为员工心中的"烙印"。

▶ 5. 审核要点

审核员需要关注企业是否按本条款要求，确保受其控制的工作人员具备了一定的质量意识。质量意识提升是企业文化建设的一部分，审核时应关注企业是如何从核心价值观层面，构建质量文化并固化和推广的？企业是如何提升高层、中层和基层管理人员及其他各类员工的质量意识的？

审核员应关注企业各部门的员工，是否知道各自应承担的质量责任？能否认识到质量管理全员有责，而不仅仅是质量控制和质量保证人员的责任？是否意识到自己所做的每一项工作均可能产生正面或负面影响？

▶ 6. 审核实践

（1）谈（如何提问）

本条款可根据受审核方人员层级，进行分层提问。（最高管理者）您是如何确保全体人员质量意识的稳步提高的？（业务部门负责人）您谈谈对于公司的质量方针的理解，您所在部门具体的质量目标是什么？（一线员工）您认为做好质量管理对自身有什么好处?

(2)查(如何文审)、看(如何巡视)

审核员在现场巡视过程中,重点关注企业员工的精神面貌和质量意识敏感度。可关注企业的横幅标语、屏保、电脑桌面、工牌、公司新媒体平台等,含有质量改进、质量提升相关理念的文字、图片、音频、视频等。部分企业可能有企业发展史展、质量文化墙、企业发展历程视频等,审核员也可以关注,做好后续记录。

(3)记(如何记录)

请参考下面的某生产制造企业审核案例:

现场询问企业最高管理者(××),了解到其认可"全员质量意识的提升,一把手必须以身作则",企业每月开展至少一次"质量问题剖析会",一把手亲自主持,理清质量问题的根本原因,督促改进并后续跟踪。除此之外,最高管理者做到了奖罚分明,企业设立了质量管理奖,包括:年度部门奖(一万元)、年度个人奖(六千元)、月度部门奖(一千元)、月度个人奖(五百元)。对于出现质量问题的责任部门和个人,进行批评教育并督促整改。

抽查询问质量部、生产部、研发部的部门负责人(××、××、××),对于公司的质量方针,基本能够清楚阐述其核心内涵,明确说明了各自部门的年度质量考核目标以及为目标制定的措施(不展开记录)。

抽查询问质量部员工 QE 岗(××)、QC 岗(××),生产 1#车间班组长(××)、生产 2#车间注塑工(××),研发部产品结构工程师(××)等人员,如何看待质量管理与个人成长的关系?相关人员均能够正面、积极地阐述质量管理给自身带来的益处,工作中不合格给自身带来的不利。

7.4 沟通

1. 标准原文

7.4 沟通

组织应确定与质量管理体系相关的内部和外部沟通,包括:

a)沟通什么;

b)何时沟通;

c)与谁沟通;

　　d）如何沟通；

　　e）谁来沟通。

> **2．知识点速记**

"7.4 沟通"的内容可以汇总成下面 2 个知识点。

1）组织应确定 QMS 有关的内外部沟通。

2）组织应如何沟通？

答：沟通五维法：①沟通什么（what）；②何时沟通（when）；③与谁沟通（with whom）；④如何沟通（how）；⑤谁来沟通（who）。

> **3．标准理解**

沟通是确保全员积极参与的基础，有效的沟通是企业管理的桥梁和纽带，可以促进达成共识、实现组织目标，企业应确保沟通过程持续满足要求。

松下幸之助关于管理有句名言："企业管理过去是沟通，现在是沟通，未来还是沟通。"管理离不开沟通，沟通已渗透于管理的各个方面。正如人体内的血液循环一样，如果没有有效的沟通，企业就会趋于阻塞和死亡。

与老版标准相比，新版标准提出了外部沟通。一个企业除了内部沟通外，可能还要与外部的顾客、供应商、政府、协会、母公司等沟通。沟通对象涉及管理人员、营销人员、研发人员、质量人员、生产人员、采购人员等。

1）**企业内部沟通的方式，**可通过 OA 系统、电子邮件、周/月/年报、组织内部网站、内部刊物和电子媒体，甚至口头方式进行。有时内部沟通也会采用正式沟通方式，如行政公文、书面报告、其他规范性文件及文件资料的传递、例会或专题会议、通知通报和信息平台等。

2）**企业外部沟通的方式，**除了常规的电话、传真、电子邮件外，还有书面的报告、协议书、正式的函件及面访、新闻发布会、产品发布会等。

那企业应如何沟通呢？可以采用沟通五维法。

1）沟通什么，明确需要沟通的具体事项和内容。

2）何时沟通，规定在何时沟通最为合适。

3）与谁沟通，明确沟通的范围和沟通的对象。

4）如何沟通，明确沟通的途径和方式，可以是网络、电子邮件或面谈交流。

5）谁来沟通，针对不同的事项，确定沟通的具体责任人或职责。

> **4．如何贯标**

沟通是存在沟通成本的，比如时间成本、沟通工具成本、沟通不畅信息延迟成本等。为了提升组织运行效率，降低沟通的成本，企业人员应知晓"沟通五维法"的原则。

沟通可以分为正式沟通和非正式沟通，企业在贯彻本条款时，尤其对于正式的沟通，采用"沟通五维法"作为行动指南非常必要。如：正式的商业洽谈、招聘企业高管、年终述职、校园招聘宣讲会、产品召回发布会、新产品发布会等。必要时，可以保留沟通记录，如工作笔记、PPT 报告、述职报告等。

对非正式的沟通，为了便于组织信息传递的效率，企业人员在沟通前应审视沟通的准备，最大限度地提升沟通的效率，让人际沟通系统化、职业化。非正式的沟通一般无需繁杂的程序，但企业员工应将"沟通五维法"作为自身职业的隐性准则。

⟩ 5. 审核要点

对于本条款的审核无成文信息的要求，审核员不应强制要求受审核方提供记录或报告等。审核应基于"过程方法"充分了解受审核方的过程。当有要求时，审核员应关注监管部门下发给组织的政策要求相应的管理者是否知晓，并需要关注受审核方是否定期上报有关质量的监测数据。针对规模型组织，审核员应关注其发布的社会责任报告、对于产品质量问题发布的召回通知、新产品发布会等。

⟩ 6. 审核实践

（1）谈（如何提问）

贵司平时沟通的路径和工具有哪些（可以从内部沟通、外部沟通这两个层面回答）？是否遵循了"沟通五维法"原则？

（2）查（如何文审）、看（如何巡视）

无强制文件或记录要求，但审核员在巡视过程中，可以关注企业的正式发文、工作群通知、即时沟通软件、往来邮件、产品发布会等相关的资料和文档。

（3）记（如何记录）

请参考下面的某研发、生产企业审核案例：

各责任部门均有沟通事宜，包括：内部沟通、跨部门沟通、外部沟通等。综合管理部负责将管理体系运行情况与各部门进行沟通，并对上级主管部门发放的文件进行传达，负责与相关方进行联络沟通。公司沟通主要分为内部沟通和外部沟通。

内部沟通，主要包括公司方针、目标的传达，以及完成情况的沟通，还包括法律法规收集及下发传达、公司日常运行事务、内部审核和管理评审情况等。

外部沟通，主要对相关方，包括公司客户，政府部门、第三方、协会团体等。沟通内容主要包括：公司采购供应满意度、客户满意度、客户建议、政府"双随机，一公开"检查、第三方认证检测事宜、新品发布会等内容。

企业沟通的工具和方法包括：钉钉、企业微信、企业 OA 系统、ERP 系统、公司邮箱、公示栏、红头文件、办公会、经营会、质量会、研发会、新产品推进会。抽查邮箱系统管理员端见：2023 年 10 月份公司往来邮件共 211 次，其中内部邮件 157 次，外部邮件 54 次。征得当事人同意，查阅邮件内容，基本遵循沟通的基本要求。

7.5 成文信息

7.5.1 总则

➤ 1. 标准原文

7.5.1 总则

组织的质量管理体系应包括：

a）本标准要求的成文信息；

b）组织确定的、为确保质量管理体系有效性所需的成文信息。

注：对于不同组织，质量管理体系成文信息的多少与详略程度可以不同，取决于：

——组织的规模，以及活动、过程、产品和服务的类型；

——过程及其相互作用的复杂程度；

——人员的能力。

➤ 2. 知识点速记

"7.5.1 总则"的内容可以汇总成下面 2 个知识点。

1）成文信息的内容包括什么？

答：①标准要求的成文信息；②确保 QMS 有效性，所需的成文信息。

2）成文信息的详略程度取决于？

答：①组织规模，活动、过程、产品和服务的类型；②过程的复杂程度及其相互作用；③人员的能力。

➤ 3. 标准理解

在新版标准中，使用了"成文信息"这一术语，并用"保持成文信息"代替了旧版标准的"文件""形成文件的程序""质量手册""质量计划"等表述，用"保留成文信息"代替了"记录"的表述。

保持成文信息通常作为 QMS 运行的依据，可以起到沟通意图、统一行动的作用。保留成文信息通常作为 QMS 运行及其结果的证据，并为管理决策提供必要的输入。

新版标准对成文信息的要求更加灵活，企业可根据自身的特点及确保质量管理体系有效运行的需要，确定成文信息的形式、多少和详略程度。新版标准不再强制要求编写"质量手册"和原要求的六处"形成文件的程序"。此外，本条款反映了随着数据和信息技术的发展，越来越多的企业使用电子化手段支持 QMS 及过程的运行。

那成文信息的内容包括什么呢？可以包括两个方面的内容。

（1）标准要求的成文信息

新版标准中要求了 5 项"保持成文信息"及 21 项"保留成文信息"，见表 7-2 和表 7-3。

表 7-2　5 项"保持成文信息"

序　号	条　款　号	内　　　容
1	4.3	确定质量管理体系的范围：组织的质量管理体系范围应作为成文信息，可获得并得到保持
2	4.4.2	在必要的范围和程度上，组织应保持成文信息以支持过程运行
3	5.2.2	沟通质量方针：质量方针应可获取并保持成文信息
4	6.2.1	组织应保持有关质量目标的成文信息
5	8.1	运行的策划和控制：在必要的范围和程度上，确定并保持、保留成文信息，以确信过程已经按策划进行；证实产品和服务符合要求

表 7-3　21 项"保留成文信息"

序　号	条　款　号	内　　　容
1	4.4.2	在必要的范围和程度上，组织应保留成文信息以确信其过程按策划进行
2	7.1.5.1	总则：组织应保留适当的成文信息，作为监视和测量资源适合其用途的证据
3	7.1.5.2	测量溯源：当要求测量溯源时，或组织认为测量溯源是信任测量结果有效的基础时，测量设备应对照能溯源到国际或国家标准的测量标准，按照规定的时间间隔或在使用前进行校准和（或）检定，当不存在上述标准时，应保留作为校准或验证依据的成文信息
4	7.2	能力：组织应保留适当的成文信息，作为人员能力的证据
5	8.1	运行的策划和控制：在必要的范围和程度上，确定并保持、保留成文信息，以确信过程已经按策划进行；证实产品和服务符合要求

（续）

序　号	条 款 号	内　　容
6	8.2.3.2	适用时，组织应保留与下列方面有关的成文信息：a）评审结果；b）产品和服务的新要求
7	8.3.2	设计和开发策划：在确定设计和开发的各个阶段和控制时，组织应考虑证实已经满足设计和开发要求所需的成文信息
8	8.3.3	设计和开发输入：组织应保留有关设计和开发输入的成文信息
9	8.3.4	设计和开发控制：组织应对设计和开发过程进行控制，以确保保留这些活动的成文信息
10	8.3.5	设计和开发输出：组织应保留有关设计和开发输出的成文信息
11	8.3.6	设计和开发更改：组织应保留下列方面的成文信息：a）设计和开发更改；b）评审的结果；c）更改的授权；d）为防止不利影响而采取的措施
12	8.4.1	总则：组织应基于外部供方按照要求提供过程、产品和服务的能力，确定并实施对外部供方的评价、选择、绩效监视以及再评价的准则。对于这些活动和由评价引发的任何必要的措施，组织应保留成文信息
13	8.5.2	标识和可追溯性：当有可追溯要求时，组织应控制输出的唯一性标识，并应保留所需的成文信息以实现可追溯
14	8.5.3	顾客或外部供方的财产：若顾客或外部供方的财产发生丢失、损坏或发现不适用情况，组织应向顾客或外部供方报告，并保留所发生情况的成文信息
15	8.5.6	更改控制：组织应保留成文信息，包括有关更改评审的结果、授权进行更改的人员以及根据评审所采取的必要措施
16	8.6	产品和服务的放行：组织应保留有关产品和服务放行的成文信息。成文信息应包括：a）符合接收准则的证据；b）可追溯到授权放行人员的信息
17	8.7.2	组织应保留下列成文信息：a）描述不合格；b）描述所采取的措施；c）描述获得的让步；d）识别处置不合格的授权
18	9.1.1	总则：组织应评价质量管理体系的绩效和有效性。组织应保留适当的成文信息，以作为结果的证据
19	9.2.2	组织应保留成文信息，作为实施审核方案以及审核结果的证据
20	9.3.3	管理评审输出：组织应保留成文信息，作为管理评审结果的证据
21	10.2	组织应保留成文信息，作为下列事项的证据：a）不合格的性质以及随后所采取的措施；b）纠正措施的结果

（2）确保 QMS 有效性，所需的成文信息

标准本身是通用的，适用于各行各业的。标准中要求的成文信息是 QMS 最基本的要求。但在具体实践中，企业会规定其他所需的必要文件和记录，这些成文信息也是 QMS 的重要组成部分。换句话说，在成文信息方面，新版标准给予企业更大的灵活性，这就要求企业能够自行识别和规定，以形成适合自身管理特

点并行之有效的成文信息。通常，成文信息可以包括质量计划、程序文件、规范、指南、作业指导书、图样、记录等。

成文信息的详略程度取决于以下 3 个方面。

（1）组织规模，活动、过程、产品和服务的类型

组织的规模很大程度上决定了成文信息的详略程度。例如：大型国有企业的成文信息要比小微型企业复杂，从事航空航天事业的组织其成文信息要比简单的销售企业复杂。

（2）过程的复杂程度及其相互作用

过程复杂的组织其成文信息通常会多于过程相对简单的组织。例如：高铁的制造过程成文信息通常会多于自行车生产企业。

（3）人员的能力

人员的能力可以影响成文信息的详略程度。例如：有认证审核经验的人员到企业里当管理者代表（或体系负责人），由其主导的体系文件通常要比没有任何工作经验的文员复杂和详细。

▶ 4. 如何贯标

旧版标准要求企业建立质量手册，并在文件、记录、内部审核、不合格控制、纠正措施和预防措施等方面建立程序文件，使得几乎所有获证企业的体系文件表现出"千篇一律"的状况，影响管理体系的适宜性和有效性。新版标准取消了质量手册、程序文件的说法，代之以灵活的"成文信息"，使得企业 QMS 文件的建立更加合理，避免了文件管理的"两层皮"的现象。

部分企业在贯标的过程中，仅保持/保留了本标准要求的 5 个"保持成文信息"和 21 个"保留成文信息"。企业应注意执行以上要求是贯彻本标准的基本要求，而非全部要求，企业还应确定确保 QMS 有效性所需的成文信息。虽然新版标准不再要求旧版标准的具体成文信息内容，但并非完全否定旧版标准，企业可以结合自身情况，合理参考并采用旧版标准的规定内容，如：质量手册、程序文件、管理制度、执行文件等。新版 7.1.2、7.1.3、7.1.4 等条款均未要求保持或保留成文信息，但是为了确保 QMS 的有效性，企业是必须保持或保留成文信息的。新版标准对这部分内容给与了弹性空间，企业可以根据自身对质量管理要求，来确定保持或保留什么样的、多少数量的成文信息。

▶ 5. 审核要点

本条款的审核不能直接上来就问企业要"程序文件""记录资料"，审核员应与受审核方充分沟通。审核模式要转变为"过程审核"，通过与受审核方的沟通了

解企业的核心业务过程，进而对业务过程进行判断，确定哪些需要保持成文信息，哪些需要保留成文信息。但要注意，本标准要求的 5 个"保持成文信息"和 21 个"保留成文信息"，审核员需要重点关注。审核员也应关注企业自身确定的成文信息，能否满足 QMS 的有效性。

⊳ 6. 审核实践

通常 7.5.1、7.5.2 和 7.5.3 条款不拆分审核，详见本书 7.5.3 节统一的审核实践。

7.5.2　创建和更新

⊳ 1. 标准原文

7.5.2　创建和更新

在创建和更新成文信息时，组织应确保适当的：

a）标识和说明（如标题、日期、作者、索引编号）；

b）形式（如语言、软件版本、图表）和载体（如纸质的、电子的）；

c）评审和批准，以保持适宜性和充分性。

⊳ 2. 知识点速记

"7.5.2 创建和更新"的内容可以汇总成 1 个知识点——创建和更新成文信息，组织应确保哪 3 点内容？

答：①标识和说明；②形式和载体；③评审和批准，确保适宜性、充分性。

⊳ 3. 标准理解

7.5.1 条款"总则"中描述的成文信息包括两个方面：①5 个"保持成文信息"和 21 个"保留成文信息"；②组织为确保 QMS 有效性所需的成文信息。确定相关的成文信息后，应该如何创建和更新呢？需要从以下三个方面保证。

（1）标识和说明

"成文信息"的编制、审核、批准需要控制，发放和接受也需要管控。因此，在创建"成文信息"时，需要关注：标题、编制、审核、批准、日期、文件的编号等内容。

（2）形式和载体

"成文信息"可以有不同的形式和各种载体。企业可以使用电子文档的方式创建和更新所需的必要信息，也可以采用传统纸质的文档记录相关的信息。随着计算机和互联网技术的不断发展，"成文信息"的形式和载体也不断发生变化，如线上协同办公系统、OA 系统、ERP 软件、MES 系统、WMS 系统等。

（3）评审和批准，确保适宜性、充分性

"成文信息"的创建和更新需要必要的评审和批准，其目的是为了确保适宜性和充分性。企业里的文件发布应当由具备能力和权限的人员进行评审和批准，防止出现"成文信息"朝令夕改、文不对题的现象。需要注意，不同的"成文信息"因不同的事项、重要程度、管理归属等因素，评审和批准的流程和权限应有所区别。

某大型整车制造型企业，关于年终奖发放的通告，需要由总经理签字并加盖公章，在公司内部的邮箱系统和OA系统通告；而工会每季度发放的劳保用品的公示，只需由工会主席确认即可。

此外，对于更新的成文信息也需要实行上述管控，涉及重大变更事项，还需要走变更管理的流程，详见6.3条款。

4．如何贯标

企业在明确创建和更新"成文信息"后，需要关注"成文信息"的标识和说明、格式和载体以及评审和批准。很多企业采用了OA系统、线上协同办公系统、ERP系统、企业文件管理系统等，实现了"无纸化办公"。以上系统软件基本已经集成了相关的功能（如创建事项标题、内容、创建者、提交、批准等），企业需要充分使用相关功能，物尽其用，不应将系统相关功能搁置，导致文件管理失控。

与此同时，企业基本会有保留传统纸质文档管理的习惯，为提升工作效率企业可以自制或者购买相关的管理套表或表单。如今，大部分企业会将"电子化办公"和"纸质化办公"协同使用。因为两者各有优缺，企业要保证线上电子文档和线下纸质成文信息均受控。

5．审核要点

审核员可通过文档抽查的方式，确定受审核方所保持或保留的"成文信息"是否便于识别？标识和说明的信息是否完整？在审核过程中，审核员宜通过抽样的方式，查看受审核方创建成文信息的评审和批准的信息，并作为审核证据予以保留，例如：文件的编制、审核、批准及相关的日期等。

6．审核实践

通常7.5.1、7.5.2和7.5.3条款不拆分审核，详见本书7.5.3节统一的审核实践。

7.5.3　成文信息的控制

➤ 1. 标准原文

7.5.3　成文信息的控制

7.5.3.1　应控制质量管理体系和本标准所要求的成文信息，以确保：

a）在需要的场合和时机，均可获得并适用；

b）予以妥善保护（如防止泄密、不当使用或缺失）。

7.5.3.2　为控制成文信息，适用时，组织应进行下列活动：

a）分发、访问、检索和使用；

b）存储和防护，包括保持可读性；

c）更改控制（如版本控制）；

d）保留和处置。

对于组织确定的策划和运行质量管理体系所必需的来自外部的成文信息，组织应进行适当识别，并予以控制。

对所保留的、作为符合性证据的成文信息应予以保护，防止非预期的更改。

注：对成文信息的"访问"可能意味着仅允许查阅，或者意味着允许查阅并授权修改。

➤ 2. 知识点速记

"7.5.3 成文信息的控制"的内容可以汇总成下面 3 个知识点。

1）为何需要控制成文信息？

答：①需要的场合和时机，均可获得并适用；②予以妥善保护。

2）如何控制成文信息？

答：①分发、访问、检索、使用；②存储和防护，保持可读性；③更改控制；④保留和处置。

3）成文信息的控制需要注意哪两点？

答：①外部成文信息，组织应当识别、控制；②对符合性证据成文信息，予以保护，防止非预期更改。

➤ 3. 标准理解

7.5.3.1 条款解释了为什么需要控制成文信息。

（1）需要的场合和时机，均可获得并适用

简而言之，就是企业对需要的成文信息能够立马提供，并且有用。虽然这句话的理解不难，但是企业的文件控制要想做到这种程度，需要很多的努力。

（2）予以妥善保护

文件管控得当，可以防止泄密、不当使用或缺失。"成文信息"也是企业的资产，对于核心业务的成文信息更是企业的机密，一旦外泄会给企业造成重大的影响。

2018 年，网曝某连锁酒店用户数据在暗网售卖。从卖家发布内容看，数据包含用户注册资料、酒店入住登记的身份信息及酒店开房记录，住客姓名、手机号、邮箱、身份证号、登录账号密码等。这一事件给该企业带来了巨大的负面影响。

那如何才能做到良好的文件管控呢？可以从以下四个方面开展工作。

（1）分发、访问、检索、使用

"成文信息"创建后，需要进行合理的分发。举例：某公司建立了若干管理制度，包括公共的管理制度（各部门通用）和专用的管理制度（某些部门适用），那么相关的管理制度需要分门别类地进行分发和传递。分发部门、接受人员、分发渠道（电子分发/纸质分发）等信息应予以记录，便于"成文信息"的追溯。

传统的分发形式通常为"上传下达"式，但随着管理的系统化和成熟化，部分企业采用了文档集中化管控（如建立文档数据库、文档资料室等），分发的形式变成了提供访问路径、检索渠道、给与访问密码等，类似于图书馆式管理。对于这种形式的分发，企业应管控访问路径、检索渠道、访问密码等。

（2）存储和防护，保持可读性

企业应在适宜的环境及防护条件下存储信息，防止因存储不当造成损坏或缺失。例如，纸质的成文信息要防止发霉变质、鼠啃虫咬、失火等情况发生；电子介质如磁盘、磁带，要留有备份，存放在防磁柜里保存；中心机房需要采用有效的技术防范措施，通过备份与恢复、病毒检测与消除等方式保障运行安全，采用访问权限控制、密码保护和 ID 登录等措施防范偶然或恶意破坏、更改。

（3）更改控制

企业应对成文信息的变更过程进行管理，如重新审批、版本号、修订状态的识别、变更后文件的发放应用。

（4）保留和处置

企业对作废的成文信息需要采取措施，有一些成文信息已没有任何价值，需要进行销毁或数据删除等处置。但有些成文信息出于参考、总结等目的需保留，此时应以适当的方式予以区分。

成文信息的控制需要有两点注意事项。

（1）外部成文信息，组织应当识别、控制

如果企业确定来源于外部的成文信息，对于 QMS 的策划和运行是必需的，则需要将其与其他成文信息一样，得到适当的识别和控制，这可能包括来自顾客的图纸、规定的试验方法、抽样计划、标准或校准（方法）。此时，企业应特别关注对敏感数据的控制（例如个人身份信息或者财务信息）。

（2）对符合性证据成文信息，予以保护，防止非预期更改

符合性证据的成文信息可以包括：产品质量检验合格报告、监测资源的校准/检定报告、进货检验放行报告、过程检验放行记录、出货检验记录等。对于以上符合性证据的成文信息，企业应予以保护，防止发生非预期的更改。例如，避免产品的不符合（Non Conformity，NC）标识不清，将不合格品混入合格批次。

▶ 4. 如何贯标

部分企业认为在文件的第一页盖上"受控章"就表示文件受控了，其实这种形式的"受控"是自欺欺人。真正的"受控"是企业需要建立对"成文信息"管控的制度，对文件的创建、批准、分发、使用、储存、变更、作废、获取等，做出了明确的规定，并且全员实践、达成共识。例如，全体员工对于文件的修订状态、有效版本识别，均能详细阐述。与此同时，"成文信息"的实施状态、受控状态、批准、发放记录可作为证实的证据。

大部分企业是采用"电子文档"和"纸质文档"相结合的方式进行业务运作的。企业应采取相关的措施，使得两种形式的文档均受控。尤其是对于电子类文档，若涉及保密防护的要求，需要加强管理。

此外，企业还需要关注 QMS "成文信息"内容与其他管理体系的整合和一体化。

▶ 5. 审核要点

审核员应关注企业是否充分识别了 QMS 范围内的过程及其相互关系，进而判断企业为确保过程有效而策划、运行和控制的"成文信息"是否充分？

审核员应查阅企业"成文信息"的明细或清单，是否符合标准的要求，是否满足企业自身 QMS 的需要。审核员要与企业人员沟通交流，了解其是如何控制"成文信息"的，是否达到了控制目标？

审核员要关注受审核方"成文信息"的分发、访问、检索、使用的方法和途径，查看文件的版本控制及保留和处置情况。

审核员需要关注文件的存储和防护环境，查看企业的"成文信息"是否无序堆积，对于重要的文档资料是否保密放置。对于机房数据库存储是否做到了环境管控，如温度、湿度等。

审核员可以基于抽样方案，对于产线的作业指导书、检验指导书、生产过程记录等进行抽样，审核文件的编制、审核、批准及其更新受控状态。

审核员要关注企业的外来文件控制情况，查看企业对于外来文件管控是否有疏漏或更新不及时的情况？关注企业对不适用文档或废弃文档的管控状况，是否存在废弃文档与正常文档混用的情况？

➤ 6. 审核实践

（1）谈（如何提问）

贵司成文信息的管理是否有主控部门？是否建立了成文信息的管理程序或制度？贵司的体系文件是否有结构或框架？如果有，可以介绍一下每一层级文件的内容。贵司的成文信息以什么形式和载体存在？成文信息的编制、审核、批准、日期、编号等内容是否能够体现？创建成文信息时，是如何评审和批准的？成文信息是如何保存放置的？是否发生过丢失或泄密的情况？成文信息是如何发放、签收的？成文信息变更是如何管控的？废弃文件是如何处置的？是否识别了外部的成文信息，如何管控的？

（2）查（如何文审）

企业所有的体系文件均在文审范围，重点查阅企业的《成文信息管理程序》，了解企业是如何策划成文信息的规定和要求。

（3）看（如何巡视）

审核员需要重点查阅企业的质量手册（如有）、程序文件、管理制度等文档，对于记录文件，按照企业的主营业务与核心活动，抽样选择记录样本。查上述成文信息的编制、审核、批准、日期、编号、修订履历等内容。巡视成文信息的保存放置情况，若有文档管理系统，需演示查看。巡视各部门的成文信息发放、接受情况以及废弃文件处置情况。

（4）记（如何记录）

请参考下面的某生产制造企业审核案例：

企业执行程序文件《成文信息控制程序》（编号：××××-××××），按 GB/T 19001—2016 标准的要求编制和保持了《质量手册》（编号：××××-××××），描述了管理体系过程，对过程之间的相互作用进行了阐述。

成文信息的主控部门是综合管理部，负责人（××）介绍：企业体系文件包括质量手册、程序文件、管理制度、记录文件的金字塔四层结构。成文信息主要承载方式是传统纸质文档和 PDF 电子文档相结合，两者内容一致，承载和发放形式不同。

纸质体系文件（手册、程序、管理制度等）均盖有文件受控标识，放置在文件柜中，有专人（××）保管。企业人员借阅、查看、拍照等均需要登记备案。现场抽查《登记备案记录》，包括了：文件、行为事项（借阅、查看、拍照）、登记人等信息，基本完备充足。

PDF 版本文档基于加密技术（不可更改）进行受控管制。企业建立了文档网盘系统，基于权限分配的方式，各部门可进行查阅、访问、下载、打印文件等操作事项，且仅公司局域网才有登录权限。管理员账户可调取各部门的操作日志，避免恶意下载和传播。

查看企业的《QMS 文件记录清单一览表》（文件编号：××××-××××），记录有：名称、编号、版本、责任起草部门和人员、审核和批准人员、修订情况、保存年限等内容。统计共有文档 202 份，其中《质量手册》1 份、《程序文件》37 份、《管理制度》49 份、《记录模板》115 份。

同时抽查纸质、PDF 文档版本的《质量手册》《成文信息控制程序》《设计开发控制程序》《人力资源管理程序》《基础设施管理程序》《××注塑产品作业指导书》《××冲压产品作业指导书》《××产品盐雾试验作业指导书》《××成品检验指导书》《2023 年度企业内部审核记录》《产品进货检验单》《产品设计开发确认单》等文件记录，均有编制、审核、批准、日期等方面的内容。文件保存完善，有正式发布渠道和通知，企业员工获取路径通畅，未发生体系文件泄露和外部流传的情况。

查《外来文件清单》（文件编号：××××-××××），企业对外来文件进行了统计，共收集了 117 份外来文件，识别基本充分，能够满足标准和企业发展的要求。企业人员基于互联网开源资料，下载相关的法律、法规、标准等文件。《外来文件清单》为线上协同编辑的共享文档，各部门负责各自领域的外来文件的盘点与收集，并保证文件的现行有效版本。117 份外来文件按部门命名文件夹进行存储。公司采用经常性网上查询的方式进行新法律法规和其他要求的更新，发现有新的法律法规公布，能及时收集并识别。

第 **8** 章

运 行

1）本章"运行"是本标准的核心章节，在"PDCA 循环"中属于"D 实施环节"，共分为 7 个部分，包括"8.1 运行的策划和控制""8.2 产品和服务的要求""8.3 产品和服务的设计和开发""8.4 外部提供的过程、产品和服务的控制""8.5 生产和服务提供""8.6 产品和服务的放行""8.7 不合格输出的控制"。这 7 个小节是按照"PDCA 循环"的思路进行编写的：8.1 条款属于"P 策划"；8.2、8.3、8.4、8.5 条款属于"D 实施"；8.6 条款属于"C 检查"；8.7 条款属于"A 改进"。

2）知识框架如图 8-1 所示。

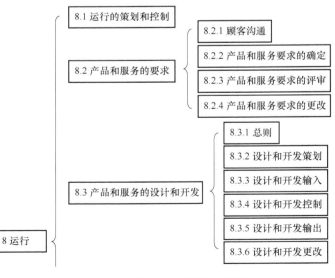

图 8-1 运行知识框架

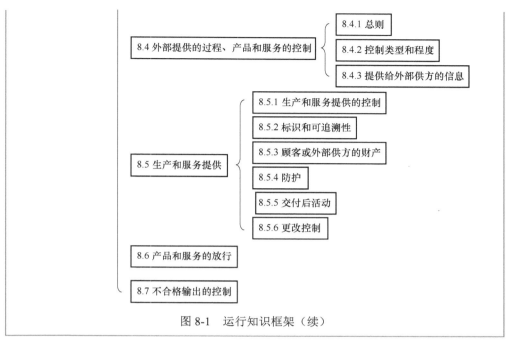

图 8-1 运行知识框架（续）

8.1 运行的策划和控制

➤ 1. 标准原文

8.1 运行的策划和控制

为满足产品和服务提供的要求，并实施第 6 章所确定的措施，组织应通过以下措施对所需的过程（见 4.4）进行策划、实施和控制：

a）确定产品和服务的要求；

b）建立下列内容的准则：

1）过程；

2）产品和服务的接收。

c）确定所需的资源以使产品和服务符合要求；

d）按照准则实施过程控制；

e）在必要的范围和程度上，确定并保持、保留成文信息，以：

1）确信过程已经按策划进行；

2）证实产品和服务符合要求。

策划的输出应适合于组织的运行。

组织应控制策划的变更，评审非预期变更的后果，必要时，采取措施减轻不利影响。

组织应确保外包过程受控（见8.4）。

➤ 2．知识点速记

"8.1 运行的策划和控制"的内容可以汇总成下面 2 个知识点。

1）为满足产品和服务提供要求，并实施第 6 章措施，组织应通过哪 5 点措施对所需过程进行策划、实施、控制？

答：①确定产品和服务的要求；②建立准则（过程准则、接收准则）；③确定资源；④过程控制；⑤保持、保留成文信息。

2）"运行的策划和控制"的 3 个注意点是什么？

答：①策划的输出适于组织运行；②控制策划的变更，评审非预期变更，采取措施减轻影响；③外包过程受控。

➤ 3．标准理解

"为满足产品和服务提供的要求，并实施第 6 章的措施，组织应通过 5 点措施对所需过程进行策划、实施、控制"，本条款这第一句话，即表明了以下的逻辑关系：

条款 6 "策划" → 条款 8.1 "运行的策划和控制" → 条款 8.5 "生产和服务提供"。即条款 6 "策划" 是条款 8.1 "运行的策划和控制" 的输入，条款 8.1 "运行的策划和控制" 是条款 8.5 "生产和服务提供" 的输入。同时，条款 8.1 "运行的策划和控制" 是按照 "过程方法" 思想（条款 4.4）对所需的过程进行策划和控制。

结合前文的内容，我们可以构建 QMS 内部条款的网络架构，也就是 ISO 9001 标准策划流程的逻辑，参考图 8-2 所示。

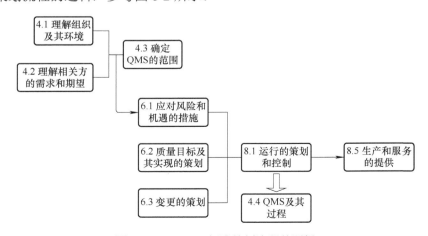

图 8-2　ISO 9001 标准策划流程的逻辑

回顾第 6 章策划的措施包括：应对风险和机遇的措施、实现质量目标的措施以及变更的措施，这些措施作为本条款的输入。那本条款究竟是策划、实施、控制什么内容呢？可以包括以下 5 个方面。

（1）确定产品和服务的要求

这里的"确定产品和服务的要求"与 8.2.2 条款"产品和服务要求的确定"基本一致，包括：适用的法律法规要求和组织认为的必要要求。组织认为的必要要求可以包括：组织战略要求、利益相关方（如顾客、监管机构）的要求等。顾客的要求通常体现为商业合同、技术协议、招标书等。这些要求通常可以分为明示的、隐含的要求，或必须履行的需求和期望。

（2）建立准则（过程准则、接收准则）

企业应建立产品和服务的运行准则。为保证每一过程的输入能够在受控条件下转化为预期的过程输出，企业需要按照"过程方法"对所需的过程建立准则。这里的准则包括两个方面："过程准则"和"接收准则"。

"过程准则"被规定了，即过程就被确定了。通常"过程准则"可以包括：作业指导书、工艺流程说明、服务规范等。"接收准则"通常是指产品或服务在进入下一个工序、阶段或交付时，确保产品和服务的合格而制定的准则，通常可以包括：检验指导书、服务接收准则、产品样件标准、标准图纸等。

（3）确定资源

确定符合产品和服务要求所需的资源，包括能够胜任的人员、适宜的设施设备、受控的过程运行环境、监视和测量资源，以及组织的知识等，详见标准 7.1 条款。

（4）过程控制

企业应按照准则实施过程控制，对影响过程能力的因素（人、机、料、法、测、环等）实施有效的管控，具体包括：对各类人员进行能力及意识的考核、培训（7.1.2、7.2、7.3 条款要求）；设备设施和环境的维护与更新（7.1.3 和 7.1.4 条款要求）；确保过程运行的图样、技术工艺文件、服务规范等现行有效；监视和测量资源按规定进行校准和（或）检定（7.1.5 条款要求）。组织应确保过程能力满足要求。

（5）保持、保留成文信息

企业应在必要的范围和程度上，确定并保持、保留成文信息。其目的包括两个：①确信过程已经按策划进行；②证实产品和服务符合要求。相关的成文信息可以包括：过程流图、主要生产工艺、质量控制计划、潜在失效模式及后果分析

（FMEA）、故障树（FTA）、防错技术，以及过程的相关记录等，以证实组织具备了产品和服务提供的能力，过程按策划实施，且产品和服务符合要求。

"运行的策划和控制"除了以上5点控制措施外，还应有3个方面的注意点。

（1）策划的输出适于组织运行

适于组织运行的策划输出会事半功倍，不适于组织运行的策划输出则事倍功半。策划的内容应结合组织的产品、服务、管理的类型，并适用于组织的运行。例如，建筑施工企业针对工程项目策划的输出可能是施工方案，软件开发型企业策划的输出可能是项目开发方案、概要设计等。过程策划的输出也可能是某个工段的作业指导书、检验指导书等。不管策划的输出是方案、说明还是作业指导书，均需要适于组织的运行。

有些管理不成熟的组织做过程策划时，喜欢借鉴其他成熟组织的策划输出，比如到网上下载类似的作业指导书、项目开发方案等，以此作为模板进行修改。虽然这是一种可行的方法，但需要注意，修改的"模板"只能作为参考，修改后的成品一定要能在组织中执行，否则只能是"画虎类犬"。

（2）控制策划的变更，评审非预期变更，采取措施减轻影响

在生产制造型企业已基本形成一个共识，对于一个成熟稳定的生产过程，最大的风险就是变化——成熟的过程，变更是一切风险之源。因为对于一个完整的过程，往往是牵一发而动全身的。

这里的变更分为两种，一种是预期的变更，另一种是非预期的变更。重点说明下非预期的变更，这类变更可能是事先未预料的，且对于这种变更掌握的信息往往不够充分。为了控制风险，确保过程策划持续有效，应针对非预期变更对过程影响的后果进行评审，当发现非预期变更带来不利影响时，组织需要确定采取措施来消除变更带来的不利影响。

（3）外包过程受控

"外包"是指安排承包方承担本组织的部分职能或过程。虽然外包的职能或过程是在本组织管理体系覆盖范围内的，但是承包方是处在覆盖范围之外的。由于外包过程对产品和服务实现具有影响，因此，组织必须识别所需的外部过程并策划和实施运行控制，外包过程的控制要求见8.4条款的描述。

▶ 4. 如何贯标

本条款的"运行"是指满足产品和服务要求提供所需的运行过程。有人将策划的过程比喻成"产品从出生到死亡"全过程的安排与构思，可分为：了解顾客要求的过程、合同签订的过程、设计和开发过程、采购过程、生产加工过程、服务过程、防护过程、交付过程、售后服务过程等。不同的组织由于产品和服务的

类型和复杂程度不同，其运行过程也各不相同，对这些过程进行有效的策划就显得尤为重要。前期的策划是保证产品和服务达到质量目标和要求的基本保证。组织应结合自身实际识别哪些运行过程属于本条款的控制范围。

确定过程准则和接受准则前，企业必须按照"过程方法"理清内部的过程。只有理清楚过程才能建立规则，规则建立后需要提供资源，包括能够胜任的人员、适宜的设施设备、受控的过程运行环境、监视和测量资源，以及组织的知识等。

企业应按照准则实施过程控制。过程控制的常用方法可以包括：乌龟图、SPC 控制图、过程能力分析等。SPC 控制图及过程能力分析可以将过程的能力量化，作为改进过程的依据。

企业应保证外包过程受控。例如 OEM 贴牌生产模式，这类有重大影响的外包过程，除了按 8.4 条款要求对承包方进行评价和选择外，还应按 8.5 条款要求对外包过程进行控制。因为最终产品和服务是由组织向顾客提供的，外包过程虽然由承包方实施，但这些过程属于组织质量管理体系的一部分，对最终产品和服务产生影响，所以过程外包不能免除组织对应满足顾客和法规要求承担的责任。组织应将这种外包过程，囊括在质量管理体系的范围内，并在成文信息中明确 QMS 覆盖外包过程。

▶ 5. 审核要点

审核员需要通过与受审核方相关部门或岗位人员沟通，关注其所确定的核心业务过程是否充分和合理。审核员可查看其工艺路线图或服务提供流程图等进行确认。

审核员应通过面谈或文审的方式，关注受审核方所提供的运行准则（过程准则和接受准则），包括工艺规程、作业指导书、服务规范、检验规范等，查看运行准则是否充分和有效，并符合相关法规或标准的要求。

审核员应通过面谈和观察，关注受审核方为实现产品和服务的符合性，所配置的资源是否充分和适宜，包括人员、基础设施、运行环境、监视和测量资源等。

审核员需要关注受审核方是如何进行过程控制的，是否采用系统化的过程管理工具（如 SPC 控制图、过程能力分析等）。

审核员需要关注受审核方的外包过程是否受控，是否对于外包过程策划了相关的过程管理。

▶ 6. 审核实践

（1）谈（如何提问）

贵司的核心业务流程包括哪些，是否按照过程方法进行了梳理？针对核心业务流程，是否制定了过程准则（比如过程作业指导书、检验指导书、工艺流转要求等）？为了让过程稳定和受控，贵司提供了哪些资源？核心业务流程和过程准则是否发生过变更？如何将变更的风险降到最低？外包过程是如何策划和控制的？

（2）查（如何文审）

查工艺流程图、服务流程图、过程乌龟图、作业指导书、检验指导书、服务接收准则、产品样件标准、标准图纸、外包控制程序。

（3）看（如何巡视）

此条款的巡视环节非常重要，审核员根据文件审核的情况，了解企业核心业务流程后，需要结合现场巡视，验证企业所阐述的核心业务流程是否属实？是否与文件所阐述的流程有偏离？如果存在偏离，重点关注企业实际业务流程比文件阐述流程复杂的情况，或者是否企业在体系文件中界定的业务流程有缺失。此时，审核员应关注企业为何不将所有的业务流程纳入到体系内？是否存在因规避强制要求，而人为将实际业务剔除在体系流程之外的情况？

某生产制造企业实际有喷涂环节，但体系文件中所阐述的业务流程却未将其纳入，原因是为了避免环保责任，此时审核员应意识到其中的审核风险，及时与审核机构沟通反馈。

此外，现场巡视过程中要根据界定的流程，逐一审视企业是否建立了过程准则，如：工艺流程图、服务流程图、过程乌龟图、作业指导书、检验指导书、服务接收准则、产品样件标准、标准图纸等。不强制要求企业全都覆盖，但需要与界定的流程相匹配。

（4）记（如何记录）

请参考下面的某生产制造企业审核案例（机加工行业）：

企业通过与顾客沟通，达成了产品要求的共识。抽到了"××产品加工"的销售合同，合同约定了产品的服务内容、验收及交付等要求。详见 8.2 条款的审核记录。

生产部负责人（××）介绍公司主营业务即为该类产品的生产加工，本公司无设计和开发过程，均按照顾客的图纸进行加工。提供了《工艺流程图》（编号××××-××××），见具体的生产流程：原材料—切割—冲孔—自动焊接—抛丸—喷塑—装配—包装。

现场巡视，见企业有原材料车间、机械加工车间、焊接车间、抛丸室、喷塑车间、装配包装车间。车间之间的物料流转用手推车、叉车、料架车完成。

原材料车间墙上贴有《原材料进货管理流程》（编号××××–××××），车间主任（××）介绍了进货流程，并提供了《原材料进货检验规范》（编号××××–××××），内容基本清晰，完备。

机械加工车间有 5 条折弯切割线、10 条冲孔线。车间主任（××）介绍根据不同产品系列，分别制定了作业指导书，在编制作业指导书过程中将不同产品的工艺差异融合其中。提供了《作业指导书台账》，见折弯切割线有针对 23 个不同系列产品的作业指导书，冲孔线有 37 个不同系列产品的作业指导书，其内容包括：编写人员、审批人员、作业步骤、工艺参数、安全提示等内容，基本充分满足作业要求。每日根据生产计划的不同，有班组长将具体的作业指导书领用到机台前，用于指导作业。现场审核期间见"××××"型号的生产计划，机台巡视相关的作业指导书能与当日生产计划保持一致。质量小组分布在各作业线半成品区，工作台放置有各类产品的《检验作业指导》15 份，QC 人员按照不同产品的工艺检验要求进行全检或抽检。

巡视自动焊接车间、抛丸室、喷塑车间、装配包装车间，均类似于机械加工车间，针对不同系列的产品制定作业指导书、检验指导书。每日根据生产计划的不同，有班组长将具体的作业指导书领用到机台前，用于指导作业。焊接车间有作业指导书 9 份、检验指导书 3 份。抛丸室有作业指导书和检验指导书各 1 份。喷塑车间作业有指导书 17 份、检验指导书 6 份。装配包装车间有作业指导书 29 份、检验指导书 35 份。

对于业务过程和过程准则暂未发生变更，车间主任介绍若后续发生变更，需要按照变更流程进行评审和确认。企业外包过程为"货物运输"，能够与承包方建立正规的合同关系，并对承包方施加影响。对于外包的管控详见 8.4 条款审核记录。

8.2 产品和服务的要求

8.2.1 顾客沟通

▶ 1. 标准原文

8.2.1　顾客沟通

与顾客沟通的内容应包括：

a）提供有关产品和服务的信息；

b）处理问询、合同或订单，包括更改；

c）获取有关产品和服务的顾客反馈，包括顾客投诉；

d）处置或控制顾客财产；

e）关系重大时，制定应急措施的特定要求。

▶ 2. 知识点速记

"8.2.1 顾客沟通"的内容可以汇总成 1 个知识点——顾客沟通的内容包括哪些？

答：①产品和服务的信息；②处理问询、合同、订单，包括更改；③顾客反馈，包括顾客投诉；④处置/控制顾客财产；⑤关系重大时，制定应急措施。

▶ 3. 标准理解

本条款是 7.4 条款的外部沟通中，关于顾客沟通方面的具体延伸。首先我们需要明确"顾客沟通"的过程贯穿于商业活动的全周期，即从售前、售中到最终的售后服务，"顾客沟通"活动一直伴随其中。

与顾客沟通的内容包括什么呢？具体来说可以包括 5 个方面。

（1）产品和服务的信息

简单来说，是企业需要介绍产品和服务的特性，具体可以包括：功能性、安全性、可靠性、耐用性、可维护性、可维修性等。这些特性可以是质量特性，也可以是非质量特性。沟通产品和服务的信息，其目的是为了让顾客充分了解产品和服务。这里的顾客可能是最终的顾客，也可能是潜在的顾客。让顾客了解"产品和服务的信息"的过程，可能横跨售前、售中和售后的全过程。

（2）处理问询、合同、订单，包括更改

通常顾客问询、签订合同、处理订单及其变更等活动，也可能是横跨售前、售中和售后全过程的。

（3）顾客反馈，包括顾客投诉

顾客反馈包括顾客投诉的活动，通常发生在售后的过程中。顾客的反馈可能有正面的反馈信息，比如：表扬、肯定、推荐等；也有负面的反馈信息，如：投诉、建议、举报等。企业需要充分关注顾客反馈，扬长避短，始终确保顾客满意。

（4）处置/控制顾客财产

企业应让顾客知晓，他们的财产是被如何处置或控制的。那么什么是顾客财产呢？顾客财产举例：①顾客提供的构成产品的部件或配件；②顾客提供的用于修理、维护或升级的产品；③顾客直接提供的包装材料；④服务行业（如贮存）涉及的顾客的财产；⑤代表顾客提供的服务，如将顾客的财产运到第三方；⑥顾客知识产权的保护；⑦顾客的保密信息等。企业应告知顾客是如何处置和控制顾客财产的。

（5）关系重大时，制定应急措施

所谓的"关系重大"，对制造业而言可包括：产品重大安全缺陷召回、食品污染事件紧急召回、原材料中断造成流水线停工等；对服务业可包括：极端天气的应急处置（如物业公司在冬季寒流来前对水、电、气设施的维护）、重大事件的应急处置（如地铁运营公司对节假日大客流事件的应急处置）等。

企业应考虑针对这些关系重大的活动，制定具体的应急措施，以确保一旦出现紧急情况有章可循。与此同时，企业要及时与顾客沟通，最大限度地降低风险。

 4. 如何贯标

企业与顾客沟通产品和服务相关的信息，可通过①广告（如：产品发布会、电视广告、网络广告、新媒体广告等）；②目录、宣传册（如：组织印发传单、宣传手册等）；③电话和网络（如：400免费咨询电话、建立官方网站）等形式。企业也可以直接与顾客进行面对面的沟通，了解顾客的需求和期望，处置相关事宜。在互联网信息爆炸的时代，组织不能一味坚守"酒香不怕巷子深"的执念，企业需要充分地拥抱市场、拥抱顾客才可能有机会，其方式可以包括市场营销、品牌策划、短视频、直播等。

案例

随着时代的变迁，许多当年名冠四方的老字号企业渐显衰败。品牌宣传力度不够、生产技术的局限，成了一些老字号企业在竞争激烈的市场中生存的绊脚石。老字号企业的市场快速下滑是近十多年发生的。过去物资短缺供不应求，老字号企业作为销售方在交易中占据主动地位。近年来物资供过于求，顾客作为买方在交易中占主导地位，一些老字号企业长久形成的以自我为中心的经营观念，没能在短期内转变为以顾客为中心的现代经营观念，没有把消费者的需求放在企业工作的起点和中心位置，没能以满足顾客需求为目标，没有学会以消费需求为中心调动资源更好地满足顾客需求。

企业在处理顾客问询时，可针对顾客经常咨询的问题，建立统一的话术或模板，一方面可以提升反馈速度，提升顾客沟通的效率；另一方面可以规范与顾客沟通的措辞。签订合同、处理订单的过程应充分告知顾客涉及顾客核心利益的方面。

很多餐饮企业在食客点单时，会在适宜的时候告知顾客点菜的分量已经足够了，通过这种简单有效的沟通，传递给顾客善意的提醒。一方面避免食物的浪费，另一方面赢得顾客的信赖。

在处理顾客反馈时，企业需要"基于风险的思维"和"PDCA 循环"。不管顾客的反馈是正面的还是负面的，企业都需要着重关注。如果是正面的反馈，企业需要加强和保持，做到持续满足顾客要求。如果是负面的反馈甚至是投诉，企业则需要采取相关的纠正和纠正措施，以达到顾客的要求。本条款可采取的执行措施包括：领导邮箱、群众意见箱、质量投诉电话等。

企业应告知顾客企业是如何处置和控制顾客财产的。举例：快递公司为消费者提供运送服务，那么快递的是顾客的财产，企业应告知顾客快递是如何运送的、快递如何打包的、运输的路线是什么、快递损坏如何赔付等事项，很多快递企业在其公众号或小程序，主动告知顾客运送信息。

关系重大时，企业应制定应急措施，并应告知顾客方。例如某工厂因原材料断货而造成流水线停工，最终造成出货困难时，企业应在第一时间告知顾客，降低顾客的损失。组织应"基于风险的思维"针对突发重大事项制定措施，参见表 8-1 材料短缺应急措施方案。

表 8-1　材料短缺应急措施方案

序号	流程	责任者	工 作 描 述	记　　录
1	应急准备	生产部	根据销售及公司资金占用情况，提前设定各类物资的安全库存及存量报警机制，并提前设定本地同类企业共用物料清单及替代物资清单	存量标准
2	应急通知	生产部	清查未入库物资数量	
		生产部	调整生产计划，保证均衡生产	
		客户	通知客户到货及产品周期	
3	制定应急措施	生产部	1）计划预测与实际运行存在差缺时，测算出差缺量并立即上报 2）通知供应商更换运输方式、空运 3）本地同类企业由供应商组织调配 4）调配认可的替代物资	
4	实施应急措施		必须按照规定实施应急措施。当发现应急措施效果不能满足顾客要求时，应及时报告公司分管领导	
5	跟踪		适时监控应急实施过程和效果，一旦发现应急方案不能满足顾客要求，必须组织相关部门重新制定应急措施，直到满足顾客要求为止	

▶5. 审核要点

审核员需要关注企业是否建立了一套完整可行的顾客沟通的渠道和方法，关注企业对售前、售中、售后相关的要求是否有具体规定和管理。审核员也需要关注顾客对于售后的反馈渠道是否顺畅，售后过程中顾客反馈的处理可以结合 8.5.5 条款一起审核。

针对重大事项，审核员需要关注企业是否制定了相应的应急措施，应急措施是否可行。审核员应关注企业提供产品和服务信息的过程中，是否涉及产品的虚假宣传，是否符合最新版《广告法》的要求。

当存在顾客财产时，审核员应关注企业是否就顾客财产的处置/控制方法与顾客做沟通，如告知书、承诺书、口头讲述、合同约定等。

▶6. 审核实践

通常 8.2.1、8.2.2、8.2.3 和 8.2.4 条款不拆分审核，详见本书 8.2.4 节统一的审核实践。

8.2.2 产品和服务要求的确定

▶1. 标准原文

> 8.2.2 产品和服务要求的确定
> 在确定向顾客提供的产品和服务的要求时，组织应确保：
> a）产品和服务的要求得到规定，包括：
> 1）适用的法律法规要求；
> 2）组织认为的必要要求。
> b）提供的产品和服务能够满足所声明的要求。

▶2. 知识点速记

"8.2.2 产品和服务要求的确定"的内容可以汇总成 1 个知识点——如何确定产品和服务的要求？

答：两个方面，一是"说到"，二是"做到"。①规定产品和服务要求（说到）：适用的法律法规要求和组织认为的必要要求；②满足所声明的要求（做到）。

▶3. 标准理解

确定产品和服务要求的本质就是要"说到，做到"。

（1）适用的法律法规要求

法律法规要求既是企业提供产品和服务过程的"底线"，又是"高压线"。满足法律法规要求的"底线"是满足顾客要求的前提，如果一个企业连法律法规的"底线"都不满足，更不用谈及满足顾客要求。如果企业提供产品和服务过程中触及了国家法律法规，那就是触及了"高压线"，会受到监管部门的稽查和处罚。

列入强制产品认证目录的产品，未经 3C 认证不能出厂、销售、进口或者在其他经营活动中使用。对装修用大理石材料，国家制定了放射性方面的安全法规，企业要根据大理石材料的具体用途（用于卧室、厅堂还是用于室外）来确定产品所对应的标准要求。医疗服务机构为患者注射操作的"三查七对"规范，医疗服务人员要遵守。食品行业的卫生法规，餐饮服务企业要遵守。

（2）组织认为的必要要求

通常法律法规的要求是国家强制要求，而组织认为必要的要求往往决定了企业核心竞争力。因为组织从增强顾客满意出发，在满足法律规范要求的前提下，对产品和服务提出了更高的要求。这些要求需通过企业市场调研、专业分析、前瞻性判断，适时对产品和服务做出相应要求且对顾客做出承诺。

组织认为的必要要求，可包括：签订的合同要求或技术协议的要求（通常以合同或者订单的形式体现）；包装、运输和交付要求（通常规定在合同中，或口头协议）；售后服务要求（如某电商平台提出的 7 天无理由退货、产品的三包协议）。

某电器公司，对于所生产的电热水器在已有的安全标准的基础上，实施更严格的防电墙技术措施，进一步提高产品的用电安全要求。某电视生产企业对电视机的清晰度提出更高要求。某手机制造企业对生产的手机要求具有语音、指纹识别、指南针等功能。空调企业承诺顾客提供免费安装服务。某医疗机构提供免费测量身高、体重、血压等服务。某火锅连锁企业提供免费围裙、表演，甚至美甲的服务等。

（3）满足所声明的要求

企业应确保自己有能力满足所声明的要求。如果组织没有能力提供产品和服务，不应勉强投标或签订合同，否则会导致最终的产品和服务不能满足顾客要求，最终企业承担的不仅仅是顾客拒收或降级销售的经济损失，还有可能承担产品或服务质量问题的责任，甚至影响到其他顾客或社会对企业的信任。所以企业不能为了市场而"打肿脸充胖子"，而是要通过"说到，做到"，赢得市场的信任。

企业的能力对于不同的行业和产品，其本质是有区别的。对于提供硬件产品的企业，通常是指在功能、数量、交货期及售后等方面有足够的能力满足顾客的要求。对于提供服务的组织，通常是指在服务项目类别、服务人员水平、服务质量与档次、后续的跟踪服务等方面有足够的能力。

标准中所谓"声明"是指企业对顾客的承诺，如投标文件、合同协议、公开的服务承诺、产品的保修承诺、广告等。对于这些声明的要求，企业应该评审，以确保真的有能力满足声明的要求，评审活动可参考 8.2.3 条款。

▶ 4．如何贯标

企业确定产品和服务的要求时，应与顾客进行协商和沟通。双方需就产品和服务的要求进行明确，法律法规的要求及附加的规定也应当加以明确。此外，企业还应当考虑可用的资源、能力和产能、知识、过程确认（如：产品测试、服务演示）等的要求是否能满足所承诺声明。企业应理清自身能提供什么产品和服务，且明确以现有的条件可以提供怎样的产品和服务后，再对顾客做出承诺。

确定产品和服务要求，除常规的方法外，还可以采用一些质量工具，如：顾客之声（VOC）、质量功能展开（QFD）、树状图等工具。

▶ 5．审核要点

审核员应关注受审核方在与顾客签订的合同或技术协议中，是否明确了所提供的产品和服务应遵循的法律法规要求、组织认为的必要要求（包括产品和服务的功能、性能、价格、交货期、验收准则、交付和交付后活动等）以及组织的其他承诺。

审核员应关注产品和服务的要求是如何确定的，是否采用了相关的质量工具（如：VOC、QFD、树状图等），检查所提供的产品和服务是否能够满足其声称的要求，是否存在因不能满足顾客要求而造成的烂尾项目。

▶ 6．审核实践

通常 8.2.1、8.2.2、8.2.3 和 8.2.4 条款不拆分审核，详见本书 8.2.4 节统一的审核实践。

8.2.3　产品和服务要求的评审

▶ 1．标准原文

8.2.3　产品和服务要求的评审

8.2.3.1　组织应确保有能力向顾客提供满足要求的产品和服务。在承诺向顾客提供产品和服务之前，组织应对如下各项要求进行评审：

a）顾客规定的要求，包括对交付及交付后活动的要求；

b）顾客虽然没有明示，但规定的用途或已知的预期用途所必需的要求；

c）组织规定的要求；

d）适用于产品和服务的法律法规要求；

e）与以前表述不一致的合同或订单要求。

组织应确保与以前规定不一致的合同或订单要求已得到解决。

若顾客没有提供成文的要求，组织在接受顾客要求前应对顾客要求进行确认。

注：在某些情况下，如网上销售，对每一个订单进行正式的评审可能是不实际的，作为替代方法，可评审有关的产品信息，如产品目录。

8.2.3.2 适用时，组织应保留与下列方面有关的成文信息：

a）评审结果；

b）产品和服务的新要求。

▶ 2．知识点速记

"8.2.3 产品和服务要求的评审"的内容可以汇总成下面 3 个知识点。

1）评审的时间？

答：在承诺向顾客提供产品和服务之前。

2）评审的维度有哪些？

答：5 个维度，可用 5 个 4 字词语概况：白纸黑字、不言而喻、追求卓越、国法纲纪、不差分毫。

3）评审时，3 点注意事项是什么？

答：①与以前规定不一致的合同或订单要求应得以解决；②顾客无成文要求，组织在接受要求前应确认；③适用时，保留两个方面的成文信息：评审结果、产品和服务新要求。

▶ 3．标准理解

产品和服务要求的评审，其目的是为了确保企业有能力向顾客提供满足要求的产品和服务。其核心还是"基于风险的思维"和"PDCA 循环"。"评审"的过程就是减少风险增加机遇的过程，就是"PDCA 循环"中"C 检查"的环节。

何时需要对产品和服务的要求进行评审呢？标准阐述的是"在承诺向顾客提供产品和服务之前"进行评审，提示企业应注意遵守"没有金刚钻，不揽瓷器活""不评审，不承诺"的原则。标准中的"承诺"，根据不同行业有所不同。制造行业的"承诺"通常是合同、协议、订单等方式，而服务行业的"承诺"可表现为其他形式，如银行的存单、保险公司的保单、客运服务的客票、学校的录取通知书、餐饮业的订菜单等。

对于产品和服务要求的评审，通常可以从 5 个维度进行，即标准的 a）～e）

条款，这 5 个维度可以总结成 5 个 4 字词语："白纸黑字、不言而喻、追求卓越、国法纲纪、不差分毫"。

（1）顾客规定的要求，包括对交付及交付后活动的要求

"白纸黑字"的要求，通常这类要求是以"白纸黑字"的形式落在纸面上，如技术协议、合同订单等。具体来说可以包括：产品和服务的功能、性能、价格、交货期、验收准则、质量保证、包装运输、交付和售后服务等内容。

（2）顾客虽然没有明示，但规定的用途或已知的预期用途所必需的要求

"不言而喻"的要求，通常这类要求是产品和服务的基本功能和要求，是"不言而喻"的，不需要额外解释和补充的。比如冰箱一般都有冷藏的功能、电脑都有处理信息的功能、宾馆应保持安全卫生的环境等。对于这类要求，无论顾客是否强调，企业都应加以评审和确定。如果企业提供的产品和服务，存在规定或已知预期用途的不合格，就认为产品和服务存在缺陷。

（3）组织规定的要求

"追求卓越"的要求，企业在满足顾客和法律法规要求的前提下，为超越顾客和相关方要求和期望，提高顾客满意度，在具备产品和服务提供能力的前提下，自愿为顾客提供产品和服务的"超值"要求，即百尺竿头更进一步的要求。

（4）适用于产品和服务的法律法规要求

"国法纲纪"的要求，是指与企业的过程、产品和服务生命周期相关的，与企业使用资源（人力资源、设施设备、监视测量设备等）相关的法律法规及所在地区、城市的强制性要求。合规性评审有利于企业应对法律风险，提升组织的社会责任感。"国法纲纪"的要求是企业必须要恪守的底线。

（5）与以前表述不一致的合同或订单要求

"不差分毫"的要求，若合同或订单存在不一致的、矛盾的、含糊理解的，双方责权及义务不清的要求，双方应通过深度沟通（8.2.1）予以解决，以确保合同或订单"不差分毫"。在实际商业活动中，可能经常会存在顾客需求的变更，当变更的需求落实到正式的合同上之前，企业需要充分地评审，确定能否变更合同。

组织在评审产品和服务要求时需要注意 3 点。

（1）与以前规定不一致的合同或订单要求应得以解决

企业评审过程中发现与先前合同或订单要求存在差异，应确保有关事项已得到解决。解决的方法可以包括沟通协商、重新拟定合同、订单更改等。例如在工程施工中，出现因业主要求的设计变更，施工方要对发生了变化的内容进行及时评审，保证调整的施工方案、验收标准、工程造价等方案都得到确认，确认后在组织内得到安排和落实。

（2）顾客无成文要求，组织在接受要求前应确认

顾客没有提供成文的要求，可以是口头订单或口头要求。这种情况的评审应是在正式接受顾客口头订单或口头要求之前进行确认。此处标准中使用"确认"一词，其含义是指清晰、准确地了解或证实顾客无成文的要求。例如：企业在接受电话订单时，可以在电话洽谈时复述客户要求，并请其确认，以这种方式实现评审的动作，并做好记录；客运站售票员在出票之前向旅客口头核实时间、地点、行程等，得到顾客的确认后再出票；生产企业给供应商下达口头订单时，供应商应与其确认数量、型号、交货日期等关键信息。供方应与顾客充分沟通，确定和评审产品和服务的要求，并确保风险得到识别和有能力解决。

需要注意的是，如果企业认为有必要将口头的协议转化为书面的合同，可以与顾客协商将口头协议转化为文件化的合同，以避免日后的纠纷。

（3）适用时，保留 2 点成文信息：评审结果、产品和服务新要求

本条款对产品和服务要求评审的成文信息提出了一个非强制性要求，即"适用时"。可以理解为如果企业认为某项评审是非常重要的，日后可能会追溯的，就必须保留评审结果的记录；如果企业认为某个项目的评审活动不保留记录不会影响 QMS 的有效性，日后也不会追溯，可以不保留相应的记录。

但需要注意，如果企业中一部分合同评审保留了记录，另一部分未保留记录，则企业事先须建立一个准则来判定，不能随意操作。准则参考的维度包括：合同金额、项目的技术难度、组织的资源调度等方面。

标准原文中有一个注解："在某些情况下，如网上销售，对每一个订单进行正式的评审可能是不实际的，作为替代方法，可评审有关的产品信息，如产品目录。"网上销售，对每一个订单进行正式的评审可能是不实际的，因为顾客一旦在网上点击确认，订单即刻生效，供方根本来不及对订单进行评审。作为替代方法，供方可在产品目录或广告发布前进行评审，确保发布的信息是充分和准确无误的，且是有能力履行承诺。举例：某些电商平台显示商品"次日达"，那么电商平台需要事先评审自身的物流供应时效性，能否满足"次日达"的承诺。

▶ 4. 如何贯标

对于一个企业而言，此条款可以演化为其内部的合同管理、招投标管理的要求。企业需要按照过程方法，理清当前内部的商务流程，以更好地贯彻本条款。必要时可以将商务过程进行流程化梳理，如图 8-3 所示。

企业应明确产品和服务要求评审的时机、内容、方式（针对不同类型的合同）、职责与权限（含口头合同的确认）。评审的方式可以是会议评审、会签评审、授权有资格的人员审查及互动沟通等。参与评审的人员可以是各部门负责

人、项目执行人员，必要时还需要邀请法律顾问进行评审。

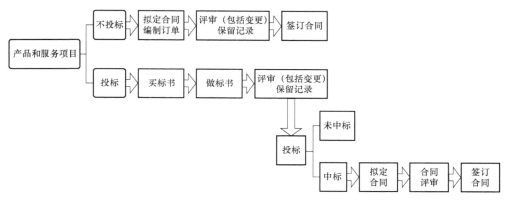

图 8-3 某企业商务流程梳理

适用时，保留评审结果以及针对产品和服务新要求的成文信息，可以参考表 8-2 某企业合同评审表。

表 8-2 某企业合同评审表

项目名称			合同有效期	
评审组组长		评审组成员		
交付日期				

合同评审依据文件：

（1）招标书： （2）询价书： （3）投标文件：

（4）订单： （5）合同文件草案： （6）法律法规文件：

评审意见	（1）顾客的各项要求已明确且已形成文件		□
	（2）我公司的技术方案能确保满足顾客的要求		□
	（3）与顾客意见不一致的地方已协商解决且已形成文件		□
	（4）我司履行合同的能力	物资采购能力	□
		开发、调试、交付能力	□
		特殊技术（功能）开发能力	□
		检验试验能力	□
		其他：	□

修改项目：

评审结论：

评审组长（签字）： 日期：

综合部意见		生产部意见		研发部意见	
采购部意见		质量部意见		总经理意见	
最终意见					

▶ **5．审核要点**

审核员要与受审核方相关部门或岗位人员沟通，了解其是否建立了产品和服务要求的评审过程和管理制度，以及近期所签订的合同或接收订单的概况，应避免一上来就向企业要"合同订单"及"合同评审"。

审核时应通过查阅合同或订单评审信息，检查评审的时机、内容，风险的识别及措施，口头合同及合同变更控制的证据。对于特殊的销售过程（如电商网站销售、视频直播带货销售等），审核员应关注企业评审的细节，如目录评审、流程评审等。

审核员需要关注受审核方实施产品和服务要求评审的时间，是否在签订合同、接受订单或参加投标之前完成的，并关注其针对口头或电话订单评审的适宜性。此外，审核员需要关注受审核方对合同或订单变更的评审活动，查看并记录相关的评审信息。

▶ **6．审核实践**

通常 8.2.1、8.2.2、8.2.3 和 8.2.4 条款不拆分审核，详见本书 8.2.4 节统一的审核实践。

8.2.4　产品和服务要求的更改

▶ **1．标准原文**

8.2.4　产品和服务要求的更改

若产品和服务要求发生更改，组织应确保相关的成文信息得到修改，并确保相关人员知道已更改的要求。

▶ **2．知识点速记**

"8.2.4 产品和服务要求的更改"的内容可以汇总成 1 个知识点——产品和服务要求的更改要确保哪 2 点？

答：①确保成文信息得到修改；②确保相关人员知道更改要求。

▶ **3．标准理解**

产品和服务要求发生更改时，要做到两个确保。

（1）确保成文信息得到修改

这里的成文信息，是指诸如签订的合同、技术协议、检验规程、交付方式、合同评审记录等。

（2）确保相关人员知道更改要求

为确保相关人员了解更改要求，企业应选择合适的沟通方法，并保留适当的成文信息，例如沟通的电子邮件、会议纪要或修改后的订单，以确保将更改的信息及时传达到有关职能部门，从而保证有关部门和人员了解产品要求的更改情况，以便及时地采取相应的措施，最终确保满足更改的需要。

4. 如何贯标

当产品和服务要求发生更改，且无论更改由哪一方提出、在什么时机提出，企业都应采取措施确保与该更改相关的文件及时得到修改，并且告知所有相关人员更改的内容和影响。为满足以上要求，企业应对产品和服务要求的文件化信息进行有效控制，掌握相关文件化信息的数量和去向，使其具有可追溯性，否则无法完整地修改全部相关文件，而遗留风险隐患。

在生产制造型企业，通常有三个专有名词对变更进行控制：ECR、ECO、ECN。

1）ECR：Engineer Change Request，工程变更需求，通常是在变更前，由顾客方提出的变更请求。

2）ECO：Engineer Change Order，工程变更指令，工程部门在接收到 ECR 时，经过评审认为需要对工程资料进行更改，就发出这份 ECO 指令，相当于变更的派工单。

3）ECN：Engineer Change Notification，工程变更通知，当相关的工程资料确定更改后，用这份表单把更改后的资料发出去。其中包括如何贯彻更改的一些指令，如对工装有没有影响，半成品如何处理，乃至出厂交付产品如何处理等。

5. 审核要点

审核员应了解企业是否对产品和服务要求的文件化信息进行了有效控制？是否具有可追溯性？抽查产品和服务要求变更记录，追查企业对相关文件修改和相关人员告知的控制是否得到落实。

审核员在生产部成品库现场发现一批塑料件库存共计 1000 件，上面标注了"因合同更改积压"的字样。生产部长解释说："这是××公司今年 1 月份订的货，本来说好要 3000 件，我这边生产计划也都排好了，可等生产出来之后，销售部却对我说，客户曾经来电话说只要 2000 件，销售员以为我们肯定也知道这个事情，就没有通知我们。瞧，结果就积压了这 1000 件。因为是定制的，不是通用产品，不太好卖，到现在还没有卖出去。"

▶ 6. 审核实践

（1）谈（*如何提问*）

贵司的销售活动是由哪个部门主控的？是否建立了相关的管理程序和制度？贵司的销售和宣传渠道有哪些？销售主控部门负责人（××）您好，请您简述一下，贵司的售前、售中、售后、招投标及合同签订的过程。贵司销售合同的内容是如何确定的，包含哪些维度？是否包含了法律法规要求？是否有企业附加的承诺？

贵司在正式签署合同、协议前，是否对签署的内容进行评审？评审的流程和内容包括哪些？如何体现评审这一环节？若发生合同变更是否及时评审？与之前规定不一致的合同/订单是否已妥善解决？

（2）查（*如何文审*）

查《产品和服务要求管理程序》《销售管理制度》《销售合同台账》评审记录、销售合同。

（3）看（*如何巡视*）

要求企业提供合同台账，根据合同台账进行合理抽样。抽样的过程需要关注审核范围，不要超范围抽样，同样也要避免抽样合同不能覆盖审核范围的情况。

（4）记（*如何记录*）

请参考下面的某软件科技企业审核案例（主营业务软件开发）：

企业执行《产品和服务要求管理程序》（编号：××××-××××）、《销售管理制度》（编号：××××-××××），主控部门为市场部。市场部负责人（××经理）介绍：公司通过电话、传真、邮件、书面通知等方式就产品信息、合同、顾客信息、意见等与顾客进行沟通，以了解顾客需求，评审通过之后由市场部签订合同。后期由业市场部、技术部共同负责对顾客反馈的产品的信息做出回应及技术支持。企业搭建了 400 官方咨询电话，构建了电话、微信公众号、微博、抖音为入口的服务台，有统一的回复话术，快速解决顾客共性问题。当一线工程师不具备处理能力时，按照公司管理规定，进行专业升级，由二线专业工程师介入，解决技术问题。

市场部通过顾客访问、电话联系、实地考察、传真等识别顾客需求，在签订合同前进行评审和确认，并在不同的开发节点上，实时确认顾客需求。

询问市场部负责人（××经理）总体的销售流程：寻找客户→提供方案/咨询/解决方案→内部合同评审→签订合同→后续其他部门对接。

提供了本年度《合同登记表》(编号：××××–××××)，统计今年1月以来产生合同25份左右，抽查其中6份合同，能够覆盖本次的审核范围，且包含已完工的项目和在建项目。

查看项目评审确认记录，企业提供了《合同评审表》(编号：××××–××××)，项目包括客户名称、评审内容(合理性、合法合规性、技术服务能力、项目可行度等)、各部门评审意见、评审结论等。各部门评定是否能够执行相关要求，总经理最终签署合同评审意见。抽查的6份合同，均进行了评审和确认。

1)抽项目1：《杭州市××××平台采购协议》。

客户：杭州市余杭区××××，签订时间：××××.××.××，见双方签字盖章。技术协议以附件的形式进行补充。合同内容包括：服务内容、方式、要求、报酬及支付方式、双方责任与义务、争议处理等内容，摘录合同如下：××××(征得受审核方同意后可以拍照截图，若该协议保密受控，审核员也可简单记录)，询问项目负责人(××经理)，该项目已经完结，提供了客户验收证明。

2)抽项目2：《南京市××××软件开发服务合同》。

客户：××××有限公司，签订时间：××××.××.××，见双方签字盖章。技术协议以附件的形式进行补充。合同内容包括：服务内容、方式、要求、报酬及支付方式、双方责任与义务、争议处理等内容，摘录合同如下：××××(征得受审核方同意后可以拍照截图，若该协议保密受控，审核员也可简单记录)，询问项目负责人(××经理)，该项目正在有序推进中。

3)抽项目3、4、5、6，可按照上述流程记录(此处不赘述)。

经询问，公司没有关于合同的变更，市场部负责人(××经理)表示以后若发生产品和服务要求的更改，会确保相关的文件变更，且会确保相关人员知晓变更的内容。

8.3 产品和服务的设计和开发

8.3.1 总则

▶ 1. 标准原文

8.3.1 总则

组织应建立、实施和保持适当的设计和开发过程，以确保后续的产品和服务的提供。

▶ 2. 知识点速记

"8.3.1 总则"的内容可以汇总成1个知识点——组织应建立、实施、保持适当的设计和开发过程，确保后续产品和服务的提供。

3. 标准理解

本 8.3.1 条款的标题是"总则"，是对 8.3 条款概括性的描述。

根据 GB/T 19000 的定义，设计和开发是指："将对客体的要求转换为对其更详细的要求的一组过程"。通常产品和服务的设计和开发是对顾客需求、功能理念进行理论研究和应用开发，并且转化为可以指导制造或实施的更详细的规范、规程或方案。通常企业中将设计开发过程简称为 R&D（Research and Development）过程。

总体来说，设计和开发过程是利用输入（如：顾客需求、功能理念）实现预期结果（输出）的相互关联或相互作用的一组活动。这里的输出可以包括：采购的详细要求（采购清单、采购规范）、生产和服务的详细要求（图样、工艺规程、作业指导书）、检验的详细要求（验收规范、试验大纲）、服务的详细要求（产品使用和维护说明书、安全使用手册、服务规范、维修规范、服务方式）等。

4. 如何贯标

需要注意 8.3 条款"产品和服务的设计和开发"并非是所有企业贯标时的强制要求。企业可以根据自身情况进行适用性的合理说明，详见 4.3 条款。但部分企业声明 8.3 条款不适用时存在误区，认为设计和开发过程是实体制造业、建筑业、软件开发或系统集成行业等才有的，与服务业无关。

有些医疗机构认为内部无设计和开发过程，因为病人的诉求就是为了"治好病"。但其实，医疗机构在满足病人诉求的同时也是有设计和开发的过程的。例如：医疗机构内部服务流程的设计和开发；某医疗团队为攻克疾病而设计和开发的治疗方案；某护士团队为提升服务质量而设计和开发的护理步骤和指南等。

部分销售型组织，认为内部的流程就是"买进卖出"，并没有设计和开发的过程。但其实，销售流程、销售作业规范、内部管理制度等也属于设计和开发。除非该企业从不开发新客户，销售流程一直未变更，内部管理制度从未更新，并且有足够的证据证明能够满足顾客要求时，可以声明不适用 8.3 条款。

基于以上两个案例表明，企业声明不适用 8.3 条款，应有足够和充分的不适用说明。

某 OEM（贴牌生产）的企业，其产品的图纸、工艺、作业指导、检验规程等均来自相关方，内部的流程控制严格固化，且生产稳定，能够满足顾客要求和法律法规的要求，可以声明 8.3 条款不适用。

某连锁餐饮企业在某市的直营店，其店铺选址、装修风格均为总部统筹，食品的制作、店内的服务均按照总部的作业流程、服务规范执行，且能够满足顾客要求和法律法规要求，可以声明 8.3 条款不适用。

企业设计和开发的情况可以包括：全新型产品、换代型新产品、改进型新产品、消化吸收型新产品等。

1）全新型产品，指应用新原理、新技术、新结构或新材料设计出具有先进的性能参数或技术经济指标的产品，通常体现了科学技术的最新成果。

2）换代型新产品，指采用新技术、新材料，使产品性能有重大突破的产品。

3）改进型新产品，指对产品结构、材料、派生其他用途等方面做出改进的产品。

4）消化吸收型新产品，指组织购买的新产品或专利进行消化吸收并转化为本公司的产品，也包括购买产品样机进行测绘并在此基础上根据产品特点及市场定位进行改进或完善的产品。

硬件产品常用的设计和开发的方法和工具有：模块设计、稳健设计、计算机辅助设计、计算机辅助制造、虚拟现实技术、价值分析技术等。软件开发的模式通常包括：边做边改型（Build-and-Fix Model）、瀑布模型（Waterfall Model）、迭代模型（Stagewise Model）、快速原型模型（Rapid Prototype Model）、增量模型（Incremental Model）、螺旋模型（Spiral Model）、敏捷软件开发（Agile Development）、演化模型（Evolutionary Model）、喷泉模型（Fountain Model）、智能模型（四代技术：4GL）、混合模型（Hybrid Model）。

▶ 5. 审核要点

审核员应当关注并证实企业设计和开发过程的存在，且得到有效实施。审核员应当增加专业领域的产品和服务知识，以及掌握获得这些知识的方法，从而使自身有能力验证企业的 QMS 是否应当包括设计和开发过程。特别是对于服务行业的设计和开发过程，审核员应予以重点关注，避免盲目删减。

审核员应通过与受审核方相关部门或岗位人员沟通并查阅资料，关注其是否已建立、实施和保持适当的设计和开发过程及记录。

审核员应了解受审核方已完成的设计和开发项目、正在策划的设计和开发项目，以及正在实施设计和开发项目的具体情况，以便在后续审核中选择适宜的样本，从而能够审核受审核方产品和服务的设计和开发所有阶段。

审核员应重点关注受审核方对于 8.3 条款不适用说明的合理性。

▶ 6. 审核实践

8.3 条款的审核实践，详见本书第 11 章。

8.3.2 设计和开发策划

▶ 1. 标准原文

8.3.2 设计和开发策划

在确定设计和开发的各个阶段和控制时，组织应考虑：

a）设计和开发活动的性质、持续时间和复杂程度；

b）所需的过程阶段，包括适用的设计和开发评审；

c）所需的设计和开发验证、确认活动；

d）设计和开发过程涉及的职责和权限；

e）产品和服务的设计和开发所需的内部、外部资源；

f）设计和开发过程参与人员之间接口的控制需求；

g）顾客和使用者参与设计和开发过程的需求；

h）对后续产品和服务提供的要求；

i）顾客和其他有关相关方期望的对设计和开发过程的控制水平；

j）证实已经满足设计和开发要求所需的成文信息。

▶ 2. 知识点速记

"8.3.2 设计和开发策划"的内容可以汇总成 1 个知识点——确定 R&D 的各个阶段和控制时，组织应考虑哪 10 个维度？

答：①R&D 的性质、时间、复杂程度；②所需过程阶段，R&D 评审；③R&D 验证、确认；④职责、权限；⑤内外部资源；⑥参与人员接口控制；⑦顾客和使用者参与 R&D 过程的需求；⑧对后续产品和服务提供的需求；⑨顾客和其他有关相关方期望的 R&D 控制水平；⑩成文信息。

▶ 3. 标准理解

按照"过程方法"和"PDCA 循环"的管理原则，任何过程都应先策划，而设计和开发过程的策划是非常重要的（标准单独列为一条要求，而没有合并到 8.1

条款中）。组织在策划设计和开发的各个阶段及其控制时，应考虑以下 10 个方面的要求。

（1）R&D 的性质、时间、复杂程度

R&D 的性质是指，研发过程是全新的还是现有的，是原创还是改进的，是产品类还是服务类的等。性质决定了设计的难易程度、复杂程度以及涉及的研发规模。

R&D 的时间是指，设计开发周期的长短，例如有些设计是市场急需，必须快速反应快速研发的；有些设计属科研攻关，填补空白，需较长的时间，甚至跨若干年度的。

R&D 的复杂程度是指，企业需要区分 R&D 的对象是小型产品或简单服务，还是大型产品或复杂服务等。

R&D 的性质、复杂程度、预定期限等与 R&D 持续的时间和交付要求相关，这些都是策划时需要考虑的内容。

（2）所需过程阶段，R&D 评审

R&D 过程阶段是指企业提供产品和服务的途径和里程碑。R&D 是一项专业性强、风险较大的活动，划分 R&D 阶段是为了分步实施、简化过程、降低风险。不同行业的 R&D 阶段的划分是不一样的。

1）实物产品的 R&D 阶段可划分为：需求分析→需求评审→方案设计（包括评审）→详细设计（包括评审）→样机制作（包括验证）→小批试制（包括确认）→批量生产。

2）软件产品的 R&D 阶段可划分为：需求分析→需求评审→概要设计（包括评审）→详细设计（包括评审）→程序编码→单元测试→集成测试→系统测试→部署上线→验收。

3）化工产品的 R&D 阶段可划分为：需求分析→需求评审→小试→样品工艺→化验审定→中试→样品工艺→化验审定→大试→样品资料工艺配方→化验审定→试用鉴定。

4）服务业 R&D 阶段可划分为：服务需求定义→服务方案设计（包括评审）→人物、触点、体验分析→服务规程设计（包括评审）→服务体验评价→服务传递。

企业也可出于"迭代"考虑，划分 R&D 阶段，如马化腾把腾讯的渐进式创新解释为"小步快跑，试错迭代"。

（3）R&D 验证、确认

R&D 验证，主要是利用对比计算、设计比较等方法，确保输出满足输入的要求。R&D 确认主要是通过模拟试验、仿真试验等方式，从使用性能的角度，为确保产品满足规定的使用要求而进行的工作。通常来讲，R&D 的评审、验证、确认过程会交替重复出现，并无绝对的时间限定。

（4）职责、权限

R&D 过程从横向看，有阶段性要求，从纵向看，有职责和权限要求。绝大部分的 R&D 过程是由团队完成的，且往往过程相对复杂周期较长。因此策划时，应明确 R&D 的每一项工作以及由谁来做这些工作，应确定参与 R&D 活动的人员在各阶段中相关的职责和权限。参与人员如项目负责人、专业负责人、校审人员、实验人员、试制人员、测试人员、验证人员等；涉及的权限包括签署、审批、更改等。

（5）内外部资源

企业应识别并确定 R&D 过程中需要配置或增加的必要资源，如选配具备相应能力、能够胜任的人员担任各级设计师，以及其他相关支持和配合人员；提供相应的设施（如试验场地）、设备（如研发设备、实验设备、测试设备）和工作环境（如静电防护）；提供相关的标准、规范、情报资料、以往类似产品的相关信息等。对于大型、复杂，涉及多个组织、多个专业技术领域的项目，还要考虑利用所需的外部资源，包括合作开发、分包设计、联合设计、共同验证等。

（6）参与人员接口控制

R&D 活动不能"闭门造车"。R&D 过程往往不是一个人就可以完成的，大型、复杂产品可能还涉及多个组织（例如供方），不同的人员或设计组负责不同部件（组件）的设计和开发。在这种情况下，要特别注意人员和组别之间的接口管理，以确保其就设计和开发信息能有效沟通。接口管理直接影响设计和开发的效率和质量。R&D 人员分工合作的边界、沟通和协调的控制，通常称为"专业互提"。

（7）顾客和使用者参与 R&D 过程的需求

企业应明确顾客和用户在 R&D 活动中的参与程度，必要的情况下，将他们的意见纳入 R&D 的输入。企业需要在策划阶段做出安排，以便设计人员在规定的阶段及时与顾客和用户沟通，及时组织实施质量功能展开（QFD）等。小米公司在开发手机系统时通过"米粉"在其论坛上的反馈，逐步改进其硬件和生态，更好地满足顾客需求。

（8）对后续产品和服务提供的需求

产品和服务不但要设计出来，还需要能够后续生产和正常运转。简单来说，就是设计和开发的产品能够量产上市，设计和开发出来的服务能够正常运转，否则再好的设计、再棒的开发也只是空中楼阁。

有些设计团队，想法天马行空，创意五彩纷呈，纸面上的设计（如 3D 建模和 2D 图纸）也是耀眼夺目，但因为缺乏生产制造的经验，导致设计的产品无法开模、无法组装、无法通过测试，项目最终只能无疾而终或另起炉灶。现在很多设计集成软件，包含了诸多功能，如 CAD、CAE、CAM 等，就是为了让设计和生产能够做好协同，确保设计出来的东西能造出来。

（9）顾客和其他有关相关方期望的 R&D 控制水平

在某些行业，顾客和相关方对于 R&D 过程有特殊的控制要求。例如，军工单位的设计和开发过程需要涉密管理；汽车零部件企业的设计和开发过程中需要满足产品质量先期策划（APQP）和生产件批准程序（PPAP）的流程等。此时，顾客和其他有关相关方就要对企业的 R&D 活动实施控制或施加影响。

（10）成文信息

企业在 R&D 策划时应考虑在哪个阶段需要什么证据，确认是否满足了 R&D 要求，及在评审、验证和确认阶段适当执行的客观证据。当 R&D 活动导致了非预期的输出时，详细记录的成文信息可有助于识别问题原因。当 R&D 过程顺利，且产出的产品或服务完全和预期一致时，保留的成文信息可用于后续活动参考以确保一致性。

▶ 4. 如何贯标

R&D 策划的是对设计和开发过程的全局进行控制，其输出通常可以包括设计和开发计划、设计和开发方案等内容，需要涵盖标准中 10 个方面的要求。某软件开发公司的设计和开发计划见表 8-3。

表 8-3　某公司设计和开发计划

表单编号：×××××××××××

项目名称	××××		起止日期	2019.11—2020.3
产品类型：××软件原创开发		技术等级：★★★	预算费用	50 万元
职　　责	设计开发人员	职　　责	设计开发人员	
项目经理	××	测试工程师	××	
商务对接	××	运维工程师	××	
程序工程师	××			

资源配置（包括人员、研发设备、设计经费预算分配及信息交流手段等）要求：

设计和开发阶段的划分及主要内容	负　责　人	配合部门	评审人及意见	完成期限
顾客需求分析及调查确认				
设计技术可行性分析				

（续）

设计和开发阶段的划分及主要内容	负 责 人	配合部门	评审人及意见	完 成 期 限
软件概要设计				
软件详细设计				
接口测试				
系统测试				
顾客验收测试				
顾客验收				
评审结论：				
验证结果：				
最终确认：				
编制： 日期：	审核： 日期：		批准： 日期：	

▶ 5. 审核要点

审核员应关注企业是否按本条款要求对产品和服务的 R&D 过程进行了策划，必要时可以查看企业的 R&D 流程图，并确保 R&D 过程按策划的要求进行控制。切勿直接向企业要"设计方案""3D 图纸""测试报告"等内容，审核应该也遵循"PDCA 循环"的路线。

审核员需要抽查企业典型的设计开发项目，看其 R&D 策划的输出，是否包含了标准要求的 10 个方面的内容，如有缺失，应请受审核方做出合理的解释。

审核时要注意，简单的、风险低的 R&D 项目，可以把评审、验证、确认三者/两者合在一起进行；如果是复杂的、风险高的（例如建筑设计或汽车行业），则应策划不同阶段设计监控手段，不管设计监控是单独的或是组合在一起的，都应该在策划中明确安排。

审核时应关注企业配备的资源是否充足，包括硬件资源（如建模用的高性能的工作站）、软件资源（设计和开发用软件和测试软件）以及人力资源（聘请有能力的人员实施 R&D 工作）。此外，还需关注 R&D 过程中用的软件资源是否为盗版软件。

▶ 6. 审核实践

8.3 条款的审核实践，详见本书第 11 章。

8.3.3 设计和开发输入

▶ 1. 标准原文

8.3.3 设计和开发输入

组织应针对所设计和开发的具体类型的产品和服务，确定必需的要求。组织应考虑：

a）功能和性能要求；

b）来源于以前类似设计和开发活动的信息；

c）法律法规要求；

d）组织承诺实施的标准或行业规范；

e）由产品和服务性质所导致的潜在的失效后果。

针对设计和开发的目的，输入应是充分和适宜的，且应完整、清楚。

相互矛盾的设计和开发输入应得到解决。

组织应保留有关设计和开发输入的成文信息。

➤ 2．知识点速记

"8.3.3 设计和开发输入"的内容可以汇总成下面 2 个知识点。

1）设计和开发的输入，应考虑哪 5 点内容？

答：①功能、性能的要求；②以前类似的 R&D 信息；③法律法规要求；④标准/行业规范；⑤潜在失效后果。

2）设计和开发输入的 3 点注意事项是什么？

答：①针对 R&D 目的，R&D 输入应该充分、适宜、完整清楚；②矛盾的 R&D 输入得以解决；③保留成文信息。

➤ 3．标准理解

设计和开发是一个过程，既然是过程，那么就需要有输入、有输出。本条款及 8.3.5 条款"设计和开发输出"充分体现了"过程方法"的原则。

确定 R&D 输入时，需要从 5 个方面进行控制。

（1）功能、性能的要求

功能就是一个产品有哪些用途，它能干什么。性能就是这个产品在实现功能时，表现得怎么样。

一台手机，可以用来打电话、发短信、玩游戏、听歌、看电影、拍照等，这是手机的功能。而这台手机打起电话来，效果怎么样（接收信号好不好）、玩游戏体验如何（电池是否耐用，会不会白屏关机）、听歌和看电影效果如何（画面音质是否很清晰）、拍照能力强不强（人像是否清晰）等，这些就是手机的性能。

总的来说，功能是某产品的用途，而性能则是该产品在实现用途时的表现情况或效率。性能的好坏是建立在产品功能的基础上来评判的。可以说，功能解决的是"有没有"的问题，性能解决的是"怎么样"的问题。

（2）以前类似的 R&D 信息

这些信息是企业的知识，可帮助企业提高 R&D 的效率，通过借鉴以往类似的 R&D 经验，不断完善 R&D 活动，创造出更好的设计效果，可以帮助企业避免前车之鉴，减少设计中的错误。

"以前类似的R&D信息"可包括两种情况，一是企业内部的类似 R&D 信息，二是企业外部的类似 R&D 信息。企业在参考外部的 R&D 信息时，需要注意避免侵权。

在汽车开发领域，有逆向工程技术，是产品设计技术再现的过程，即对"对标车"进行逆向分析及研究，从而演绎并得出该产品的处理流程、组织结构、功能特性及技术规格等设计要素，以制作出功能相近，但又不完全一样的产品。应用逆向工程技术时，应避免侵权。

（3）法律法规要求

企业应遵守相应的法律法规要求，特别是涉及国家、地区、行业有关健康、环境和安全等方面的要求。例如，在整车研发过程中，企业必须贯彻执行与汽车开发、生产、使用相关的国家环保法规，以控制汽车尾气的排放。

（4）标准/行业规范

在设计和开发过程中，企业应满足承诺实施的标准或行业规范。某些自愿性标准虽不强制企业实施，但如果企业声明满足相关的标准或规范，则必须满足其标准的内容。与此同时，某些标准或行业规范能够提高企业 R&D 的效率。

（5）潜在失效后果

本条款重点体现了"基于风险的思维"的原则。企业应针对设计和开发产品和服务的功能和性能，分析如果失效可能会导致的后果。

汽车制动系统的设计问题可导致撞车事故。药品设计问题可能导致不良副作用。分析潜在的失效后果，是对 R&D 的风险预防，促使设计人员慎重对待 R&D 工作。

针对本条款，很多企业采用了潜在失效模式结果分析（FMEA）的工具方法。FMEA 是在产品设计阶段和过程设计阶段，对构成产品的零件、部件、子系统以及各生产工序逐一进行分析，找出所有潜在的失效模式，并分析其可能的后果，从而预先采取必要的措施，以提高产品的质量和可靠性。

在确定 R&D 输入时，应注意 3 个方面。

1）针对 **R&D 目的，R&D 输入应该：充分、适宜、完整清楚。**企业应确保设计和开发的输入是没有歧义的、充分的、适宜的、完整清楚的。

2）**矛盾的 R&D 输入得以解决。**若某企业设计和开发的产品功能，与法律法规要求相违背，则需要解决此矛盾点。

在日本所有手机在拍照时无法关闭快门的声音，虽然很多顾客希望手机拍照时能静音，但日本法律规定手机拍照必须强制有快门声音，所以售往日本的手机在设计之初就要求保留快门声音。

3）**保留成文信息。**对于设计和开发的输入，企业应保留相关的成文信息，诸如：顾客需求分析、FMEA、以往设计模型参考分析、项目设计立项报告、法律法规清单等。

▶ 4. 如何贯标

企业的设计和开发过程中对于功能、性能的要求，往往来源于顾客需求，可以通过质量功能展开（QFD）或者顾客需求分析等方法来实现。对于以前类似 R&D 活动的信息可以采取"逆向工程"等相关手段进行分析并应用。

法律法规、标准或规范的要求可作为企业 R&D 的参考，但需要注意法律法规、标准规范必须确保现行有效。企业要避免因法规或标准未及时更新造成的 R&D 损失。

企业应在产品和服务的 R&D 过程中，进行潜在的失效模式分析或风险分析（采用 FMEA、FMECA 等方法），并提出相应的解决措施。

▶ 5. 审核要点

对于本条款的审核，不要直截了当地提问受审核方"你们设计和开发的输入是什么？"因为不同的企业对于设计和开发管控的成熟度是不一样的。某些设计和开发过程不够成熟的企业，审核员可以采用引导式提问，如"××项目你们顾客的功能和性能要求是在哪里体现的？你们以往做过类似的设计和开发可以参考吗？该项目涉及哪些法律法规和标准的要求？对于设计出来的产品可能出现的缺陷，是否采取了未雨绸缪的手段？"等。

审核员可以通过抽样的方式，关注受审核方 R&D 的输入是否有歧义、是否是充分适宜的、是否完整清楚，对于相互矛盾的输入有无得以解决，是否保留相关的成文信息。

◆**6. 审核实践**

8.3 条款的审核实践，详见本书第 11 章。

8.3.4　设计和开发控制

◆**1. 标准原文**

8.3.4　设计和开发控制

组织应对设计和开发过程进行控制，以确保：

a）规定拟获得的结果；

b）实施评审活动，以评价设计和开发的结果满足要求的能力；

c）实施验证活动，以确保设计和开发输出满足输入的要求；

d）实施确认活动，以确保形成的产品和服务能够满足规定的使用要求或预期用途；

e）针对评审、验证和确认过程中确定的问题采取必要措施；

f）保留这些活动的成文信息。

注：设计和开发的评审、验证和确认具有不同目的。根据组织的产品和服务的具体情况，可单独或以任意组合的方式进行。

◆**2. 知识点速记**

"8.3.4 设计和开发控制"的内容可以汇总成 1 个知识点——R&D 控制的目的是什么？

答：①规定拟获结果；②实施评审：评价 R&D 结果满足要求的能力；③实施验证：确保 R&D 输出满足输入要求；④实施确认：确保产品和服务满足要求或预期用途；⑤针对评审、验证、确认所确定问题，采取措施；⑥保留成文信息。

◆**3. 标准理解**

设计和开发的控制是在设计和开发过程中进行的。设计和开发控制的核心内容是：评审、验证、确认及采取相应的措施。

这里出现了 3 个非常重要的动词"评审、验证、确认"，根据 GB/T 19000—2016 的阐述，其定义分别如下：

1）**评审**（review）：对客体实现所规定目标的适宜性、充分性或有效性的确定。如：管理评审、设计和开发评审、顾客要求评审、纠正措施评审和同行评审。简单来说，"评审"的过程就是"回头看"的过程。

2）**验证**（verification）：通过提供客观证据对规定要求已得到满足的认定。验证所需的客观证据可以是检验结果或其他形式的确定结果，如：变换方法进行计算或文件评审。简单来说，"验证"的过程就是"比较/计算对不对"的过程。

3）**确认**（validation）：通过提供客观证据对特定的预期用途或应用要求已得到满足的认定。简单来说，"确认"的过程就是"看产品/服务能不能用"的过程。

通常，评审过程是贯穿于 R&D 全过程的，R&D 过程需要不断地"回头看"，例如顾客需求评审、设计概要方案评审、详细设计方案评审、测试方案评审等。验证过程通常是对于 R&D 过程形成的阶段性输出的文件或样品进行计算或比较，目的是验证"对不对"。确认过程通常是站在顾客的角度，对成品或样件进行确认，看设计的产品或服务"能不能用"。"评审、验证、确认"三者的核心区别，见表 8-4。

表 8-4　"评审、验证、确认"三者的核心区别

项　　目	设 计 评 审	设 计 验 证	设 计 确 认
目的	1）评价设计和开发的结果满足要求的能力 2）识别任何问题并提出必要的措施	确保设计和开发输出满足输入的要求	确保产品和服务能够满足规定使用要求或预期用途的要求（通常站在顾客立场）
说明	依据所策划的安排，在适宜的阶段对 R&D 进行系统的评审	依据所策划的安排对R&D进行验证	依据所策划的安排对 R&D 进行确认
对象	阶段的设计结果（如：顾客需求、概要方案、详细设计方案、测试方案等）	设计输出文件或样品（如：3D 模型、2D 工程图、设计程序样品、快速成型样件等）	通常是向顾客提供的产品（如：样品确认、工装样件确认等）
时机	在设计的适宜阶段进行	当形成设计输出时	只要可行，确认应在产品交付或实施之前完成
性质	检查（"回头看"的过程）	证明（"比较/计算对不对"的过程）	认可（"看产品/服务能不能用"的过程）
方式	会议/传阅方式	试验，计算，对比，文件发布前的评审	试用、模拟

标准的注解内容阐明了 R&D 的评审、验证和确认具有不同目的，企业可以根据产品和服务的性质，单独或以任意组合的方式应用。例如软件开发行业的顾客验收测试（UAT），既是验证的过程也是确认的过程。新车型的"路试"环节，既包含了评审又包含了验证，还包含确认过程。

（1）规定拟获结果

即规定 R&D 各个阶段的成果输出，只有明确每个阶段的结果目标，才能进行评审、验证、确认，使 R&D 过程朝着预期的方向发展。阶段的结果目标例如设计任务书、试验大纲、设计和开发的样品、设计和开发方案、测试方案等。

（2）实施评审：评价 R&D 结果满足要求的能力

R&D 评审的阶段、内容、方式，因企业承担的 R&D 责任的不同而不同。例如评审的方式可以采用会议评审、专家评审、逐级审查、同行评审等。

在有关 R&D 评审活动的文件中应规定评审之前做什么（如评审项目需要的文档和评审人员的分工等），评审后必须产生什么记录（如会议记录、结论、问题、措施等）。企业要规定在 R&D 的不同阶段应该由谁参与评审，必要时企业应与顾客合作召开设计评审会，或邀请供应商参与评审。参与产品生产或服务的人员，包括未参与设计和开发过程的人员，也可根据情况，参与 R&D 评审。

评审活动通常是由有关人员从各自的立场和角度，对设计结果满足要求的能力进行的评价。对评审中提出的意见，设计人员需要做出澄清和答复，并采纳合理的意见。必要时，需要对评审引发的措施进行跟踪。企业要保存评审结果和依据评审结果所采取的任何必要措施的记录。所以，评审的核心就是"回头看、找问题、定措施"。

（3）实施验证：确保 R&D 输出满足输入要求

验证是通过提供客观证据对规定要求已得到满足的认定。企业通过验证检查确保在 R&D 过程初期识别的所有要求得到满足，确保 R&D 的输出满足 R&D 输入的要求。对大型项目而言，这一过程可分解到各关键阶段，并在每个阶段结束时进行验证。

通常企业要编制验证规范和计划，对 R&D 验证的方法做出规定。验证的方法可以是变换方法进行计算（如 CAE 仿真分析）、开展测试和鉴定、试验证实（如汽车碰撞试验）、将新设计与已证实的类似设计的结果进行比较、在发布前检查设计阶段文档、对设计输出结果进行评审（如对产品装配图、产品零件图、材料 BOM 表的评审等）。

R&D 验证的结果及其所引发的任何必要措施的记录应予以保存。企业对 R&D 验证中发现的任何不满足设计输入的问题，必须对设计输出做出更改，且对更改的结果重新验证，直到证实设计输出满足设计输入要求。所以，验证的核心就是"比较/计算对不对，定措施"。

（4）实施确认：确保产品和服务满足要求或预期用途

确认是通过提供客观证据对特定的预期用途或应用要求已得到满足的认定。企业通过确认检查确保最终的产品或服务满足顾客或最终用户的需求。企业在做 R&D 确认时，应按策划的安排进行，且通常在产品交付或实施之前完成。

"规定的使用要求或已知的预期用途"往往已经包含在设计和开发输入中，可以通过设计验证的结果对部分要求进行确认。考虑到经验和知识的局限性，可能依然存在未知的不满足"规定的使用要求或已知的预期用途"的情况，这些要求通常难以通过技术试验的方法进行确认，只有将产品置于使用环境和条件下，才有可能暴露不满足要求的 R&D 缺陷。确认的方式可包括：产品试用、试运行、模拟测试、新车型整车道路试验等。所以，确认的核心就是"看产品/服务能不能用，定措施"。

（5）针对评审、验证、确认所确定问题，采取措施

在 R&D 过程评审、验证和确认活动中识别和发现的问题，都应提出后续措施并确保措施有效实施。这些发现的问题可能会导致产品和服务 R&D 的一些更改，比如外观、结构等，这些更改可能会引起从成本和效率等方面去提出改进的措施。这些措施的有效性可以作为下次 R&D 评审、验证、确认的输入内容。

（6）保留成文信息

对于 R&D 过程的评审、验证和确认过程，以及采取的任何措施，企业都应保留相关的成文信息。

▶ 4. 如何贯标

本条款对于不同行业、不同性质的 R&D 过程，其要求是不一样的。对于小型的 R&D 活动，例如某电子商务公司的海报设计，其整个 R&D 过程只需一个美工半个小时就可以完成，所以评审、验证、确认的过程可能会存在很大的交集。保留的成文信息可能就是聊天工具上设计主管对于美工提交样图的简单两个字的回复"可行"。

对于某些中大型的 R&D 项目，例如耗时 1 个月的软件开发活动，项目组成员有 10 人，顾客需求需要评审、概要设计方案需要评审、详细设计方案需要评审、测试方案需要评审、测试报告需要评审，验证活动包括：单元测试、集成测试、系统测试，确认活动包括：试运行、顾客验收测试、顾客验收等。

▶ 5. 审核要点

审核员应与受审核方进行沟通，关注他们是否了解 R&D 阶段的拟获结果。

审核员不应强制要求受审核方单独提供评审、验证、确认的证据，因为以上 3 项活动可能存在交集，审核员应根据受审核方 R&D 实际项目情况进行区分。

审核员要关注受审核方针对评审、验证、确认活动而采取的控制措施及后续跟踪，关注相关的成文信息的审核。

▶6. 审核实践

8.3 条款的审核实践，详见本书第 11 章。

8.3.5 设计和开发输出

▶1. 标准原文

8.3.5 设计和开发输出

组织应确保设计和开发输出：

a）满足输入的要求；

b）满足后续产品和服务提供过程的需要；

c）包括或引用监视和测量的要求，适当时，包括接收准则；

d）规定产品和服务特性，这些特性对于预期目的、安全和正常提供是必需的。

组织应保留有关设计和开发输出的成文信息。

▶2. 知识点速记

"8.3.5 设计和开发输出"的内容可以汇总成下面 2 个知识点。

1）R&D 输出要满足哪 4 个要求？

答：①满足输入要求；②满足后续产品和服务提供的需要；③包括/引用监视测量资源，适用时包括接收准则；④规定产品和服务特性，这些特性对于预期目的、安全和正常提供是必需的。

2）保留 R&D 输出的成文信息。

▶3. 标准理解

R&D 活动输出为后续的采购、生产、检验、服务等活动提供输入。不同类型的产品和服务 R&D 过程、不同性质的 R&D 过程，其输出都可能存在差异。差异可能表现在图纸、技术条件、服务规范、采购要求、项目方案、配方上等。但是，不管是何种 R&D 过程，其输出均需要满足以下 4 个要求。

（1）满足输入要求

不满足输入要求的 R&D 输出是"答非所问"的。例如：R&D 输入要求是设计一道适合江浙口味的菜谱，结果 R&D 输出的是川渝口味的火锅配料，这样的 R&D 活动是没有顾客买账的。对于输入的要求可以参考 8.3.3 条款，具体包括：功能和性能要求、法规和标准要求、以往类似 R&D 活动的参考、潜在失效模式的避免等，R&D 的输出要满足上述要求。

（2）满足后续产品和服务提供的需要

只有能够"落地"的设计，才是接地气的设计，否则再绚丽夺目的 3D 展示、动画仿真，都有可能类似于"PPT 造车"。满足后续产品和服务提供的需要，是指为后续的采购、生产、检验、服务等过程提供相应的支持，具体可包括：采购清单和规范、产品图样和规范、过程规范（如工艺规程服务规范）验收准则、试验大纲、使用维护说明书等。

（3）包括/引用监视测量资源，适用时包括接收准则

R&D 的输出应提供对于监视和测量的要求，如在何处、使用何种设备以何种频次和方法实施监视和测量。这些要求可以在设计输出中专门规定，也可以引用原有的文件中的规定。

适当时，还可以包括产品和服务的验收准则，如在设计文档中规定原材料、半成品、成品的检验频次和方法，或引用原有类似产品的检验规定、适用的产品标准、规范等。对服务行业而言，如酒店管理流程的设计，其输出需要包括针对酒店大厅、服务设施、安防器材等规定的检查内容、检查形式、检查方法等。

（4）规定产品和服务特性，这些特性对于预期目的、安全和正常提供是必需的

为确保以安全和恰当的方式生产和使用所设计的产品和服务，R&D 的输出应提供产品或服务的关键特性，如：药品的使用说明、食品的存储要求、汽车的驾驶指导等。

根据 JB/T 5058—2006《机械工业产品质量特性重要度分级导则》将产品质量特性分为关键特性、重要特性、一般特性三类：

1）关键特性：如发生故障，会发生人身安全事故、丧失产品主要功能、严重影产品主要性能和降低产品寿命、对环境产生违反法规的污染，以及必然会引起使用单位申诉的特性。

2）重要特性：如发生故障，会影响产品的使用性能和寿命，使用单位可能申诉的特性。

3）一般特性：如发生故障，对产品的使用性能和寿命影响不大及不致引起使

用单位可能申诉的特性。

企业应保留有关 R&D 输出的成文信息，且 R&D 输出文件在发放前应得到批准。

◥ 4．如何贯标

本条款在执行过程中容易出现以下两个问题：

1）R&D 输出与 R&D 输入的要求不一致，或不相符合。

2）R&D 输出没有考虑后续过程的需求，不能指导后续过程的开展。

所以，如有必要，企业可以将 R&D 的输出与输入的内容进行比对，避免出现不符合的情况。与此同时，R&D 过程中需要多部门进行综合评审讨论，避免"闭门造车"，防止发生不能指导后续过程开展的情况，即不能"设计得出来，造不出来"。

R&D 的输出需要做好文件管控，一方面是便于组织内部管理，是企业设计和开发的知识库。另一方面项目评价过程中需要对 R&D 的过程进行抽样审查。

◥ 5．审核要点

审核员需要关注企业是否按本条款要求确保了 R&D 输出满足规定的 4 项内容，并保留了有关成文信息。

审核员可以抽查组织典型的 R&D 项目，但需要注意，不同类型产品（硬件、软件、流程性材料）和服务，其 R&D 输出可以有不同的形式（如样品、图纸、程序、工艺、配方、规范等）。审核员需要学习和掌握一定的专业知识，才能胜任产品和服务的 R&D 审核工作。

◥ 6．审核实践

8.3 条款的审核实践，详见本书第 11 章。

8.3.6　设计和开发更改

◥ 1．标准原文

8.3.6　设计和开发更改

组织应对产品和服务设计和开发期间以及后续所做的更改进行适当的识别、评审和控制，以确保这些更改对满足要求不会产生不利影响。

组织应保留下列方面的成文信息：

a）设计和开发更改；

b）评审的结果；

c）更改的授权；

d）为防止不利影响而采取的措施。

▶ 2．知识点速记

"8.3.6 设计和开发更改"的内容可以汇总成下面 2 个知识点。

1）组织应对 R&D 期间及后续所做更改，进行识别、评审、控制，确保更改对于满足要求不会产生不利影响。

2）R&D 更改，组织应保留哪些方面的成文信息？

答：①R&D 更改；②评审结果；③更改授权；④防止不利影响采取的措施。

▶ 3．标准理解

有变更就存在风险，所以本条款还是"基于风险的思维"进行的阐述。

从生命周期的观点来说，产品从研发到生产、销售、使用、报废都可能存在更改，但是本条款所阐述的变更，重点是指在 R&D 期间及后续所做的更改。"R&D 期间"很好理解，但"后续所做的更改"是指与 R&D 有关的后续过程。例如，产品设计批准发布后，顾客临时需要增加相关的功能。

对于 R&D 更改的管控要做到三点：识别、评审、控制。识别更改即找到 R&D 过程中的更改，包括识别更改的原因（可能是评审、验证确认过程提出的要求，可能是提高设计效率和可制造性的要求，也可能是顾客的需求变更的要求等）、性质（重大更改，还是一般更改）和类别等。

评审和控制更改，其目的就是确保这些更改对满足要求不会产生不利影响。评审和控制的方式可以包括：会议、会签、审签、试验等。根据评审的结果，采取相应的控制措施。

对于 R&D 更改，组织应保留以下 4 个方面的成文信息：①R&D 更改；②评审结果；③更改授权；④防止不利影响采取的措施。

▶ 4．如何贯标

企业应按照产品和服务的性质和特点，针对不同的更改原因和性质，划分更改的类别，明确更改的流程，规定相应的审批权限。企业要按照不同的更改类别，采取不同的方式进行更改，明确如何实施必要的评审、验证和确认，以及评价更改带来的影响。例如，计算机软件开发的更改应符合企业关于软件配置管理的规定要求，技术状态的更改应符合企业关于技术状态管理的规定要求。

保留更改、评审的结果、更改的授权及采取措施的成文信息，可参考表 8-5 设计和开发更改评审记录。

表 8-5　设计和开发更改评审记录

项目名称		项目编号			
文件名称		文件编号			
更改方式：□划线注示　□更新设计		更改实施日期：　　　年　　月　　日			
更改的理由	□顾客要求 □法律法规的变化要求 □研发各阶段发生的设计更改 编制： 日期：				
更改的内容	修改前： 修改后： 采取的措施： 编制： 日期：				
更改 评审	结论：	姓名	部门		职务
更改实施确认	意见： 总经理签字： 签字日期：				

▶ 5. 审核要点

审核员应与受审核方沟通，查看其在 R&D 过程中是否存在变更的过程，查看企业是否识别充分。

审核员应关注企业是否对更改的识别、性质、分类、流程、授权做出规定；需要时，更改前是否进行了适当的评审、验证和确认，并在实施前得到了批准；是否对更改的影响进行了评价，并采取了相应的措施，措施的实施是否有效。

审核员应关注企业对于 R&D 更改，是否保留了相关的成文信息。

▶ 6. 审核实践

8.3 条款的审核实践，详见本书第 11 章。

8.4 外部提供的过程、产品和服务的控制

8.4.1 总则

➤ 1．标准原文

8.4.1 总则

组织应确保外部提供的过程、产品和服务符合要求。

在下列情况下，组织应确定对外部提供的过程、产品和服务实施的控制：

a）外部供方的产品和服务将构成组织自身的产品和服务的一部分；

b）外部供方代表组织直接将产品和服务提供给顾客；

c）组织决定由外部供方提供过程或部分过程。

组织应基于外部供方按照要求提供过程、产品和服务的能力，确定并实施外部供方的评价、选择、绩效监视以及再评价的准则。

对于这些活动和由评价引发的任何必要的措施，组织应保留成文信息。

➤ 2．知识点速记

"8.4.1 总则"的内容可以汇总成下面 2 个知识点。

1）哪 3 种情况，组织应对外部提供的过程、产品和服务实施控制？

答：①外部提供的产品和服务构成自身产品和服务的一部分；②外部供方代表组织直接将产品和服务提供给顾客；③外部供方提供过程或部分过程。

2）组织应基于外部供方的能力，确定并实施，对于外部供方的评价、选择、绩效监视、再评价的准则。对以上措施，保留成文信息。

➤ 3．标准理解

8.4 条款的标题是"外部提供的过程、产品和服务的控制"，因此 8.4.1 条款的重点在"外部"，标题"总则"表明 8.4.1 条款是对 8.4 条款的概括性描述。

组织外部提供过程、产品和服务可以分为以下 3 种情况。

（1）外部提供的产品和服务构成自身产品和服务的一部分

例如原材料、零部件、元器件的采购，这些外部供方的过程、产品和服务构成组织自身的产品和服务的一部分，对最终产品质量和服务是否满足顾客要求有重要影响。

（2）外部供方代表组织直接将产品和服务提供给顾客

例如，汽车 4S 店代表汽车厂家为顾客提供销售和售后服务；互联网时代的共

享经济，平台方提供终端客户需求，资源闲置者提供产品或服务（如共享数码产品、共享打车服务等）；部分白色家电公司将物流和售后服务委托给专门的服务公司；旅游网站的实际旅游服务由各旅行社提供等。

（3）外部供方提供过程或部分过程

例如，设计外包、镀铬外包、喷涂外包、监测资源的校准或检定的外包、建筑公司将设备安装过程外包、OEM 生产（俗称代工）等。外包，利用专业化分工提升了组织的效率，"专业的人干专业的事"，给企业带来了活力。

企业应针对各类外部供方（如产品和服务的供应商、过程的外部协作方）的能力制定评价、选择、绩效监视、再评价的准则。这些准则应基于外部供方的能力（在类别和水平方面）与企业要求相匹配、相契合的程度来建立，并用于外部供方的选择、评价过程中。

当企业要求发生变化时或外部供方能力可能变化时，应对企业供应链中的外部供方实施再评价。评价的手段和方式可以包括：供方的自我声明、供方审核、第三方审核（如汽车行业的 IATF 16949 审核）、现场调查、供方业绩信誉和资质调查等，也可以是以上方式方法的组合。企业要保留相关的成文信息。

对供方评价的核心内容就是供方的能力，具体可包括：供方的规模、生产设备、生产效能、供货质量、交货及时率、违约率、服务态度等方面。

➤ 4. 如何贯标

不同的企业、不同的行业，对于供方评价的要求是不一样的。小微型销售型企业对于供方的评价可能就是对产品质量、交货日期、价格、售后服务等方面进行简单的评审。对于中大规模型企业，考虑的维度和深度可能需要更加复杂。例如，汽车行业对于汽车零部件供应商的筛选非常严格，分为一级供应商和二级供应商，主机厂会阶段性地进行供应商二方审核，有大众汽车公司的 Forme1-Q 要求、福特汽车公司的 Q1 要求、通用汽车 QSB 的要求等，满足要求的供方纳入合格供方名录，不满足要求的剔除合格供方名录。

企业对于"有且仅有一家"的供方要加强沟通和协调，并积极开发潜在其他供应商，避免因突发状况导致整个工厂停工停线。例如 2017 年，"舍弗勒"公司唯一滚针供应商因环保问题被勒令停产，导致"舍弗勒"公司的"供货危机"。虽然使用单一供应商，企业的供应商管理会相对简单，但风险高度集中，一旦这个供应商出现问题，后患和危难难以估量。另外，这种合作模式，双方利益捆绑太紧，无法进行有效监督和牵制。

有些供方或者承包方，必须拥有相关的资质才能提供产品或者服务。例如：运输过程外包，则承包方必须有合法的运输资质（如道路运输许可证）；图书的销售外包则销售方需要有销售资质（出版物经营许可证）；危险化学品的处置外包，则处置方需要有相关资质（危险废物经营许可证）等。某些企业因为环保问题将喷涂工艺外包出去，则承包方也需要采取相关的环保措施，如通过环境影响评价和验收。

对于合格供方名录和供方评定记录，提供表8-6和表8-7供参考。

表8-6 合格供方名录

表单编号：××××

序号	供 方 名 称	供应的产品名称及类别（A，B）	首次列入日期	评审表序号	年度复评结果
1					
2					
3					
4					
5					
6					
7					
8					
9					
10					

编制： 批准： 日期：

表8-7 供方评定记录

表单编号：××××

单位名称		地址		
供方性质	主要□ 一般□ 辅助□	联系人		电话
质保能力调查评定意见	1. 价格合理，与同类相比偏低 □ 价格偏高，本单位无法接收 □ 2. 供货能力能满足发货需求 □ 供货能力不能满足发货需求 □ 3. 售后服务良好，能随叫随到 □ 售后服务较差，不能随叫随到 □			

	1. 质量管理体系已建立，并已通过 ISO 9001 认证 □
	   质量管理体系正在建立，预计今年能通过 ISO 9001 认证 □
	   质量管理体系尚未建立，但有完整的质量组织机构 □
	2. 技术力量较强 □ 技术力量一般 □ 技术力量较弱 □
	   工艺设施先进 □ 工艺设施齐全 □ 工艺设施一般 □
	3. 该供方为经销商，但提供的物资均能满足规定的采购要求 □
	4. 该供方为检测、计量服务供方，具备中国计量认证证书 □
	5. 该供方为运输服务供方，符合我公司产品运输的要求 □
	6. 该供方为个体户，有身份证，且质量符合我公司规定要求 □			

（续）

质保能力调查评定意见	1. 产品质量稳定，供货至今未出现质量问题	☐
	产品质量不稳定，供货至今时有质量问题出现	☐
	2. 检测设备先进、完善，对供货产品能按标准全面检测	☐
	检测设备完善，但只能对供货产品主要指标进行检测	☐
	检测能力较差，对供货产品不能按标准进行检测	☐

以往供货产品质量合格率： 100% ☐	≥95% ☐	≥90% ☐	首次供货 ☐

	评定意见	批准意见	
评定结论	经综合评定，该供方合格 ☐	同意 ☐	不同意 ☐
	经综合评定，该供方不合格 ☐	管代或总经理：	年 月 日

年度复评结论	2018 年	继续 ☐ 取消 ☐	复评人：	批准人：
	2019 年	继续 ☐ 取消 ☐	复评人：	批准人：
	2020 年	继续 ☐ 取消 ☐	复评人：	批准人：

参加评定人员							
姓　名	职　务	姓　名	职　务	姓　名	职　务	评定日期	
						年　月　日	

▶ 5. 审核要点

审核员应关注企业是否识别和确定了外部提供的过程、产品和服务，了解企业是否针对外部供方的性质和所提供的产品或服务的特点，制定了外部供方的评价、选择、绩效监视、再评价的准则，并验证企业采取以上措施的证据。

审核员应与受审核方沟通，了解其采购过程、外包过程等。如对承包方有资质类要求，审核员应重点关注。

如果受审核方的供方或者承包方比较少且比较固定，可采取全部抽样的方式。如果受审核方的供方或承包方比较多，审核员可以参考抽样方案进行抽样。但需要注意，对于风险较高的外部供方，必须审核并予以记录。

▶ 6. 审核实践

通常 8.4.1、8.4.2 和 8.4.3 条款不拆分审核，详见本书 8.4.3 节统一的审核实践。

8.4.2 控制类型和程度

▶ 1. 标准原文

8.4.2 控制类型和程度

组织应确保外部提供的过程、产品和服务不会对组织稳定地向顾客交付合格产品和服务的能力产生不利影响。

组织应：

a）确保外部提供的过程保持在其质量管理体系的控制之中；

b）规定对外部供方的控制及其输出结果的控制；

c）考虑：

1）外部提供的过程、产品和服务对组织稳定地满足顾客要求和适用的法律法规要求的能力的潜在影响；

2）由外部供方实施控制的有效性；

d）确定必要的验证或其他活动，以确保外部提供的过程、产品和服务满足要求。

▶ 2. 知识点速记

"8.4.2 控制类型和程度"的内容可以汇总成下面 2 个知识点。

1）组织应确保外部提供的过程、产品和服务，不会对组织稳定向顾客交付合格产品和服务的能力产生不利影响。

2）组织要控制哪 4 点内容？

答：①确保外部提供的过程保持在其 QMS 的控制之中；②规定对外部供方的控制及输出结果的控制；③考虑外部提供的过程、产品和服务对组织的能力的潜在影响，且考虑外部供方实施控制的有效性；④确定必要验证或其他活动，确保外部提供的过程、产品和服务满足要求。

▶ 3. 标准理解

企业对于供方的管控并不是简单的供方评价就可以解决的，8.4.1 条款解决了供方筛选的问题，8.4.2 条款旨在解决供方该怎么管控的问题。供方管控的目的是"不会对组织稳定地向顾客交付合格产品和服务的能力产生不利影响"。这里的"不利影响"可能包括很多方面，如：因供方产品质量缺陷引发的召回、由于供方产能不足引发的生产节拍中断、由于供应商违法用工而导致的企业社会责任危机等。

某企业的原材料供应商因环保问题被迫关停，造成该企业自身的供货危机。随着政府环保查处力度的加大，不可避免会出现"牵一发动全身"的现象。所以企业在做供方管理时，不但要关注供方的产品质量、供货周期、价格等因素，供方的合规状况、环境管理、职业健康安全管理等因素也需要纳入综合考虑。

那么企业应该如何管控供方呢？可以从以下 4 个方面考虑。

（1）确保外部提供的过程保持在其 QMS 的控制之中

外部提供的过程尽管在企业外部实施，甚至由外部供方代表企业直接将过程结果（产品和服务）交付给组织的顾客，但不能因此而减轻企业的管控责任。外部提供的过程应保持在企业 QMS 范围之内，确保 QMS 的充分性和完整性，但是外部供方本身不在企业的 QMS 范围内。

（2）规定对外部供方的控制及输出结果的控制

对外部供方的管控需要考虑两个方面，一是对于外部供方进行控制，即"过程控制"，二是对于供方的输出结果的控制，即"结果控制"。对于外部供方的管控，"既要重过程，又要守结果"。

"过程控制"时如采取第二方审核，必要时可在外部供方派出驻厂代表，如铁路产品、军工产品派驻"铁代表""军代表"，对供方过程的"人、机、料、法、环"进行管控。当然，"过程管控"的策略也是不尽相同的，例如供方本身的质量管理水平就比较高，甚至比本企业要好，那么供方管理的过程更多的是向供方学习的过程。如果供方本身的质量管理水平比较低，那么企业需要抱着让供方提升质量管理的心态，指导其改进。例如，很多企业的 SQE，其职责也包括带领供应商共同成长。

"结果控制"是对于供方结果的控制，是守好供方质量的最后一道关卡，例如指导供方做好出货检验、试验、数据统计等。

根据供方的过程能力，确定本企业的进货检验方式，如正常检验、加严检验、放宽检验等。

（3）考虑外部提供的过程、产品和服务对组织的能力的潜在影响，且考虑外部供方实施控制的有效性

不同的供方对于企业影响作用的大小是不一样的，所以企业要做好供方分类管理。

按照采购的范围来划分，例如万科把供应商分为一线、区域、集团采购等三级，一线供应商只能跟一线公司做生意，区域供应商可以服务特定的大区公司，而集团供应商则没有地域限制。

根据供方的绩效来划分，可以包括：战略供应商（决定公司生死存亡，替代困难），优选供应商（供应商绩效好，但有替代供应商），资格未定供应商（未经验证的新供应商，或者"留档察看"的老供应商），消极淘汰供应商（不给新生意，但老生意继续做），积极淘汰供应商（不但不给新生意，而且移走老生意）。

企业也应考虑外部供方实施控制的有效性，如一个管理严格、质量和声誉较好的供方，其质量保证能力水平高、产品和服务可靠，企业可将控制的类型和程度适当放宽；反之，一个质量保证能力不十分可靠的供方，企业应强化控制的类型和程度。

（4）确定必要验证或其他活动，确保外部提供的过程、产品和服务满足要求

根据外部活动提供过程、产品和服务的重要性、供应商性质（产品、辅材、服务供应商等），企业要确定合适的验证方式和验证程度。对外部供方提供的过程、产品和服务是否符合采购要求进行验证，一般可以采用检查、检验或测试、查验等方式进行。例如，采购一般性的办公用品只需要查验数量、外观和功能，而定制软件开发需要专业测试方案进行测试，必要时，还需要第三方的软件策划报告。

▶ 4. 如何贯标

外部供方提供的过程、产品和服务对企业持续地向顾客交付合格产品和服务的能力产生影响，直接影响的因素可能包括原材料、外观设计、终端销售的分包等，间接影响的因素包括设备、工具、备品备件等。企业可根据供方的影响的程度，对供方进行分类管理。

如有必要，可采取驻厂的方式对于供方进行管控。企业需要对于供方的生产过程能力、产品质量、交货期限、服务质量等方面进行日常考核和记录，可采取供应商现场的"第二方审核"。

▶ 5. 审核要点

审核员需要关注企业是否按本条款要求，对外部提供的过程、产品和服务确定了控制类型和程度，例如，是远程管理，还是派驻人员现场管理。

审核员应关注企业对外部供方的控制类型和程度是否分类分级，实施差异性的控制，了解企业是如何确定并实施这样的控制的。例如：企业是如何划分A/B/C 级供应商的？不同等级的供应商管控的差异是什么？如何证明按照预定的要求实施了管控？

审核员应关注企业确定了哪些必要的验证或其他活动，以确保外部提供的过程、产品和服务满足要求，如进货检验、质量保证协议、第三方质量检验等，这一点可以和8.6 条款一起审核。

▶ 6. 审核实践

通常8.4.1、8.4.2 和8.4.3 条款不拆分审核，详见本书8.4.3 节统一的审核实践。

8.4.3 提供给外部供方的信息

▶ 1. 标准原文

8.4.3 提供给外部供方的信息

组织应确保在与外部供方沟通之前所确定的要求是充分和适宜的。

组织应与外部供方沟通以下要求：

a）需提供的过程、产品和服务；

b）对下列内容的批准：

1）产品和服务；

2）方法、过程和设备；

3）产品和服务的放行；

c）能力，包括所要求的人员资格；

d）外部供方与组织的互动；

e）组织使用的对外部供方绩效的控制和监视；

f）组织或其顾客拟在外部供方现场实施的验证或确认活动。

▶ 2. 知识点速记

"8.4.3 提供给外部供方的信息"的内容可以汇总成下面 2 个知识点。

1）组织确保与外部供方沟通的要求是充分的、适宜的。

2）与外部供方沟通哪 6 方面要求？

答：①需提供的过程、产品和服务；②3 点批准：产品和服务，方法、过程、设备，产品和服务放行；③能力，包括人员资格；④外部供方与组织互动；⑤组织对于外部供方绩效的控制、监视；⑥组织或其他顾客拟在外部供方现场实施的验证或确认活动。

▶ 3. 标准理解

本条款的标题是"提供给外部供方的信息"，其核心是企业对外部供方"该交代的交代清楚，该告知的告知到位，该沟通的及时沟通"。避免因为沟通传达方面的问题造成管理的失控。

沟通的方式可以是口头的，也可以是书面的，但是一定要"充分和适宜"。所谓"充分"就是沟通的内容不能遗漏，所谓"适宜"就是沟通的内容要合情合理。那么究竟与外部供方沟通哪些方面的内容呢？可以从以下 6 个方面展开。

（1）需提供的过程、产品和服务

企业应明确地告知供方其需要的过程、产品和服务。企业可以通过采购合同、外包协议等方式进行确定，并与供方进行沟通，确保供方能够清楚准确地了解具体内容，避免产生理解上的偏差。

（2）3 点批准：产品和服务，方法、过程、设备，产品和服务放行

这里所谓的"批准"可理解为批准和放行。企业需要将这些批准和放行的要求告知供方，并让供方履行相关要求，主要可以包括 3 个方面：产品和服务，方法、过程、设备，产品和服务放行。

产品和服务的批准，例如要求供方按生产件批准程序（PPAP）进行产品和服务的提供。

方法、过程、设备的批准，是指对外部供方提供的过程所采取的工艺、设备或方法的批准，例如，建筑施工企业分包方施工方案的审批；设计承包方的设计方案的审批；工业设计承包方使用的设计软件的批准，汽车行业普遍是用 CATIA 设计软件，故设计承包方也被要求使用 CATIA。

产品和服务放行的批准，需要明确外部供方产品和服务的验证要求、验证方式及放行方式，例如要求供方对于出货的成品是全检或是抽检。

（3）能力，包括人员资格

这里所要求的人员资质，例如：①对运输服务，车辆驾驶员应具备相应的资格和能力；②设计和开发服务，设计和开发人员需要有研发能力的要求；③校准检定服务，计量人员要有相关的资质和能力的要求等。

（4）外部供方与组织互动

企业与外部供方无论在何时、何种情况下，都要保持联络沟通顺畅，确保达成共识并及时处理相关问题。

（5）组织对于外部供方绩效的控制、监视

企业对外部供方绩效监视和控制有要求，并需要收集、分析相关信息，作为对外部供方再评价的依据。

（6）组织或其他顾客拟在外部供方现场实施的验证或确认活动

当企业或下游顾客提出要在供方的现场实施验证时，企业应在采购信息（如采购合同）中规定验证的方式（例如向军工企业中派驻军代表、到供方现场验货等）和采购产品的放行方法（例如经过某授权人员的批准才能放行产品等）。

▶ 4. 如何贯标

提供给外部供方的信息可以通过合同、协议约定、会议沟通、邮件、备忘

录、聊天工具等方式传达。

企业在贯彻本条款时要建立统一的沟通规范，形成制度化管理。并确保供方已经明确了企业的要求，如有必要可保留相关的证据，避免发生纠纷时的推诿和扯皮。

▶ 5. 审核要点

审核员在审核本条款时，可以查看受审核方与供方沟通的内容和方式是否规范，审核员可以通过抽样的方式了解企业对于供方沟通的信息是否充分和适宜。

与旧版标准相比，本条款增加了"组织或其他顾客拟在外部供方现场实施的验证或确认活动"内容，例如向军工企业中派驻军代表、到供方现场验货等。如果受审核方存在这样的情况，须关注是否与供方沟通到位。

▶ 6. 审核实践

（1）谈（如何提问）

请问贵司是否建立了针对采购或外包事宜的管理程序和制度？相关事宜是由哪个部门主控？贵司采购的货品包括哪些？是否存在外包或外协活动？主控部门负责人（××）您介绍一下采购和外包的流程是如何管控的？企业是否对供方进行了评价？多久评价一次？评价的维度和结果分别是什么？是否对供方进行分类分级管理？是否对供方的资质进行查验和保留？是否外派员工到供方驻场管理？是否实施过二方审核？与供应商的沟通渠道有哪些？

（2）查（如何文审）

查《供方管理程序》《采购与供应商管理制度》《外包/外协管理制度》《合格供应商名录》《供应商评价记录》《供应商审核计划、记录、报告》供应商资质（企业和人员）《采购合同》等。

（3）看（如何巡视）

要求企业提供合格供方名录，根据名录列表结合企业的主营业务进行合理抽样。抽样的过程需要关注审核范围，不要超范围抽样，同样也要避免抽样不足的情况。

（4）记（如何记录）

请参考下面的某生产制造企业审核案例：

采购部按照《外部提供的过程、产品和服务的控制程序》（编号：××××－××××）用于控制并选择供方。在程序文件的基础上又细化了两项管理制度

《采购与供应商管理制度》（编号：××××－××××）、《外包管理制度》（编号：××××－××××），作为采购和供方管理的落地执行要求。

采购部负责人（××经理）介绍：公司的核心业务是××××的研发和生产，公司的采购和外包包括 6 个方面，①职能部门的办公室用品采购（包括：电脑、办公桌椅、办公工具等）；②生产部门的机器设备、软件和原材料的采购（切割机、折弯机、冲压机、焊接机器人、工业流水线、喷涂机、场内叉车、行车、ERP 系统、MES 系统、钢材、油漆、塑料粒子、零部组件、电器元件等）；③研发测试部门的采购（包括：工作站、研发软件、测试设备、服务器等）；④劳保用品采购（工作服、手套、护目镜、劳保鞋等）；⑤外包活动（危废处理的外包、公司食堂的外包、产品发货运输的外包等）；⑥各二级业务部门的采购，如质量部、仓储部、计划调度部、设备维修部、人事部等（包括硬件设备和软件）。

企业提供了《合格供方名录》（编号：××××－××××），见纳入名录的供应商包括了 492 家，对于供应商进行了评级 A 类、B 类、C 类供应商，其中 A 类供应商为战略优质供应商，B 类供应商为优秀供应商，C 类供应商为一般合作类供应商。评价的维度包括：企业资质、产品和服务质量、纳期符合度、售后服务等。负责人（××经理）介绍供方评价每年举办一次，年底召开供应商大会评优评先。

对于企业核心产品供应商进行了第二方审核，由公司的质量部牵头，联合采购部、研发部、生产部形成第二方审核团队，到供应商现场实施审核。本年度共审核企业 15 家，均提供了审核计划、记录和报告。

采购部负责人（××经理）介绍了具体的采购流程。公司的采购为阶段性采购，根据各部门预估提报，编制"采购计划"。新的供应商寻源由采购部实施，确定三家潜在的供应商后，由需求部门、采购部门、质量部门形成联合评价小组，进行评价确认和筛选。采购流程：需求预估→审批→供应商寻源→供应商评价和纳入→采购→到货验收。

根据企业的核心业务与 6 类采购/外包的内容，对于各类采购实施抽样：

1）职能部门的办公室用品采购，共计 10 个供应商（其中 3 个供应商是电商平台），抽取其中 4 家供应商，提供了供方评价内容、本年度的采购计划和采购合同。

2）生产部门的机器设备、软件和原材料的采购，共计 357 家供应商（其中软件供应商 2 家），本年度抽取核心设备冲压机、工业流水线、焊接机器人供应商 5 家；软件供应商 2 家全部抽样；原材料供应商抽取 10 家。提供了供方评价内容、本年度的采购计划和采购合同、供方资质等内容。

3）研发测试部门的采购，共计 20 家供应商，抽取工作站、研发软件、测试工具厂商共 5 家。提供了供方评价内容、本年度的采购计划和采购合同、供方资质等内容。

4）劳保用品采购，共计 3 家供应商，抽取其中 2 家供应商。提供了供方评价内容、本年度的采购计划和采购合同、供方资质等内容。

5）外包活动（危废处理的外包、公司食堂的外包、产品发货运输的外包等）共计供应商 13 家，全部抽样。提供了供方评价内容、本年度的采购计划和采购合同、供方资质等内容。

6）各二级业务部门的采购，本年度抽样质量部、设备维修部、人事部 3 个部门（包括硬件设备和软件），共计供应商 50 家，抽取其中 8 家供应商。提供了供方评价内容、本年度的采购计划和采购合同、供方资质等内容。

以上的抽样能够覆盖公司的核心业务环节和审核范围，且考虑到了抽样的分层，对于高风险过程（如外包）全部抽样。根据抽样结果，企业基本能够按照标准和自身规定的要求，对于供方进行评价管理且进行动态跟踪评价。供方评价资料相对完整齐全，供方资质要求审查清楚。企业能够按照标准要求，对于供应商进行分类分级管理。企业与供应商沟通的渠道顺畅明了。符合标准的要求。

8.5 生产和服务提供

8.5.1 生产和服务提供的控制

▶ 1. 标准原文

8.5.1 生产和服务提供的控制

组织应在受控条件下进行生产和服务提供。

适用时，受控条件应包括：

a）可获得成文信息，以规定以下内容：

1）拟生产的产品、提供的服务或进行的活动的特性；

2）拟获得的结果。

b）可获得和使用适宜的监视和测量资源；

c）在适当阶段实施监视和测量活动，以验证是否符合过程或输出的控制准则以及产品和服务的接收准则；

d）为过程的运行使用适宜的基础设施，并保持适宜的环境；

e）配备胜任的人员，包括所要求的资格；

f）若输出结果不能由后续的监视或测量加以验证，应对生产和服务提供过程实现策划结果的能力进行确认，并定期再确认；

g）采取措施防止人为错误；

h）实施放行、交付和交付后的活动。

▶ **2. 知识点速记**

"8.5.1 生产和服务提供的控制"的内容可以汇总成 1 个知识点——生产和服务的控制 8 点受控条件是什么？

答：①可获得的成文信息（拟生产的产品、提供的服务，或进行活动的特性；拟获结果）；②可获得和使用的监视测量资源；③监视测量活动；④基础设施和环境；⑤胜任人员，包括资格；⑥若输出结果不能由后续的监视测量加以验证，应对这类生产和服务提供过程实现策划结果的能力确认，且定期再确认；⑦采取措施，防止人为错误；⑧实施放行，交付、交付后的活动。

▶ **3. 标准理解**

企业管理经常讲"过程受控"，那究竟什么是"过程受控"呢，或者说过程管理到什么程度才能叫作受控呢？8.5.1 条款"生产和服务提供的控制"从以下 8 个方面进行了阐述，即"8 点受控条件"。

（1）可获得的成文信息（拟生产的产品、提供的服务，或进行活动的特性；拟获结果）

标准中说明的是"可获得"的成文信息，即相关的成文信息在需要的时候，能够获得。具体要求包括两个方面：①拟生产产品特性的成文信息，提供服务特性的成文信息，或进行活动特性的成文信息；②拟获结果的成文信息。

1）**拟生产产品特性的成文信息，提供服务特性的成文信息，或进行活动特性的成文信息**。产品通常以具体的产品技术规范、图样、样板、生产计划、生产记录等形式表述。过程通常可以用工艺流程、服务流程、作业指导性文件等形式表述。由于服务是在与顾客接触中提供的，可让顾客观察、体验并评价服务有形或无形的特性，包括服务人员、服务设施和环境、服务范围、服务程序、服务技巧和服务礼仪等。

2）**拟获结果的成文信息**。"结果"的范畴比较宽泛，可超出产品、活动和服务过程特性本身，也可用其他特征描述，例如生产率、合格率、损耗率、产品和服务的验收标准等。

（2）可获得和使用的监视测量资源

企业需要配备并使用生产和服务提供过程中所需的监视和测量设备，以便及时监控相应的产品和过程特性的变化，将它们控制在规定的范围内。企业应配备检测设备或量具（如游标卡尺、千分尺、硬度计等），以检测过程产品质量是否合格。例如，在热处理过程中配备温控仪表，监视热处理过程中产品温度的变化。服务行业企业应配置相应的人力资源对服务过程进行检查。这些监视和测量资源也可以包括软件和信息资料。

（3）监视测量活动

生产和服务提供过程的监视测量活动包括对产品特性、过程参数、作业人员、作业过程活动、工作环境等方面的监控。例如，企业按照工艺文件规定对热处理过程的温度、时间等参数进行的监控，酒店对重要场所的远程监控以及一些公共场所的烟感报警系统的监控。

（4）基础设施和环境

企业为过程的运行提供适宜的基础设施和环境。基础设施包括生产设备、工具、服务设施、ERP 软件、供电、照明、供水、供气（汽）、通风、消防等设施设备。环境包括物理环境（温度、湿度、卫生等）、人文环境。标准中"适宜"的含义是基础设施和环境要求应满足生产和服务过程的要求。

一个空调维修公司进行空调氟利昂加注业务时，使用的装氟利昂的设备漏气，最高压力值不能满足要求，则加注的效果达不到规定要求，可能影响空调制冷质量，这就属于基础设施（设备）能力不适宜。

（5）胜任人员，包括资格

人力资源是生产和服务提供的资源中首要资源。生产和服务提供需要配备具备能力的人员，人员应具备所要求的资格。例如，电焊作业人员的能力，对焊接质量至关重要，电焊工应该经过严格培训，具备经验才能上岗；运输过程的司机必须具有驾驶经验和相应的驾驶资格才能上岗；学校老师必须经过严格培训具备教学能力，取得教师资格证才能上岗。

（6）若输出结果不能由后续的监视测量加以验证，应对这类生产和服务提供过程实现策划结果的能力确认，且定期再确认

需要注意的是，并非所有过程都需要确认，标准中明确了只有输出结果不能由后续的监视或测量加以验证时，才需要进行过程能力确认和再确认。这类过程称之为"需确认过程"。

根据 GB/T 19000 标准的阐述，不易或不能经济地确认其输出是否合格的过程，通常称之为"特殊过程"。虽然"需确认过程"和"特殊过程"在不同的标准文件中，表述存在差异，但核心的含义基本相同。

这些不能由后续的监视或测量加以验证的过程，受过程输出的性质所限，在不同的行业和不同的企业表现可能是不同的，需要根据实际情况来确定，通常可能包括以下两种情况。

1）**不易得出过程输出是否满足要求的过程**。例如，混凝土浇筑后，其强度只有在 28 天后才可确定；电视节目的现场直播，舞台的现场表演，只有播出后才能搜集观众的反馈。

2）**不能经济地确认其输出是否合格的过程**。一般是指在测量过程中会导致产品损坏的情况，例如，汽车性能测试中的碰撞试验是破坏性试验；焊接工艺质量评定需要进行破坏性试验；注塑过程（需要拉伸、弯曲、冲击等试验）、铸造过程（需要探伤检查）也是同样的。

对于以上描述的"特殊过程"或"需确认过程"，企业可以通过对于过程的"人、机、料、法、环、测"等环节的确认，来确保过程有足够的能力实现产品和服务的提供，即过程管理的"控制前移"。可以将控制前移简单理解为将过程所需重要的"人、机、料、法、环、测"，都事先管控好，避免后续发生质量问题。

过程确认并非是一劳永逸的，标准中说明需要"定期再确认"。当过程中任一要素发生变化时，为控制风险需要再确认，确认的方法可以包括：工艺试验、试生产、系统仿真模拟、桌面推演、实时演练彩排等。

（7）采取措施，防止人为错误

在过程控制的所有要素中，"人"是最活跃、最不易控的要素。对于过度依赖人的那些生产和服务过程，需要有防错措施（例如提醒、报警装置等）。生产和服务提供过程中的防错是一种预防矫正的行为约束手段，让操作者不需要花费注意力、也不需要经验与专业知识即可直接无误地完成正确的操作。

企业可使用 PFMEA 工具，在生产前识别可能导致出错的地方，采取针对性的措施。生产型企业常用的方法叫作"防呆法"（POKA YOKE）。例如，常见的手机 SIM 卡，有一个缺角，这种特殊设计可称为防呆缺角，如果你插反了，就插不下去，防止新手误操作将 SIM 卡插反。

其实，在现实生活中"防呆法"的应用随处可见。比如，家用洗衣机，在洗衣桶盖子未盖好的情况下，无法启动；三相插头的接地插脚长度略长于火线和零线插脚的长度，保证接地线的优先连接以达到人身安全保护的作用；还有许多药瓶的瓶盖设计，在拧开时需要按压，以此防止儿童打开误食。这些常用的生活用品，在设计时均应用了"防呆法"。

"防呆法"的基本原则首先是"错不了"。例如，零件装错了就装不进去，漏装漏检或漏掉某个关键步骤就进行不下去，一环紧扣一环，像解数学方程式，发生差错立即就能发现，从根本上消除这些人为差错。再例如，机床设备上的互锁装置。

"防呆法"的基本原则其次是"不会错"，是指设计应保证按照一般习惯去操作不会出错。例如，螺纹右旋为紧，左旋为松。"防呆法"的基本原则再者是"不怕错"，是指设计时采取各种容错技术。例如，十字路口的信号灯，如果红绿灯转换显示失灵，可以全部显示闪烁黄灯，驾驶员会根据情况判断安全时通过。

（8）实施放行，交付、交付后的活动

1）"放行"多指产品在企业内部，由一个工序向下一个工序或由一个工作地向另一个工作地转移，比如原材料的放行、半成品的放行、成品的放行等。

2）"交付"过程包含产品所有权的转移。交付通常发生在外部供方与企业之间或企业与顾客之间，交付活动包括满足交货期要求的活动和确保交付物满足要求（复核产品检验报告、批生产记录、批包装记录的正确性、完整性等）的活动。放行、交付通常是过程的节点，也必然是质控点。

3）"交付后活动"一词明确了企业应提供和控制的交付后活动。企业对所提供的产品和服务质量所承担的责任涵盖了其整个生命周期。具体实践时交付后活动可包括：技术培训、技术咨询、备件及配件提供、委派技术员现场服务等。

▶ 4. 如何贯标

对生产和服务提供的"受控条件"策划，企业要围绕影响提供过程能力的因素 5M1E（人、机、料、法、环、测），确定要提供（获得）的成文信息、需要开展和控制的活动，以及需要配置的资源。结合产品和服务的性质和特点，按照 a）～h）项的要求，确定具体的"受控条件"，明确相应的控制责任，确保在可控条件下进行生产和服务提供。

本条款 a）～h）项与其他章节的内容存在重复，但也有差异。

b）："可获得和使用适宜的监视和测量资源"，与 7.1.5.1 条款"监视和测量资源（总则）"存在重复，但 b）项是指在生产和服务提供的过程中需要的相关监测资源。而 7.1.5.1 总则的内容是指体系建立运行的全过程需要的相关监测资源。总体来说，7.1.5.1 总则的内容需要在 8.5.1b）项落地实施。

c）："在适当阶段实施监视和测量活动"与 8.6 条款"产品和服务的放行"存在共性，但差异是：c）项侧重过程中对工艺参数的监测和过程输出的即时监视和测量，目的是监视过程是否在受控条件下完成，证实过程实现策划结果的能力；8.6 条款侧重的是产品和服务放行前的检查，目的是监视产品和服务是否满足要求。

d）："为过程的运行使用适宜的基础设施，并保持适宜的环境"与 7.1.3 和 7.1.4 条款存在共性。7.1.3 和 7.1.4 条款提到基础设施和运行环境是企业需要全面考虑的内容，不仅包括生产和服务提供过程所涉及的基础设施和运行环境，还包括其他管理过程，比如行政办公部门所需的基础设施和运行环境。本条款 d）项强调的是在生产和服务提供环节，企业需要提供可以支持生产和服务提供的基础设施和运行环境。同理，e）："配备胜任的人员，包括所要求的资格"与 7.1.2 及 7.2 条款的关系也是如此。

▶ 5. 审核要点

审核员需要通过与受审核方相关部门或岗位人员沟通，通过"过程方法"了解其核心生产和服务提供的过程以及输出结果的受控条件，审核企业对于"需确认过程"（特殊过程）与关键过程的区分。

对于受审核方提供的"需确认过程"（特殊过程）与关键过程，审核员应分析是否合理，按照本条款 a）～h）项，即 8 点受控条件进行逐项审核，尤其关注 5M1E（人、机、料、法、环、测）等维度应进行充分审核。

"采取措施，防止人为错误"是本版标准新增的要求，对那些依赖人的过程，应特别关注是否有预警措施。企业应识别这些过程，并制定必要的预警措施，例如提醒、报警装置等，当然更加理想的方式是制定并实施防错措施。审核员也应加强这方面的知识，以提高审核的有效性，并在审核中能获取证据，以证实企业充分识别、建立并有效实施了防错措施。

本条款（8.5.1）的审核与其他条款的审核可能存在重复，审核员在审核时应注意区分。其差异在于 8.5.1 条款关注的是企业当下，即审核员在现场巡视过程中得到的审核发现，而其他存在共性的条款（例如条款 7.1.3、7.1.4、7.1.5、7.2、8.6 等）是基于抽样的方法进行审核。部分认证机构仍然保留着"手写现场"的审核习惯，其重点就是关注 8.5.1 条款的审核，即按照审核路线，"看到什么，记录什么"。

▶ 6. 审核实践

（1）谈（如何提问）

贵司的主营业务活动有哪些？是否梳理了主营业务的流程图（不同性质企业的表述有差异，常见如工序流程图、服务流程图、生产流程图、过程流转图等）？贵司要求哪些过程是受控的？是如何确保过程受控的？贵司是否识别了"需确认过程"（特殊过程）和关键过程？如何界定和区分两者的关系？"需确认过程"是如何确认和控制的？

（2）查（如何文审）

查《质量手册》"主营业务流程图""乌龟图"《生产作业计划》《生产通知单》《生产日报/日志》《检验计划和记录》《特殊过程确认表》。除此之外，还需要根据审核现场巡视的路线，确定主营业务流程各阶段的记录。

（3）看（如何巡视）

审核员根据企业在审核期间安排的生产计划，需要跟随产线，从原材料开始到成品入库结束，全程跟踪产品的生产过程。审核员应基于询问、观察、翻阅现场记录等方式，获得审核范围的审核证据。若企业有夜班安排，审核组长需策划相关审核安排。若企业有临时或固定多场所，审核员也应策划安排，跟踪审核。

（4）记（如何记录）

请参考下面的某生产制造企业审核案例（机加工行业）：

本次审核范围：电力机械（炉配件）生产的具体生产流程，生产准备→采购（原材料）→检验→机械加工→检验→装配（包括焊接、部件组装、表面刷漆处理）→检验→调试→检验→包装→入库→交付。

拟生产的产品、拟获结果的表现形式：《生产作业计划》（编号：××××－××××），具体包括产品名称、规格型号、生产数量、完成时间等信息；《生产通知单》（编号：××××－××××），具体包括生产日期、规格数量、班组长责任人等信息；《生产日报/日志》（编号：××××－××××），具体包括生产日期、操作员、生产报工数量等信息；《检验计划和记录》（编号：××××－××××），具体包括检验要求、检验规范、检验记录、检验人员等信息。

可获得和使用的监视测量资源，监视测量活动：现场巡视见有卷尺、游标卡尺、千分尺、硬度计、拉力测试仪等监视测量设备；工序流转作业台桌放置《检验计划和记录》，由质检员（××）实施测量并记录。

基础设施和环境：企业有原材料车间、机加工车间、装配焊接车间；配备场地、行车、叉车、切割设备、加工中心、焊接设备、检验设备等基础设施；现场执行 5S 管理，环境基本满足生产加工需求。

胜任人员，包括资格：现场白班巡视，见仓库管理员 1 人、机加工人员 14 人、质检人员 2 人、焊接工 4 人、刷漆工 2 人；见焊接工人员的焊工证（编号：××××、××××），能够满足人员的要求。

实施放行、交付、交付后的活动：现场见《钢材出库记录单》（编号：××××）、作业工序流转卡（编号：××××）、焊接作业确认单（编号：××××）、表面处理作业单（编号：××××）、成品检验记录（编号：××××）等，基本能够确保过程的放行。成品检验后包装托运，由运输车辆运送至客户指定现场。顾客安装现场发生任何问题，企业会派出人员进行远程或者现场协调解决。

采取措施，防止人为错误：在生产过程中由班组长确认生产计划与现场作业的吻合性，避免由于领料错误、产品型号换新、新员工到岗等原因，导致生产错误。

工艺过程中与产品关键质量特性有关的关键控制点：机加工、焊接、刷漆过程。对于关键过程的控制措施：制定作业指导书、配备经验丰富的作业人员、确保机器设备正常运行。

需确认的过程（特殊过程）：焊接、刷漆。企业提供了《特殊过程确认表》（编号：××××），以确保对于特殊过程的"控制前移"。确认的维度包括：人、机、料、法、环。

焊接过程确认的内容具体如下：××××（内容限于篇幅，省略）。

刷漆过程确认的内容具体如下：××××（内容限于篇幅，省略）。

按照审核计划安排，2023年12月4日现场巡视审核记录如下：

1．生产任务#1（生产领料）：××××（内容限于篇幅，省略）。

2．生产任务#2（机加工工序）：××××（内容限于篇幅，省略）。

3．生产任务#3（焊接工序）：由于焊接是特殊过程，笔者下面将其作为示例进行详细阐述。

（1）见车间生产的产品

旁路烟道密封调节挡板，规格型号为φ2460-1000，材质：按图纸，采购商：××××。查生产过程资料：原材料质检报告（编号：××××）、焊接人员（××）。现场见该产品仍处于焊接阶段。预计交付日期为2023年12月8日。

（2）生产过程受控因素核查

由生产部负责人（××）指引进行现场巡视。在焊接工段，见员工（××）正在执行焊接工序。与其访谈，了解到其具备相关的资质（焊接与热切割作业）。生产部负责人（××）介绍，其焊接能力已经过内部确认。人员能力基本受控。

现场见焊接设备状态基本良好，有设备点检记录。生产部负责人（××）介绍设备能够定期点检，半年定期检修，若发生设备故障实时维修。焊工（××）介绍，本年度该焊接设备未有维修的情况发生。

对于原材料管控，生产部负责人（××）介绍通常原材料是钢材，供方提供质检报告，进厂后进行进货检验，查见钢板放行标识。

焊工（××）提供了焊接图纸、焊接作业指导书、焊接规程要求等内容，生产部负责人（××）阐述员工焊接过程基本能够遵照要求执行。

现场见焊接场所环境受控，温度、湿度等物理因素满足要求，无特异性要求。

员工焊接作业结束后，基于自测和工友互测等方式进行质量的把关和放行，最终汇集成产品自测报告，进入下一道工序（刷漆）。抽取"减压炉F501挡板"自测报告查看。①尺寸检测项目：法兰内径，螺栓孔数，孔径，法兰孔中心距，挡板高度浇注料厚度；检测结果：合格。②外观检测项目：焊缝、形变；检测结果：合格。③调试检测：挡板是否灵活；挡板关闭时泄漏量；检测结果：合格。

检验人：××，时间：2023 年 12 月 4 日。

现场巡视期间未发现质量不符合的情况，生产部负责人（××）介绍，若发生不符合会要求员工进行原因分析，采取纠正和纠正措施，并防止类似的情况再发生。

4．生产任务#4（表面刷漆工序）：××××（内容限于篇幅，省略）。

5．生产任务#5（检验入库工序）：××××（内容限于篇幅，省略）。

8.5.2 标识和可追溯性

▶ 1．标准原文

8.5.2 标识和可追溯性

需要时，组织应采用适当的方法识别输出，以确保产品和服务合格。

组织应在生产和服务提供的整个过程中按照监视和测量要求识别输出状态。

当有可追溯要求时，组织应控制输出的唯一性标识，并应保留所需的成文信息以实现可追溯。

▶ 2．知识点速记

"8.5.2 标识和可追溯性"的内容可以汇总成下面 3 个知识点。

1）组织应采用适当的方法识别输出，确保产品和服务合格。

2）组织应在生产和服务提供的整个过程，按照监视测量要求，识别输出状态。

3）当有可追溯要求时，有两点要求：①控制输出的唯一性标识；②保留所需成文信息，实现可追溯。

▶ 3．标准理解

本条款指出"企业要采用适当的方法识别输出，确保产品和服务合格"，这里的"适当方法"就是标识的方法。那何时使用标识呢？企业应在生产和服务提供的整个过程，按照监视测量要求，识别输出状态。

标识按照不同行业和性质有着各种各样的划分，但如果按照标准中用于"识别输出"的作用，标识可以分类为：产品和服务标识、状态标识、区域标识等。

（1）产品和服务标识

产品和服务标识用于识别产品和服务，区分易混淆的不同输出（如外形相似但材质不同的产品），防止在使用中混淆。产品可采用标签、标牌、色标、附带、电子标识等方式予以识别，标识的内容可包括产品名称、型号、图号、代号、关键件、重要件、生产批次或编号、生产单位、生产者、检验者、制造日期、检验日期、油封期、保管期、库存期、产品处置、使用和防护要求、安全警示等。服务的标识通常与服务场景息息相关，例如，宾馆的楼层、房间号、会议室位置等标识；网课服务的标识包括课程名、主讲人、学习时长、课程数量等。

（2）状态标识

状态标识是指同一产品或服务在实现过程中，所显示的不同状态，其作用是防止不同状态产品或服务混淆，特别是防止错误放行或误用了不合格品。产品状态标识：待检、待判、合格、不合格等。服务状态标识：床单已换、茶具已消毒、车位已满、有空房间、出租车有客、打烊等。

（3）区域标识

区域标识对区域进行划分对生产和服务的区域进行目视化管理。生产区域可分为消防区域、通道、物料区、返工区、不合格品区、合格品区、待检区、工具区、夹具区、设备区、加工区、原料区、垃圾存放区等。服务区域可分为出租车打车区、酒店吸烟区、学校教学楼区域、医院病房区域等。

企业在做标识时要采用适宜的方法，例如挂牌、标签、记录、色标、区域定置、条形码、编码等。企业可以综合使用颜色与标识管理，做到"所见即所得"，例如，不合格品区域用红色铭牌+标识、待检区域用黄色铭牌+标识、合格品区域用绿色铭牌+标识。

如果对于产品和服务有可追溯要求，需要做到两点：①控制输出的唯一性标识，②保留所需成文信息，实现可追溯。

可追溯性是指追溯对象的历史、应用情况或所处位置的能力，一旦需要召回产品时，这些可追溯的信息至关重要。例如，硬件的标识编号、序列号或批号（如发动机编号、药品的生产批号）等；流程性材料的批号、炉号（如啤酒生产的批次）等。在科研设计行业，图纸的图号、版本或更改的特殊标记可表明其技术状态。计算机软件一般采用配置管理来实现产品标识及可追溯性。在服务行业，通过提供具体服务的人员实现，如客服中心的接听电话人员、酒店清洁客房的人员等。

可追溯性可以通过标识产品和服务的成文信息实现，包括利用所保留的产品和服务的检验和试验记录。在某些行业，法律法规或合同规定了标识与可追溯性的要求。例如，压力容器制造业，通常要求记录并追溯材料及各个生产阶段，这样最终的产品可以追溯到原材料。再比如，当发现测量设备未校准，可使用所保留的可追溯性的成文信息，对相关过程、产品和服务的不合格进行调查。

▶ 4. 如何贯标

对于标识管理，企业可结合"5S 管理"综合管控。适当时，企业要在产品和服务实现的全过程中，采用适宜的方法识别产品和服务。产品和服务的标识并不是"搞运动式"的把所有产品都挂上标识牌。例如，企业某些外购设备本身有铭牌，通常不会混淆，此时并非一定需要再标识。标识管理复杂化同样容易造成管理成本的上升。

状态标识是企业对产品监视和测量的需要。生产和服务提供过程中的全生命周期，都应当能识别其状态，这是确保产品符合要求的一个条件。

某些行业或企业可以用技术状态管理来保持标识与可追溯性。例如，图纸的图号可随每次图纸内容的变动而相应地变动，在原有图号后再附上 a、b、c 等标记，可以明显地与变动前的图纸相区别，以有利于可追溯性要求的实现。

随着数字化转型的浪潮，如今对于标识管理可以综合采用二维码、扫码枪、RFID 等技术，提升了管理的效率和能力。

▶ 5. 审核要点

审核时应检查标识和可追溯性的策划，并对现场实施的情况进行验证：

1）识别对过程输出的产品和服务进行标识的需求，及标识方法和内容是否符合规定的要求。

2）输出状态标识的方法和内容是否符合规定的要求。

3）有无唯一性标识的需求，如有，检查标识的方法和内容，以及相关的证据。

部分企业会存在标识设计不合理的情况，一种产品的标识过多、过繁，例如材料编号、规格型号编号、图号、生产号、批号、系统编码等。这些编号标识的关联如果不清晰，没有考虑编号共享，会使得管理更加复杂，审核员需要关注企业是否建立了统一的编码规范。

审核员需要关注法律法规要求的标识与可追溯性管理，如发动机编号、消防设施的标识等。

▶ 6. 审核实践

（1）谈（如何提问）

贵司在生产和运营过程中是如何做标识管理的？贵司的标识有哪几种？除了传统的文字、颜色、图形标识外，贵司是否采取了数字化标识方法（本条提问不是标准条款要求，但是可以作为增值审核提问的一部分）？贵司是如何确保产品、过程、人员的可追溯的？追溯管理采用了哪些技术和手段？

（2）查（如何文审）

查《标识管理制度》《企业编码规范》等。

（3）看（如何巡视）

本条款的审核非常注重现场巡视的审核发现，需要关注企业标识的分类，是否包括：产品和服务标识、状态标识、区域标识等。有些企业可能会采取数字化标签的方式，审核员可以予以关注。

对于"可追溯"要求的审核，审核员不应要求企业每个环节都要做到可追溯，因为"可追溯"管理成本相对较大。传统的"可追溯"是基于企业统一的《编码规范》，作为企业追溯管理的基础，成本相对较小。数字化转型的背景下，企业可能会部署溯源的信息化系统，成本相对较高。所以审核员需要关注，企业哪些环节是"关键过程"，哪些环节值得部署"可追溯"系统。

（4）记（如何记录）

请参考下面的某生产制造企业审核案例（主营业务来料组装）：

▶ 1. 标识审核

① 现场见生产车间及仓库，采用环氧地坪铺设，能够基本标识清晰，产品堆放整齐。

② 区域标识，包括：一般贸易区、保税区、国产部件区等（可配图）。

③ 产品标识，包括贴附在产品上面的产品卡、物料卡，基本能够做到一目了然，熟练分辨产品的数量、型号、规格等，通过物料卡片实现可追溯（可配图）。

④ 状态标识：现场见对于半成品、问题产品、不合格品、废品等均标识清晰。（可配图）

⑤ 现场 5S 管理充分，能够基本做到：整理、整顿、清扫、清洁、素养的基本要求。

⑥ 账物卡一致性检查，本次审核抽取原材料仓库：

- 原材料：××××混合室基座，3 月 31 日账本结存数量为 89100 个。
- 负责人（××）介绍，原材料是 550 个/箱，现场见 162 箱，每个托盘为 40 箱，一共见 4 个托盘+2 箱（可配图）。

▶ 2. 可追溯审核

企业基于产品货物条码管理系统，扫码后可以清晰显示生产日期、生产作业人员、成品检验员、测试核心参数等信息，以确保后续若发生产品缺陷，实现问题倒查追溯。现场扫描成品 QR 码（货物编码：××××，QR 是英文 Quick Response 的缩写，源自希望 QR 码内容可快速被解码），显示具体信息如下：×× ××，现场核对其显示的信息，准确。

除条码管理系统外，企业还编制了产品、型号的具体编码规范，确保产品通过编码规则实现追溯。现场查某型号产品（编号：××××），询问操作员（××、××）产品编号的具体含义，表述清晰、完整，与编码规范基本保持一致。

8.5.3 顾客或外部供方的财产

➤ 1. 标准原文

8.5.3 顾客或外部供方的财产

组织应爱护在组织控制下或组织使用的顾客或外部供方的财产。

对组织使用的或构成产品和服务一部分的顾客和外部供方财产，组织应予以识别、验证、保护和防护。

若顾客或外部供方的财产发生丢失、损坏或发现不适用情况，组织应向顾客或外部供方报告，并保留所发生情况的成文信息。

注：顾客或外部供方的财产可能包括材料、零部件、工具和设备以及场所、知识产权和个人资料。

➤ 2. 知识点速记

"8.5.3 顾客或外部供方的财产"的内容可以汇总成下面 4 个知识点。

1）组织应爱护在组织控制下的或组织使用中的顾客或外部供方财产。

2）组织如何爱护顾客财产？

答：对财产识别、验证、保护、防护。

3）若财产发生丢失、损坏、不适用怎么办？

答：①向顾客或外部供方报告；②保留成文信息。

4）财产可能包括：材料、零部件、工具、设备、场所、知识产权、个人资料。

➤ 3. 标准理解

本条款体现了七项质量管理原则中的"关系管理"和"以顾客为关注焦点"，因为供方和顾客方都是企业的相关方。

对于顾客财产，在标准的 8.2.1d）条款有过解释，顾客财产是指属于顾客所有的东西。例如，顾客提供的用于修理、维护或升级的产品（如送往 4S 店维护保养的汽车）；顾客直接提供的包装材料。服务行业涉及的顾客的财产如超市寄存的消费者的个人物品；代表顾客提供的服务，如将顾客的财产运到第三方（运输服务的货品）。顾客知识产权的保护，包括规范，如图纸、样品等，以及顾客的其他保密信息。

同理，供方的财产是属于供方所有的东西，包括供方提供给组织使用的有形财产（如设备、工装模具、周转箱、样件），或无形财产（如知识产权、个人信息、客户端等）。

并不是所有的顾客或供方财产，企业都需要管控。企业只需要对于以下两个方面的顾客或供方财产进行管控就可以满足要求：①组织控制下的顾客或供方财产；②组织使用中的顾客或供方财产。

组织控制下的顾客或供方财产，如消费者将个人物品寄存在超市的寄存箱，个人物品即"组织控制下的顾客财产"。组织使用中的顾客或供方财产，如某企业正使用供方提供的检验设备进行进货检验，检验设备即"组织使用中的供方财产"。

企业应爱护顾客或供方的财产，那究竟如何爱护顾客或供方的财产呢？需做到：对财产识别、验证、保护、防护。

（1）识别顾客或外部供方财产

应在企业内部周知外部财产，必要时应予以标识，以防止与企业财产混淆。例如检验公司收到顾客提供的检验样品，那么需要给样品进行标识，以确保识别，防止与其他样品发生混淆的情况。

（2）对顾客或外部供方财产进行验证

财产的验证十分重要（例如，状态或物理条件、个人数据的准确性），企业应进行正规的验证。例如，洗衣店在接收顾客衣服时应检查有无破损、衣兜有无物品；汽车修理厂在接收顾客送修车辆时应检查后备厢和储物盒、记录里程表和油量表示值；外部供应商车辆进出厂时，均应该对车辆巡视检查。

（3）对顾客或外部供方财产采取保护和防护措施

企业采取保护和防护措施以防止顾客或供方遭受损失。例如，将顾客寄存的贵重物品放入保险箱；对顾客或外部供方提供的生产设备按时维护保养；为顾客寄存物品或外部供方存放的工具材料提供适宜的贮存设施和环境。

若顾客或供方的财产发生丢失、损坏、不适用怎么办？采取以下两个措施：①向顾客或外部供方报告；②保留成文信息。可以简单理解为，顾客或供方财产发生问题（丢失、损坏、不适用）时，均需要"报告和记录"。

▶ 4. 如何贯标

企业可以根据本条款的要求建立相应的外部财产管理制度，对于企业控制和使用的顾客财产或供方财产进行充分的识别。

例如某施工企业建立"顾客及外部供方财产台账"，逐项造册登记，详细记录物品名称、规格型号、材质、数量、价值、检验状态、来源、拟去向、存放地点、联系人等信息，定期编制并提交报表，告知顾客和外部供方在组织控制下其财产异动、质量状况等情况。

➤ 5. 审核要点

审核员应与受审核方进行充分的沟通，了解企业是否建立相关的外部财产的管理制度，对于企业外部的财产识别是否充分。部分企业可能会遗漏供方财产的识别，审核员需要关注。

审核员应关注受审核方是否根据外部财产的性质进行分类管理和保护，对外部财产保护和防护的方式是否合适。

审核员需要关注外部财产是否发生了丢失、损坏、不适用等情况，如有，企业是否在第一时间告知了相关方，并且保留了相关记录。

➤ 6. 审核实践

（1）谈（如何提问）

贵司是否界定过哪些是属于"顾客或供方财产"？是否制定过"顾客或供方财产"的管理制度和要求？贵司是否识别和记录了"顾客或供方财产"？是有主控部门，还是分散在各部门进行管理？是否发生过"顾客或供方财产"的丢失、损坏、不适用？遇到以上情况，贵司是如何处理的？

（2）查（如何文审）

查《顾客或供方财产管理制度》《顾客或供方财产管理台账》《顾客或供方财产异常处理单》。

（3）看（如何巡视）

审核员应当根据企业核心的业务，分析和判断其可能会存在的"顾客或供方财产"，根据访谈了解到的情况，对比分析后进行现场巡视。审核员需要关注企业对于"顾客或供方财产"的管理状况、爱护情况、发生问题的处理措施等。

（4）记（如何记录）

请参考下面的某检测机构审核案例：

企业目前从事"电力安全工器具、施工机具、电力金具的检测服务"，涉及顾客和外部供方的财产主要包括：客户送检的产品、房东租赁场地、身份隐私信息等。

① 企业将客户送检品进行编码，贴上送检标签，放置在检验多层台架上。见台架有标识：已检放置区、待检放置区、未检放置区，防止客户送检品混淆。对于易滚动的客户送检品，企业制作了橡胶防滑垫，防止送检品滚动跌落。

客户送检品均正向放置，台架横向有限位布局。企业对送检品做到了整齐放置，且防滑落。台架旁放有《顾客送检品台账》（编号：××××-××××），内容具体包括：序号、名称、编号、检查事项、客户、备注等内容。抽查绝缘绕线器、验电器、绝缘手套、绝缘胶鞋、绝缘操作杆等送检标签和台账一致性情况，能够满足要求。

询问产品检测部负责人（××经理），了解到企业未发生客户送检品丢失、损坏的情况。

② 对于客户及供方的个人信息，对员工进行保密教育，公司编制保密制度并签订保密协议，符合相关要求。经查未出现顾客信息泄露的问题或者投诉。

③ 除房东提供的租赁场地外，其他供方提供的产品或服务均为本企业固定资产。现场巡视过程中，企业能够爱护租赁场地，现场做到 5S 管理，配置消防设施，未发生损害租赁场所的情况。

8.5.4 防护

▶ 1. 标准原文

8.5.4 防护

组织应在生产和服务提供期间对输出进行必要的防护，以确保符合要求。

注：防护可包括标识、处置、污染控制、包装、储存、传输或运输以及保护。

▶ 2. 知识点速记

"8.5.4 防护"的内容可以汇总成下面 2 个知识点。

1）组织应在生产和服务提供期间对输出防护，确保符合要求。

2）防护的类别可以包括哪些？

答：标识、处置、污染控制、包装、储存、传输或运输以及保护。

▶ 3. 标准理解

企业应在生产和服务提供期间对输出防护，不同行业、不同性质的企业对"生产和服务提供期间的输出"定义是不一样的。例如，对于生产型企业而言，生产和服务提供期间的输出可以划分为：进货检验输出（如原材料）、半成品输出、成品输出等，有些企业可能会划分得更细。

生产和服务提供过程的输出可能因环境、时间或人为保管等因素，发生特性改变或偏离要求，例如，食品变质、食品污染、材料氧化、材料老化、材料污染、产品破损、数据改变等。因此，企业应采取必要的措施，对生产和服务过程输出加以保护，防止其特性发生不利改变或偏离规范要求。防护是一种预防措施，是企业运用"基于风险的思维"的一种体现。

防护的类别可以包括哪些？具体可以包括标识、处置、污染控制、包装、储存、传输或运输以及保护。

（1）标识

企业应建立并保护好有关防护的标识，例如提示易碎、防潮湿、不可倒置、油漆未干、防止雨淋、防止碰撞、轻拿轻放、防磁等。产品的防护标识不同于8.5.2 条款中对产品本身的标识。旅客乘坐飞机前托运易碎物品时，在行李上加贴的红色的高脚酒杯（俗称"红杯水"）就是一种防护标识。

（2）处置

某些产品和服务在提供的不同阶段，需要进行防护性的处置。例如，金属部件涂黄油防止生锈；白色家电的外观面要附上保护膜、防止划伤；石材表面要做防水处理；使用食用蜡对水果表面进行打蜡处理，使水果保持水分、防止萎蔫、皱缩等。

（3）污染控制

这里的"污染"非环境污染的意思，是指通过某种渠道的物质传递、交叉污染对产品或服务性质产生影响。例如，食品加工企业建立食品原材料隔离制度，以防止交叉污染；美容美发行业从业员需要做好防护防止交叉感染；医疗手术过程从业人员需要做好防护，防止病人术后感染。

（4）包装

针对产品和顾客需求，考虑有利于产品的运输和贮存的条件，企业要选择适宜的包装材料和控制方法，以确保顾客在接收产品时符合要求。某些涉及国家强制性要求的产品包装容器和包装标识，企业必须严格执行，例如易燃、易爆物品的包装要求使用特定的容器，否则不允许运输。

（5）储存

企业要建立仓储管理制度，开展定置管理，入库、出库应有手续，账、卡、物应一致，并定期检查，物品应先进先出、定期盘点、保持标识要求，对存储的环境（温度、湿度、洁净度等）有要求的产品应按照规定执行。企业也可以关注仓储管理系统和硬件（如立体仓库、AGV 小车、扫码枪）对于存储过程的管理优化。

（6）传输或运输

新版标准增加了"传输"的概念，意味着当企业的"输出"是数据和信息时（如网站、网上信息、电子邮件附带的数据等），就应当警惕数据和信息在传输过程中丢失的风险，必要时，要采取有效措施防止在传输过程的失窃、失密或损坏。在产品的运输过程中，应根据产品的特点使用适当的设备、运输工具、方法和人员，必要时需要制定运输方案和规程，以防止在运输过程中造成不当损失。例如，特大特重件需要吊装方案策划、运输路线策划、运输方案策划等，如有必要可能需要协同相关方进行协调。

（7）保护

在生产和服务提供期间，企业应采取合适的措施防止产品受到伤害或损坏。例如，在新楼盘销售过程中，往往会对电梯内部加装一些保护层，防止电梯内饰受到损坏；电子产品加工车间需要工人穿防静电服，摘下所有电子产品等。

▶ 4．如何贯标

不同的行业、不同的企业对于防护的要求是不一样的，企业要结合产品和服务的性质和特点，建立相应的管理制度，确定并实施在生产和服务提供期间对输出需要开展的防护活动、防护方法，以及需要配置的用于防护的资源。

▶ 5．审核要点

审核员应与受审核方相关部门或岗位人员沟通有关防护的策划，了解其是否界定了防护的范围并建立和保持了适宜的规范。

审核员需要通过对受审核方生产和服务提供的作业现场的巡视和观察，关注其对所有输出的防护情况，包括标识、包装、仓储、污染预防、交付、运输、处置，直至交付至目的地的各过程输出的防护。

审核员需要关注对于特殊行业的法律法规要求的特定的防护，如化工行业、食品行业等。

▶ 6．审核实践

（1）谈（如何提问）

贵司是否制定了防护相关的管理制度？贵司在哪些环节采取了防护措施？具体防护的手段有哪些？

（2）查（如何文审）

查《防护管理制度》《标识管理制度》《防划伤工程措施》《污染源防护管理制

度》《包装管理制度》《生产作业人员操作规范》《运输管理制度》等。注意，不同行业对于"防护"的定义可能存在较大的差异，审核员应根据企业核心业务，开展有针对性的文件审核，以上文件名称仅供参考。

（3）看（如何巡视）

本条款非常注重现场巡视的环节，尤其是根据企业实际行业和性质，从源头到客户均需要防护动作。防护措施具体可能包括：采购入库源头防护控制、出库场内运输防护控制、线边防护控制、生产过程中防护控制、质检包装环节防护控制、运输过程防护控制等。

（4）记（如何记录）

请参考下面的某生产制造企业审核案例（洗化用品塑料泵头生产）：

企业编制了《防护管理制度》（编号：××××-××××）、《标识管理制度》（编号：××××-××××）、《防划伤工程措施》（编号：××××-××××）、《包装管理制度》（编号：××××-××××）、《生产作业人员操作规范》（编号：××××-××××）、《运输管理制度》（编号：××××-××××），用于指导现场作业的防护工作。

现场见企业操作工进入车间，均进行换鞋、着装、戴头套、风淋等操作，防止环境污染（可配图）。生产现场见操作人员，佩戴手套，防止在移动产品的过程中发生产品划伤的现象。产品包装过程中，采用泡沫棉进行隔挡，防止在运输过程中，产生摩擦划痕（可配图）。

负责人（××）介绍产品的主要保护点包括两个方面：防碰撞、防划伤。运输采用专业的车辆运输，装卸采用手工叉车进行装卸。原材料和成品均放置在托盘上方，且均用包装盒包装完好。现场巡视，企业装卸和运输车辆，基本符合负责人（××）所介绍的情况。

8.5.5 交付后活动

▶ 1. 标准原文

8.5.5 交付后活动

组织应满足与产品和服务相关的交付后活动的要求。

在确定所要求的交付后活动的覆盖范围和程度时，组织应考虑：

a）法律法规要求；

b）与产品和服务相关的潜在不良的后果；

c）产品和服务的性质、使用和预期寿命；

d）顾客要求；

e）顾客反馈。

注：交付后活动可包括保证条款所规定的措施、合同义务（如维护服务等）、附加服务（如回收或最终处置等）。

▶ **2. 知识点速记**

"8.5.5 交付后活动"的内容可以汇总成下面 2 个知识点。

1）交付后活动，应从哪五个范围和程度进行考虑？

答：①法律法规要求；②与产品和服务相关潜在不良后果；③产品和服务性质、使用和预期寿命；④顾客要求；⑤顾客反馈。

2）交付后活动可能存在的类项包括哪些？

答：①保证条款所规定的措施；②合同义务（维护的义务）；③附加服务（回收、最终处置）。

▶ **3. 标准理解**

我们首先要理解什么是"交付后活动"。交付后活动是产品生产和服务提供过程的延续，是产品全生命周期的使用、维护、循环使用和废弃处置阶段，为确保产品在应用阶段有个好的表现并且在产品废弃时得到适当处置，企业需要提供咨询指导、维护检修等服务，而且一些产品的某些质量问题通常在交付后才显现出来，此时企业也需要加以适当处置。

交付后活动可以从五个范围和程度进行考虑。

（1）法律法规要求

2018 版《中华人民共和国产品质量法》规定"售出的产品有下列情形之一的，销售者应当负责修理、更换、退货。给购买产品的消费者造成损失的，销售者应当赔偿损失。"

2013 版《消费者权益保护法》规定"经营者采用网络、电视、电话、邮购等方式销售商品，消费者有权自收到商品之日起七日内退货，且无须说明理由。"

2019 版《废弃电器电子产品回收处理管理条例》明确"国家鼓励电器电子产品生产者自行或者委托销售者、维修机构、售后服务机构、废弃电器电子产品回收经营者回收废弃电器电子产品。"

还有一些关于产品的法律法规，企业在确定交付后活动的覆盖范围时，应考虑相关法律法规的要求。

（2）与产品和服务相关潜在不良后果

受企业提供的产品或服务的特性影响，如果不按预期运作可能造成不良后果，企业需要考虑应采取的后续措施。

例如，煤气热水器中煤气泄漏报警器的定期更换，可消除可能的事故隐患；建筑物交付使用后会发生沉降、变形，建设方和施工单位应关注其中的质量风险，策划和安排定期检测；汽车产品可能因设计缺陷在交付使用后出现安全隐患，必要时，主机厂要予以召回。

企业应识别产品或服务的潜在质量风险，必要时应策划和安排适当活动和措施，以消除或降低这些质量风险。

（3）产品和服务性质，使用和预期寿命

交付后活动的类型和安排与产品或服务的性质、用途相关。例如，汽车在设计和生产时就规定了预期的使用寿命和报废年限，对于车辆的交付后活动，主机厂需要直接面对用户，面对自己生产的产品进行保养、维修，甚至召回或收回。又如，特种设备中储气罐有推荐使用年限，压力罐厂商应根据产品设计使用寿命做好相应的售后服务。

（4）顾客要求

针对顾客提出的要求，或合同规定的要求，企业应做出安排。如顾客要求送货上门、顾客要求安装、顾客培训、旧设备的处置等。

（5）顾客反馈

根据顾客反馈情况，企业应为改进产品和服务做出安排。例如，某汽车零部件供应商根据主机厂 SQE 的反馈，下一阶段重点关注和改进塑料成品表面的飞边和毛刺问题。又如，某从事室内装饰的组织，根据顾客反馈的建议，增加了装修后除甲醛的服务。

➤ 4. 如何贯标

企业需要针对"交付后活动"建立相应的管理制度，结合产品和服务的性质、用途和预期寿命，按照本条款 a）～e）中应考虑的要求，确定交付后活动的覆盖范围和程度。

企业需要制定并实施交付后活动的工作计划，并落实相应的资源。如有必要，企业可以根据实际需要设计相应的售后服务单或者在线服务 App、微信公众号、微信小程序等。例如很多家电安装服务，安装师傅都会随身携带安装服务记录单，根据操作的步骤，即时拍照上传服务 App，最终让顾客签字确认，形成了一套完整的售后服务体系。

▶ 5. 审核要点

审核员应关注交付后活动是否满足适用的法律法规（如三包要求）和合同的要求，是否有潜在的风险，是否对顾客的反馈和要求进行了处置，是否做出了周到的安排及保留有实施的证据。

审核员实施审核时可通过抽样的方式，了解组织"交付后活动"的流程，并寻求相关的证据，如售后服务方案、计划、派工单、运维单等，应注意有可能存在临时多场所的服务现场。

当交付后的活动不满足要求时，审核员需要关注受审核方是否建立了相应的纠正和纠正措施，可以综合 8.7 条款和 10.2 条款一起审核。

▶ 6. 审核实践

（1）谈（如何提问）

贵司对于"交付后活动"是否制定了管理制度？对于"交付后活动"是否有主控部门？主控部门负责人（××经理），请问贵司如何界定"交付后活动"？贵司的实践过程中，对于"交付后活动"采取了哪些措施？是否保留了相关的记录证据？是否有法规强制要求的"交付后活动"案例？

注意：在实践过程中，企业更愿意称"交付后活动"为"售后服务"，审核员在实施审核过程中应注意灵活变通。

（2）查（如何文审）

查《售后服务管理制度》《售后服务操作规范》《售后服务派工单》《售后服务记录与顾客验收单》等。不同企业可能存在差异，这些文审内容仅供参考。

（3）看（如何巡视）

通常，"交付后活动"是不在受审核方的现场进行的（远程售后服务的除外）。如果审核范围中明确表示"交付后活动"应作为企业的主营业务被审核，审核员应进行现场巡视。如果"交付后活动"并非企业的主营业务，也未出现在审核范围中，审核员可以远程审核或基于文件记录审核。

某企业的审核范围为"软件开发及软件运行维护服务"。此时，"软件运行维护服务"虽然属于软件开发的"交付后活动"之一，但其也是企业的主营业务。审核方案策划人员需要策划临时场所的审核。审核员应当在临时场所，巡视企业"交付后活动"，是否是按照规定的要求来执行的。

如果企业的审核范围是"软件开发"，此时"交付后活动"未在审核范围中明确表述，且也非企业的核心业务，只是软件开发活动的附属要求。例如，软件部署上线后的使用培训，软件后期使用过程中的 Bug 修复，异常情况处理等。审核员可以基于现场问询和调阅记录的方式进行审核。

（4）记（如何记录）

请参考下面的某生产制造企业审核案例（家用净水器生产厂家）：

对于"交付后活动"，由售后服务部主控，联合生产部门、质量部门共同负责沟通及处理，并对处理情况进行跟进。企业编制了《售后服务管理制度》（编号：××××-××××)、《售后服务操作规范》（编号：××××-××××)，对于售后的过程进行了规范与约定。

由于本公司的主要顾客为 C 端客户，公司设立了"400"电话服务台，在公司的产品标识、用户手册、官网、公众号、短视频账号、电商等平台公示了客服联系方式。

具体的"交付后活动"包括：产品安装、产品质量问题、产品换芯、产品移机、产品水质检测等。售后服务部负责人（××经理）演示了售后服务系统，记录了售后服务类别及相关的记录。具体流程：服务接单→记录分配→服务派工→现场服务作业记录→顾客确认签字→满意度调查等。查看工单数量，自 ISO 9001 初审以来，本年度新增工单 1.8 万条。对于各服务类列别进行抽样，由于样本数量较多，考虑审核的时效性，各类别的服务项目各抽 1 个样本，重点关注服务流程是否规范和顺畅（内容限于篇幅，笔者只将"新机安装"服务案例详细记录如下）。

抽取服务案例（新机安装）：

负责人（××经理）在售后服务系统平台进行演示，2023 年 12 月 1 日，××××小区 12-102 客户新机安装工单，电话接听员：××、派工师傅：××。

派工师傅（××）提前与顾客沟通时间：2023 年 12 月 1 日，预计安装日期：2023 年 12 月 2 日。安装过程记录：入户拍照、未拆封产品拍照、产品规格型号拍照、产品组装拍照、进水三通更换拍照、安装鹅颈龙头拍照、主机与压力桶预安装拍照、连接管线拍照、检测开关拍照、试运行拍照、扎条固定拍照、服务现场清洁拍照。

见系统中存入的各节点照片，负责人（××经理）介绍，派工师傅经过了公司统一的安装培训，按照《新机安装服务准则》（编号：××××-××××）的要求，对于各关键节点进行过程拍照证明，基于公司研发的服务小程序上传，各项安装事宜完毕后，由顾客签字确认。现场安装完毕后，由公司的服务调研专线给顾客打电话回访，包括：安装服务满意评级、是否存在额外乱收费情况、其他建议等。现场巡视系统和返回纸质工单，准则制度相对规范、流程清楚、记录全面满足要求。

负责人（××经理）介绍如产品发生了质量问题，本公司会第一时间进行调查并原因分析，通过邮件或者登门拜访的形式给顾客汇报，并联合质量部门人员协助解决顾客问题点。

企业进行"交付后活动"管控时，遵守了法规要求，7 天无理由退换货。经询问，未发生因顾客无法退换货导致的投诉。

8.5.6　更改控制

➢ 1. 标准原文

8.5.6　更改控制

组织应对生产或服务提供的更改进行必要的评审和控制，以确保持续地符合要求。

组织应保留成文信息，包括有关更改评审的结果、授权进行更改的人员以及根据评审所采取的必要措施。

➢ 2. 知识点速记

"8.5.6 更改控制"的内容可以汇总成下面 2 个知识点。

1）组织应对生产和服务提供的更改进行评审和控制，以确保持续地符合要求。

2）更改应保留哪些成文信息？

答：①更改评审的结果；②授权更改的人员；③根据评审所采取的必要措施。

➢ 3. 标准理解

本条款是关于"生产和服务提供"过程所进行的更改控制，需要与本标准中其他的"变更或更改"进行区分。6.3 条款"变更的策划"主要是指体系的变更策划，8.2.4 条款"产品和服务要求的更改"主要指合同或订单等要求的更改，8.3.6 条款"设计和开发更改"主要指设计和开发过程中的更改。虽然以上变更或更改涉及的过程不同，但存在很强的关联。如由顾客需求变更（8.2.4 条款）而引发了设计和开发的变更（8.3.6 条款），从而导致了生产和服务提供的更改（8.5.6 条款）。

更改是"牵一发而动全身"的活动，可能涉及生产流程、生产线、场地、设备、材料、工艺规程等发生变更。企业对任一变更均应进行必要的评审和控制。

所谓评审就是"回头看"的过程，若更改是主动的，那需要评审更改能不能进行，并采取相关的措施，若更改是被动的，则需要评审更改可能产生的影响并采取相关的措施。

对于更改，企业应保留成文信息，包括以下 3 个方面。

（1）更改评审的结果

企业需要评审"变更"活动，对产品、服务、生产方式、设备、人员、技术、顾客等各方面的影响，以及利弊得失，确保"变更"使生产和服务过程向着更高效率、更低成本、更高质量的方向发展。企业还应关注评审的结果，如更改确认执行、更改暂缓执行等。

（2）授权更改的人员

授权更改的人员，适当时可包括顾客，即顾客可进行授权。由于生产和服务过程的设计是经过系统性的评审、验证和确认的，所以"变更"应当慎重，需要授权人的批准。在合同情形下，可能需要顾客的同意和授权才能实施变更。授权人签字、邮件回复、流程审批等都可以作为授权更改人员的证据。

（3）根据评审所采取的必要措施

实施必要的措施，一般是指更新企业 QMS 的要素。伴随变更会带来材料、方法、准则等多方面的变化。若根据评审结果"变更"是可行的、有益的，则应将变更引起的变化固化为常态，融入企业 QMS 中。如果根据评审结果，变更存在很大的风险，要么就停止变更，要么就通过风险管理采取措施后进行变更。

➤ 4. 如何贯标

对于一个成熟的企业而言，更改或变更是风险之源。尤其是对于稳定的制造系统来说，无论哪一种要素（人员、设备、材料、方法、环境、控制）发生改变，都会影响系统状态，使系统也发生变化。系统会从一种稳定状态转变到新的状态，新的状态是否是一种期望的状态，要取决于系统要素的改变是否是经过评审且受控。

基于这种认识，一些企业以风险思维的方式，系统地策划企业更改管理过程，建立"更改管理制度"或在各业务流程中安排有针对性的更改控制措施，系统地识别设计更改、工艺更改、合同更改、计划更改、人员更改、设备机具更改、原材料更改、检验试验更改、制度流程更改等各类更改的需求、特征、风险，明确有权决定更改的人员，优化更改流程，确定更改评审制度、更改沟通机制、更改控制措施，要求保留更改和变更说明、更改过程记录及实施更改后的效果评估。

▶ 5. 审核要点

审核员应该关注受审核方是否建立相应的更改管理制度，并且是否按照制度执行。审核员需通过沟通、现场访问和观察，了解受审核方近期所发生的生产和服务提供更改的信息，并追踪和索取相关的证据。

审核员应关注本标准中所有的"更改或变更"的关系，确保审核的一致性。

▶ 6. 审核实践

（1）谈（如何提问）

贵司是否制定有变更管理程序或制度？贵司在生产运营过程中是否发生过变更（需要向企业明确，这里的变更非需求变更、非设计和开发的变更、非管理体系的变更，而仅仅是生产运营过程中的变更，如：原材料变更、设备变更、作业工艺变更等）？发生变更前是否进行评审？谁最终签字确认，对变更负责？针对评审的结果是否采取控制措施？

（2）查（如何文审）

查变更相关的《程序或制度》《变更控制审批单》等。

（3）看（如何巡视）

可以巡视企业自体系建立以来（或当年度的）的变更实际案例，现场巡视变更的控制措施执行情况。

（4）记（如何记录）

请参考下面的某生产制造企业审核案例：

生产部（××部长）介绍，公司生产过程中的变更具体包括：新产品导入、设备变更、工艺变更、检验方法、供应商原材料变更、包材变更、工装变更等。如果按照性质来划分的话，分为主动变更和被动变更。主动变更主要指企业为追求"降本、增效、提质"的目标，主动采取的改进式的变更。被动变更主要指顾客需求、法规要求导致的变更。

企业编制了《变更管理程序》（编号：××××）、《变更管理制度》（编号：××××），规定并约束了变更的管理流程：变更需求提出→变更审批→变更实施→变更后续跟踪。生产部（××部长）在 ERP 系统演示"变更管理模块"，查阅时间自去年第一次监督审核结束至今，见共计 127 项变更事宜，包含了：新产品导入、设备变更、工艺变更、检验方法、供应商原材料变更、包材变更、工装变更等。针对各类变更进行分层抽样，记录如下（内容限于篇幅，笔者只将"工艺变更"作为案例进行详细记录，其他类型的变更，可以参考进行记录）。

抽取变更案例（工艺变更）：

企业基于实验验证，决定改善工艺参数。抽取了 2023 年 12 月 5 日编制的《工艺参数变更需求》（编号：×××××），内容包括：变更提出部门、变更原因、拟采取的控制措施、变更会议评审、变更审批等内容。

1）拟变更参数如下：

- 料筒温度。喂料区：70～90℃（80℃）；区 1：230～270℃（250℃）；区 2：260～310℃（270℃）；区 3：280～310℃（290℃）；区 4：290～320℃（290℃）；区 5：290～320℃（290℃）；喷嘴：300～320℃（290℃）；熔料：280～310℃；料筒恒温：220℃；模具：80～110℃。
- 压力。注射压力：130～180MPa（1300～1800bar）；保压压力：注射压力的40%～60%；背压：10～15MPa（100～150bar）。
- 螺杆转速。最大线速度：0.6m/s；计量行程：（0.5～3.5）D（螺杆直径）；残料量：2～6mm。
- 预烘干。在 120℃温度下烘干 3h；使水分含量低于 0.02%。
- 回收率。最多可加入20%回料；收缩率：0.6%～0.8%。
- 浇口系统。浇口直径应该至少等于制品最大壁厚的60%～70%。

……

2）工艺变更原因：生产工艺改进，以获得更高成品合格率。

3）评审部门：工艺部、生产部、质量部、设备部。

4）拟采取措施：保留之前生产的工艺参数，若因为本次工艺参数的变更，导致产品不合格率上升，立即采取工艺参数回退操作，并进行原因分析。

5）最终确认：生产副总（×××）。

生产部长介绍本次工艺调整能够达到预期的结果。

8.6 产品和服务的放行

▶ 1. 标准原文

8.6 产品和服务的放行

组织应在适当阶段实施策划的安排，以验证产品和服务的要求已得到满足。

除非得到有关授权人员的批准，适用时得到顾客的批准，否则在策划的安排已圆满完成之前，不应向顾客放行产品和交付服务。

组织应保留有关产品和服务放行的成文信息。成文信息应包括：

a）符合接收准则的证据；

b）可追溯到授权放行人员的信息。

▶ **2.　知识点速记**

"8.6 产品和服务的放行"的内容可以汇总成下面 3 个知识点。

1）组织应在适当阶段实施策划的安排，以验证产品和服务的要求已得到满足。

2）除非得到→有关授权人员的批准，适用时得到顾客批准→否则不放行产品，不交付服务。

3）保留成文信息→作为接收准则的证据，可追溯到授权放行人员的信息。

▶ **3.　标准理解**

"组织应在适当阶段实施策划的安排，以验证产品和服务的要求已得到满足"，这里所谓的"策划的安排"即 8.1 条款"建立产品和服务的接收准则，按照准则实施过程控制"。"接收准则"通常可以包括：产品标准、检验规范、规程、大纲、服务规范等。

产品和服务的放行并非特指最终的出货检验，也应包括企业内部的放行，如进货检验、过程检验等，甚至从上一道工序到下一道工序，若企业认为有必要实施放行管控，则同样归属其中。

"除非得到有关授权人员的批准，适用时得到顾客的批准，否则在策划的安排已圆满完成之前，不应向顾客放行产品和交付服务"，这里双重否定表示肯定，用来加强语气。这句话简而言之：只有得到有关授权人员的批准，适用时得到顾客的批准，才能放行产品和交付服务给顾客。

"授权人员的批准"是产品和服务放行的基础，如果有必要还需要顾客的批准。例如，为某系统研制的元器件在未经验证的情况下，经过授权人员或顾客批准可提前交付，参加系统试验验证。又如，设计院在全部工程设计未完成前，应顾客要求并经授权人员批准，提前将工程基础图纸交付给顾客。但是对于这种提前交付，企业应考虑相关的风险及法律法规要求，避免发生事故和不良影响。

企业应保留有关产品和服务放行的成文信息，其目的包括以下两个方面。

（1）作为接收准则的证据

如产品和服务的监视和测量的结果记录，必要时还需保留样品，以保持符合接收准则的证据。这里的证据不仅仅是检验记录，还包括留样、照片等可证实的各种信息。这类证据是企业分析改进的重要来源，也是证明企业放行合格产品和服务的资料。

（2）可追溯到授权放行人员的信息

本标准对"放行"这个环节的责任高度关注。放行是发布或交付产品和服务前最后一道把关环节。企业对这一环节要认真严肃执行规定，并承担相关的责任。

授权最终放行产品或服务的人员应能实现可追溯，可通过保留批准人员签名的成文信息或对达成特定准则后自动放行产品的总体授权（如网上销售的自动电子支付授权）的详细文件化来实现。产品或服务放行授权还可通过职位说明、权限级别或类似的成文信息来确定。

➤ 4．如何贯标

对于生产型企业而言，放行的过程主要包括：进货检验（Incoming Quality Control，IQC）、生产过程检验（In-process Quality Control，IPQC）、最终出货检验（Outgoing Quality Control，OQC）、品质异常的反馈及处理、质量记录等。

（1）进货检验（IQC）

IQC 是工厂制止不合格物料进入生产环节的首要控制点，企业可以根据实际情况制定全检或者抽样检验的方案。进货检验的结果可以包括：接收、拒收（即退货）、让步接收、全检（挑出不合格品退货）、返工后重检等。

（2）生产过程检验（IPQC）

IPQC 一般是指对物料入仓后到成品入库前，各阶段的生产活动的品质控制。过程检验的方式可以包括：首件自检、互检、专检相结合，过程控制与抽检、巡检相结合，多道工序集中检验，逐道工序进行检验，产品完成后检验，抽样与全检相结合等。

（3）最终出货检验（OQC）

OQC 是指产品在出货之前，为保证出货产品满足客户品质要求所进行的检验，经检验合格的产品才能予以放行出货。出货检验结果记录有时根据客户要求提供给客户。检验的维度可以包括：外观检验、性能检验、寿命检验、特定的检验项目、包装检验等品质控制。

对于设计和开发型企业而言，设计和开发各个阶段的评审、验证、确认过程包含了放行，测试环节也是属于放行的过程。对于服务型行业，如酒店后厨，由厨师长现场巡视、进行菜品的最终把关也属于放行。

除此之外，企业还应考虑这样几个问题，产品和服务验证的依据（即接收准则）是什么？用什么方法进行验证（监视和测量技术、方法和抽检方案）？由哪个部门实施？谁有权力决定产品和服务的放行？

5. 审核要点

审核员应关注受审核方是否按本条款要求，对产品和服务的放行实施了验证，是否保留了有关产品和服务放行的成文信息。

对生产制造企业而言，审核员可以查阅产品进货、半成品、成品的检验记录，将检验结果与接收准则对照。对服务性行业而言，审核员需要查验服务工作检查记录，将检查结果与服务规范对照，以验证产品和服务是否满足规定的要求。

审核员尤其要重点抽查合格成品的检验结果与产品标准的要求的符合性与一致性。审核员需要重点关注"特殊放行"案例，询问企业是否经有关授权人员或顾客批准，并查阅授权放行人员的可追溯信息。

6. 审核实践

（1）谈（如何提问）

贵司是否制定了产品放行的管理制度？贵司是如何定义企业的放行环节的？哪些环节需要放行控制？控制的程度是如何确定的？是否有相关的记录和存档文件？

（2）查（如何文审）

不同行业放行过程的文件证据存在较大差异，典型生产制造企业一般审查下面这些文件。

1）制度类《企业放行管理制度》《质量检验管理制度》等；

2）记录类①进货检验（IQC）：《××产品质量合格报告》（第一方，供方随着产品提供的其成品质量合格报告）、《原材料进货经验报告》（第二方，企业对于进货产品进行来料检验，形成的报告）、《进货产品第三方产品质量检验报告》（第三方，由第三方检验机构或实验室对于产品进行检验，提供报告）等；②生产过程检验（IPQC）：《首件检验记录》《过程巡检记录》《车间或工序流转检验记录》等。③最终出货检验（OQC）：外观检验、性能检验、寿命检验、特定的检验项目、包装检验等。

（3）看（如何巡视）

审核员要根据企业的性质和规模，了解企业放行的规定要求及法规强制要求，现场巡视企业的进货环节、生产环节、成品出货环节的放行规定和记录。审核的路线可以抽取企业典型的产品，从源头的仓库一直追踪审核到成品仓库，查看各环节的放行规定与记录。抽样的过程一定注意覆盖审核的范围。

（4）记（如何记录）

请参考下面的某生产制造企业审核案例（挤塑管产品）：

企业编制《放行管理程序》(编号:××××-××××)、《质量检验管理制度》(编号:××××-××××)。经询问,了解到"放行"管理的主控部门是质量部。与质量部负责人(××部长)进行沟通,了解到公司的放行管理包括:原材料放行、过程中质量放行、成品质量放行、不符合处置后放行等。

① 进货检验:负责人(××部长)介绍,进货检验主要是产品的外观、数量、包装的检验。抽阅 2023 年 10 月 28 日生产的 PE 产品,以及 2023 年 11 月 14 日生产的 PP 产品的进货检验记录(可配进货检验图片)。

此外,对于原料企业需要查阅供方产品的质量报告,见 PP 材质、PE 材质产品的第三方检验报告,报告结果显示产品特性满足标准要求(报告编号:××××.××××)。

② 过程检验:抽阅 2023 年 10 月 28 日生产的 PE 产品的首段确认报告(编号:××××),及 2023 年 11 月 14 日生产的 PP 产品的首段确认报告(编号:××××),结论:产品合格(可配首段检验图片)。

企业的生产过程相对比较简单,为原材料→挤塑加工→成品存储→货运发车。在挤塑过程中不存在工序流转,故未有工序流转的放行。

③ 成品检验:抽阅 2023 年 10 月 28 日生产的 PE 产品,以及 2023 年 11 月 14 日生产的 PP 产品的成品检验记录,结论:产品合格(可配产品检验图片)。

为满足顾客要求,公司抽取成品样本送第三方检测机构进行检验,其检验结果作为客户放行的输入之一。抽查 2023 年 12 月份出货的第三方检测报告,结论:产品特性满足标准要求(报告编号:××××.××××)。

④ 顾客验收:抽查 2023 年 12 月份出货记录共计 23 份,抽取其中 5 份顾客验收证明,具体由顾客方签字确认,并返还签字验收记录(可配顾客签字验收图片)。

生产的产品不存在特殊放行的情况,能够基本保证产品质量的要求能够满足顾客需求。经识别,策划的相关产品的要求能够基本实现,能够基本满足顾客要求,能够保证产品和服务的符合性,能够保证质量管理体系的绩效和有效性。

8.7 不合格输出的控制

▶ 1. 标准原文

8.7 不合格输出的控制

8.7.1 组织应确保对不符合要求的输出进行识别和控制,以防止非预期的使用或交付。

组织应根据不合格的性质及其对产品和服务符合性的影响采取适当措施。这也适用于在产品交付之后，以及在服务提供期间或之后发现的不合格产品和服务。

组织应通过下列一种或几种途径处置不合格输出：

a）纠正；

b）隔离、限制、退货或暂停对产品和服务的提供；

c）告知顾客；

d）获得让步接收的授权。

对不合格输出进行纠正之后应验证其是否符合要求。

8.7.2　组织应保留下列成文信息：

a）描述不合格；

b）描述所采取的措施；

c）描述获得的让步；

d）识别处置不合格的授权。

▶ 2．知识点速记

"8.7 不合格输出的控制"的内容可以汇总成下面 6 个知识点。

1）对不符合要求的输出进行识别、控制→防止非预期的使用或交付。

2）组织应根据什么来对不合格采取适当措施？

答：①不合格的性质；②不合格对产品和服务符合性的影响。

3）组织对不合格采取措施的时间？

答：产品和服务交付之前、产品交付之后、服务提供期间或之后。

4）处置不合格输出的四种途径（措施）有哪些？

答：①纠正；②隔离、限制、退货、暂停对产品和服务的提供；③告知顾客；④获得让步接收的授权。

5）对不合格输出纠正之后，应验证是否符合要求。

6）保留成文信息，具体包括哪 4 个方面的内容？

答：①描述不合格；②描述所采取的措施；③描述获得的让步；④识别处置不合格的授权。

▶ 3．标准理解

企业对不符合要求的输出进行识别、控制。所谓"识别"就是由检验、检查人员在适当阶段执行策划的检验、检查工作时，发现并提出的不符合要求的输出。而"控制"就是针对发现的不符合采取相关的措施，其目的是防止不合格错误地流入下一阶段或错误地交付给顾客。

企业识别不符合输出后采取的措施，依据两个方面：①不合格的性质；②不合格对产品和服务符合性的影响。

在公司内部发现的不符合产品，通常影响比较小，而此不符合一旦流向市场，影响就比较大。在公司第一次发现的不符合，通常影响比较小，而屡次发现的不符合，依旧不能解决，影响就比较大。导致外观的不符合影响相对较小，而导致产品功能缺陷的，影响相对比较大。

不符合发生在以下几个阶段，企业需要采取相关的措施：产品和服务交付之前（如产品设计阶段、样件打造阶段、小批量生产、量产阶段等）、产品交付之后（售后服务期间）、服务提供期间（如食客在餐厅吃饭，客人在宾馆晚睡期间）或之后（家电安装服务之后）。

处置不合格输出的四种途径（措施）如下文所述。

（1）纠正

纠正通常包括返工和返修，那么返工和返修的区别是什么呢？

返工，是指为使不合格产品或服务符合要求而对其采取的措施。返工可影响或改变不合格产品或服务的某些部分。例如，一批电子产品，在出货检验时发现有一道"丝印"工序遗漏了，则企业员工进行返工，重新增加"丝印"工序。

返修，是为使不合格产品或服务满足预期用途而对其采取的措施。不合格产品或服务的成功返修未必能使产品符合要求，返修可能需要连同让步。返修包括对以前是合格的产品或服务，为重新使用所采取的修复措施，如作为维修的一部分。例如，某工厂的设备运行一年后发生故障，送回原厂返修。

（2）隔离、限制、退货、暂停对产品和服务的提供

隔离是指采取将不合格输出隔离至不易被混淆为合格品的地点，限制是指将不合格输出限制在一定的区间，这些措施的目的是防止不合格品的错误交付。而对于购进的原材料，若发现不符合，可采用退货、暂停接收外购品，以此将不合格输出阻挡在外。

（3）告知顾客

顾客应有知情权，应该让顾客知道不合格输出的存在。这一般发生于在产品交付之后，以及在服务提供期间或之后发现不规范时。

（4）获得让步接收的授权

在 GB/T 19000 标准中，"让步"的定义是："对使用或放行不符合规定要求的产品或服务的许可"，且在定义的注释中，明确了让步通常仅限于在规定的时间、

数量、特定用途的产品和服务。

当企业对不符合输出要求的产品或服务进行让步放行时，一定要有经过企业授权的人员批准才能放行，必要时还需进行风险评估，以确保将该不合格产品或服务对企业的风险降到最低。同时，让步放行的最终产品或服务还需与顾客协商，征得顾客同意后才能放行。即让步放行的最终决定权在顾客方。

需要注意的是，并非所有的不合格都可以让步。对不合格输出的让步不能违反适用的法律法规要求。对于国家有强制性要求的产品，如压力容器、食品、药品等，采取让步放行时，要严格遵守国家的相关要求，不能仅按照企业内部规定进行。

某洗煤厂提供给顾客某焦化厂的原料煤，因灰分高而不合格时，可以恳请焦化厂让步接收，搭配使用。但是食品的大肠杆菌超标则不能做出让步处理，因为该项不合格涉及人身安全，食用后会引起人体的不适。

对不合格品采取适当的处置措施后，企业应对其再次进行验证，以证实其是否符合规定的要求或使用要求。因为采取措施后，不合格的产品不一定就变成合格品或可以使用了。某些时候，采取的措施不当，可能结果反而更糟。所以未经验证的处置措施，对于企业和顾客都是不负责的。

对于不符合输出的控制，企业应保留相关的成文信息，包括下面 4 个方面。

1）**描述不合格**，通常应记录不合格发生的时间、场合、数量、不合格内容、性质、严重程度，对后续的生产和服务提供的影响，是否造成经济损失或客户投诉、责任部门或岗位等。

2）**描述所采取的措施**，根据不合格输出的性质及严重程度采取措施，如纠正（返工、返修、降级）、隔离、限制、退货或暂停、让步接收、道歉、赔偿等。

3）**描述获得的让步**，采取措施或不需要采取措施的让步接收，均应进行适当的风险分析。让步应经授权人员批准，必要时，得到顾客批准才可以让步。

4）**识别处置不合格的授权**，处置不合格的人员应经过授权，保留签字、印章等标识，便于后续责任的追溯。

▶ 4. 如何贯标

对于生产型企业而言，不合格的处置相对比较具体。但是对于服务型企业，因为服务是一个即时的过程，且当发现不合格时，不合格服务可能已经全部或者部分的交付给顾客，所以企业应做好服务不符合的管控，其可执行的措施可以包括：①立即终止不合格服务；②经顾客同意，重新提供合格服务；③经顾客同意，采取补偿措施，如餐厅服务员不慎弄脏顾客衣服，可为其清洗，并提供临时替代品；④按照合同约定或经顾客同意，采取赔偿措施，如运输公司丢失顾客货物后，向顾客支付赔偿金。

不管是提供产品还是提供服务的企业，都应基于风险管控对"不合格"做好分类和评价，可以采用相关的工具如 PFMEA，通过对于潜在的不合格的预判，并预采取相关的控制措施来进行控制前移。

企业应系统性地策划不符合相关的记录，可以参考表 8-8。

表8-8 不合格品评审记录表

不合格品类别：□自制件　□外协加工　□外购件　　　　　　No：

发生单位		责任单位		产品名称		
总数		不合格数		发生时间		
不合格品详细描述	严重程度：□严重　　□一般　填写人员/质检员：　　　　　责任单位/操作员：					
不合格品原因分析	责任单位/班组长：					
不合格品评审与处理措施	类别	处理方案措施		评审会签		
				姓名	部门	职务
	□返工，返修					
	□降级使用					
	□拒收或报废					
	□调整技术规范					
	□让步接收					
	□其他	实施责任人：　　年　月　日				
质量损失	零件/材料	工序	工时/单价	数量	费用	合计	财务部门核算	责任部门确认
效果验证	对不合格品的加工设备进行跟踪，监控品质稳定性；以及对返工、返修的产品重新检验　填写如下：					
	质检员：　　　　　　　年　月　日					

注：作业流程：质检或发现人提出→责任部门确认不合格原因→品质主导处理措施确定→评审会签→品质追踪验证→品质归档管理

1. 不合格内容由质检员填写，填写内容不足以附件方式说明；
2. 原因分析由责任部门填写；
3. 不合格评审由品质部主持，评审会签部门填写涉及责任部门；
4. 处理方案措施由责任生产部门填写；
5. 后续追踪与验证由质检员填写；
6. 由财务部门核算质量损失，责任部门确认损失；
7. 由行政部门对相应的责任部门进行处罚；
8. 品质部每月统计汇总。

▶ 5. 审核要点

审核员宜与受审核方相关部门或岗位人员沟通，了解其是否建立了不合格输出的控制过程或管理制度。

审核员需要通过现场观察的方式，关注受审核方对不合格输出所开展的标识是否适宜（可以与 8.5.2 条款一起审核），查看受审核方是否可以有效地区分合格输出与不合格输出的状态，对于易混淆的不合格输出是否采取了适当的隔离措施，如区域隔离。

审核员需要追踪受审核方对不合格输出控制过程，包括评审和处置，以及具体的处置措施的适宜性，且应关注进行处置措施后，企业是否重新验证。

审核员可以通过询问和抽样的方式，了解受审核方对于不合格的记录，包括：①描述不合格；②描述所采取的措施；③描述获得的让步；④识别处置不合格的授权。

▶ 6. 审核实践

（1）谈（如何提问）

贵司是否制定了不合格输出的控制程序或管理制度？贵司是否对不合格分类分级？对于不同性质和类别的不合格，贵司分别是如何处置的？处置过程中是否保留了相关的记录文件？

（2）查（如何文审）

查《不合格输出控制程序》《不合格问题台账清单》《不合格问题处置单》《返工/修任务通知单》《产品不合格问题发布会或告知书》《产品召回通知书》《产品让步接受审批单》等。

（3）看（如何巡视）

根据企业提供的《不合格问题台账清单》（不同的行业称谓有所差异，例如：软件开发行业称之为"Bug 清单"），审核员需要做好抽样。根据抽样的问题，进行现场巡视，查看企业的处置措施和后续跟踪。对于企业归类为重大不合格或高风险的问题点，审核员应予以重点关注。

（4）记（如何记录）

通常 8.7 条款和 10.2 条款一起审核，详见本书 10.2 节统一的审核记录。

第 9 章

绩 效 评 价

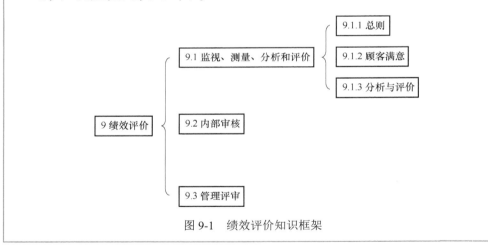
9.1 ▶ 监视、测量、分析和评价

9.1.1　总则

> **1. 标准原文**

9.1.1　总则

组织应确定：

a）需要监视和测量什么；

b）需要用什么方法进行监视、测量、分析和评价，以确保结果有效；

c）何时实施监视和测量；

d）何时对监视和测量的结果进行分析和评价。

组织应评价质量管理体系的绩效和有效性。

组织应保留适当的成文信息，以作为结果的证据。

▶ 2. 知识点速记

ISO 9001 "9.1.1 总则" 的内容可以汇总成下面 2 个知识点。

1）对于 "监视、测量、分析、评价"，组织应确定哪 4 点？

答：①监视、测量什么？②用什么方法监视、测量、分析、评价？③何时监视和测量？④何时对监视、测量的结果分析和评价？

2）组织应评价 QMS 的绩效和有效性，保留成文信息，作为结果的证据。

▶ 3. 标准理解

ISO 9001 第 9 章的核心是 "监视、测量、分析和评价"，那么其定义是什么呢？

1）**监视**（monitoring），用于确定体系、过程、产品、服务或活动的状态。确定状态可能需要检查、监督或密切观察（如医院重症监护室，对于危重病人就是要密切的观察和监视）。

2）**测量**（measurement），是确定数值的过程。确定的数值通常是量值（如确定顾客满意度、确定产品的市场占有率、KPI 等）。

3）**分析**（analysis），是检验数据揭示关系、模式和趋势的过程。这可能意味着使用统计操作，包括来自其他类似企业的信息，以帮助从数据中得出结论。分析过程与测量活动是相关联的，如企业获得顾客满意度后，通常会分析顾客满意的情况。

4）**评价**（evaluation），是一项确定主题事项，评价其 QMS 设定的目标适宜性、充分性和有效性的活动。如企业实施的管理评审，就是一项评价活动。

ISO 9001 9.1.1 条款 "总则" 是对 9.1 条款 "监视、测量、分析和评价" 的总体概述，要求企业确定需要监控和测量的内容，以及用于评价 QMS 绩效和有效性的方法。企业既然要进行 "监视、测量、分析和评价"，那需要确定以下 4 个问题。

（1）监视、测量什么

一个企业的 QMS 中有很多过程都需要监视，例如制造业利用监视设备监视加工过程的状态、服务业利用监视设备监视服务过程质量等，监视的资源可以包括人。同样，一个企业的 QMS 中也有很多过程是需要进行测量的，如顾客满意度、零件加工尺寸、产品不合格率等。

不同企业的过程不同，需要监视和测量的内容也不尽相同。因此企业在建立 QMS 的过程中，应结合自身实际和需求，确定需要对哪些过程、产品或服务进行监视和测量，明确规定具体的监视和测量项目，明确监视和测量项目的特性。

（2）用什么方法监视、测量、分析、评价

不同的过程和对象，可使用的监视、测量、分析和评价方法各有不同，企业也应对方法进行策划，明确规定具体的方法。监视和测量的方法，可以包括：①对顾客满意的监视和测量，通常在产品和服务交付之后进行，可采用顾客满意信息调查等方法；②对 QMS 的监视和测量可以依据策划的安排，采用内部审核、管理评审等方法；③对过程能力和绩效通常是在发现过程能力不足，导致产品和服务质量不稳定时，采用统计技术（如控制图）对影响过程能力的主要因素（5M1E）进行监视和测量；④对产品和服务的符合性在适当阶段（进货、工序或过程、成品）采用检验、试验、过程监督、设置控制点等方法进行监视和测量；⑤对外部供方绩效的监视和测量，可结合供方能力定期评价的方法进行；⑥对策划的实施以及风险和机遇应对措施的有效性的监视和测量，可结合项目实施过程进行等。

（3）何时监视和测量

对不同的过程，需要实施监视、测量的时机和频次是不同的，企业应对何时监视和测量进行策划并做出明确的规定。例如有的企业在年底对顾客满意信息进行一次监视，而有的企业一年进行多次。再如对产品特性的检验，有的企业实施全数检验，有的企业实施抽样检验。总体来讲，适合企业的监测频次就是最好的，但是对于法规要求的监视和测量，需要依规进行，例如特种设备应在规定的时间内由特定的组织进行检验，以保证合规。

（4）何时对监视、测量的结果分析和评价

与监视和测量的时机一样，分析测量的时机也是因企业的不同、过程的不同而有所不同的。

企业应评价 QMS 的绩效和有效性。QMS 的绩效是指企业通过 QMS 运行所实现的可测量的结果，简单理解就是企业贯彻 QMS 的成绩。在企业的绩效中有很多关键绩效，其考核的结果即"关键绩效指标法"（Key Performance Indicator，KPI）。

不同企业的 QMS 绩效可能有所不同，可包括：顾客满意度、顾客忠诚度、产品出油率、噪声、设备平均故障时间（MTBF）、成本利润率、质量成本占制造成本的比例、市场占有率、市场增长率、铸造工序一次合格率、机加工工序能力指数、来料批次合格率、参与同步设计次数、专利数量、年度新产品数量、员工满意度、员工离职率等。

企业 QMS 的有效性是指通过体系的运行，完成策划的活动并得到策划结果的程度。绩效和有效性均与结果有关，企业可以通过取得的绩效来评价体系的有效性。

企业要保留成文信息，作为绩效考核和评价的证据。

▶ 4. 如何贯标

企业的监视、测量、分析和评价活动，没有统一的模板和方法。企业应根据自身特点及需求，明确需要进行监视、测量、分析和评价的对象、内容时机、频次（或时间间隔）和方法，并保留适当的成文信息。

企业开展相关的工作要遵循"二八原理"，即考核工作的主要精力要放在关键的结果和关键的过程上。所谓的绩效考核，一定放在关键绩效指标上，考核工作一定要围绕关键绩效指标展开。

执行和落地的工具，可参考"QC 七大手法"：分层法、检查表、柏拉图、因果图、控制图、散布图和直方图。

▶ 5. 审核要点

审核员应关注受审核方是否建立相关的管理制度，用以指导企业的监视、测量、分析和评价活动。

审核中审核员应关注企业对监视、测量、分析和评价的对象、内容、方法、时机是否进行了策划并做了明确的规定。例如对质量例会、管理部门和项目部的例行检查，检查公开的民主监督栏、部门工作考核等，重点查验企业实施的证据。

审核员应关注受审核方是否保留了监视、测量、分析和评价相关的证据。

▶ 6. 审核实践

（1）谈（如何提问）

贵司是否制定了监测、分析和评价相关的程序？监视和测量的内容是什么？除了 6.2 条款量化的目标之外，还有其他需要监测的内容吗？是由统一的绩效管理部门监测统计，还是下放到各部门统计汇总？多久进行一次监测、分析和评价？相关的记录证据有哪些？

（2）查（如何文审）、看（如何巡视）

查《监视、测量、分析、评价管理程序》《绩效考核制度》《目标指标实现情况调查表》《绩效考核记录表》《年度复盘大会纪要》《经营分析会纪要》等。

（3）记（如何记录）

通常 9.1.1 条款和 9.1.3 条款一起审核，详见本书 9.1.3 节统一的审核记录。

9.1.2　顾客满意

▶ 1. 标准原文

9.1.2　顾客满意

组织应监视顾客对其需求和期望已得到满足的程度的感受。组织应确定获取、监视和评审该信息的方法。

注：监视顾客感受的例子可包括顾客调查、顾客对交付产品或服务的反馈、顾客座谈、市场占有率分析、顾客赞扬、担保索赔和经销商报告。

▶ 2. 知识点速记

ISO 9001 "9.1.2 顾客满意"的内容可以汇总成下面 3 个知识点。

1）组织应监视顾客对其需求和期望已得到满足程度的感受。

2）组织应确定获取、监视和评审该信息的方法。

3）监视顾客感受的例子有哪些？

答：顾客调查、顾客对产品和服务的反馈、顾客座谈、市场占有率分析、顾客赞扬、担保索赔、经销商报告。

▶ 3. 标准理解

本条款是"以顾客为关注焦点"这项原则的具体体现，要求企业能够获取来自顾客的反馈，以系统的方法了解顾客对产品和服务及其需求和期望得到满足程度的感受。

对于本条款标题"顾客满意（Customer Satisfaction）"，我们需要从定义上进行掌握，即"顾客对其期望已被满足程度的感受"。在产品或服务交付之前，企业有可能不了解顾客的期望，甚至顾客自己也并不明确。为了实现较高的顾客满意，企业可能有必要满足那些顾客既没有明示，也不是通常隐含或必须履行的期望，即做到"超越顾客期望"。

投诉是一种满意程度低的最常见的表达方式，但一个企业没有投诉并不一定表明顾客很满意。即使一个企业能够满足顾客规定要求，也不一定确保顾客很满意，因为"满意"是一个主观感受，通常无法量化。从企业的角度来说，应当尽量让更多的顾客或用户达成"满意"。

"组织应监视顾客对其需求和期望已得到满足的程度的感受"这句话的核心是：企业应监视顾客感受，因为顾客满意应是顾客的亲自体验，而不应是企业的猜测。顾客满意的程度基于顾客对企业提供的产品和（或）服务满足其的需求和期望，从顾客的角度看来，其要求被满足的程度越高，顾客的感受越好，顾客满意程度也就越高。

当然，在顾客群体中不同顾客的要求存在差异，因此相同的产品或服务对不同的顾客，感受和满意程度可能不同。另外，顾客的要求和顾客的主观感受是不断变化的，因此相同的顾客对同样的产品或服务在不同时期的感受和满意程度也可能有所不同。所以，企业持续"监视"的过程非常重要。

"组织应确定获取、监视和评审该信息的方法"。具体可以包括：顾客调查、顾客对产品服务的反馈、顾客座谈、市场占有率分析、顾客赞扬、担保索赔、经销商报告等。有很多因素会影响企业确定究竟采用哪种方式获取顾客满意信息。这并没有固定的模式，影响因素可能包括：企业的规模和复杂程度、产品的复杂或精密程度、顾客的成熟程度、与产品有关的风险、顾客群的多样性等。

▶ 4. 如何贯标

很多企业在贯彻本条款时存在一个误区，即一上来就开展顾客满意度调查。企业需要先弄清楚"顾客满意"和"顾客满意度"之间的区别，要知道"顾客满意"是一个监视的过程，而"顾客满意度"是一个测量的过程。测量"顾客满意度"只是监视"顾客满意"方法中的一种，所以不能以偏概全。

对于本条款的执行，标准给出了具体的建议，如：顾客调查、顾客对交付产品或服务的反馈、顾客座谈、市场占有率分析、顾客赞扬、担保索赔和经销商报告等。企业可以根据自身的情况综合使用以上的方式，或者可以采取系统的方式进行顾客满意的监视。可参考相关标准：GB/T 19010《质量管理 顾客满意 组织行为规范指南》、GB/T 19012《质量管理 顾客满意 组织处理投诉指南》、GB/T 19013《质量管理 顾客满意 组织外部争议解决指南》、GB/Z 27907《质量管理 顾客满意 监视和测量指南》和 GB/T 19038《顾客满意测评模型和方法指南》等。

很多企业对于顾客满意调查结果的利用存在欠缺。获取顾客满意的信息不是最终目的，这些信息只有被利用了才是有意义的。因此，企业不应仅仅发放调查表，年底统计一下回收的调查表数量，而没有去认真地分析顾客满意的信息，从中发现问题和改进空间，进而采取有效的改进措施。

企业应确定并选择适宜的方法，对收集到的顾客满意信息进行分析，同时关注顾客的抱怨、投诉、建议和意见。在分析的基础上，企业应找出与顾客要求之间的差距，作为改进 QMS 的依据，并在相关的活动过程中，采取适宜的改进措施，提高满足顾客要求的程度，不断增强顾客的满意程度。

▶ 5. 审核要点

审核员应与受审核方充分沟通，了解企业是否建立了监视顾客满意相关的管理制度和方法。

审核员需要关注企业是否按本条款要求，确定并实施了获取、监视和评审顾客满意信息的方法，关注企业获取顾客满意信息的渠道和途径。

审核时要注意，顾客满意度调查仅是一种获取顾客感受的方式，企业可以根据自己的实际情况选择一种或几种更加有效的方式来获取顾客满意的信息。审核员也应学习上述顾客满意系列标准的内容，增加自身审核的能力。

▶ 6. 审核实践

（1）谈（如何提问）

贵司如何监视顾客满意的情况？是否编制有相关的管理制度？是否有主控部门？能够提供监视顾客满意的措施方法记录？

需要注意，条款中并没有强制要求企业必须保持或保留成文信息，这不妨碍审核员如此提问。但审核员不能因为企业未提供文件记录，就给其开具不符合，因为监视顾客满意的方法有很多，并非所有方法都要保持或保留成文信息。

（2）查（如何文审）、看（如何巡视）

查《顾客满意监测管理制度》《顾客反馈调查表》《市场占有率分析》《顾客满意度调查问卷》《顾客电话回访记录》等。

（3）记（如何记录）

请参考下面的某软件开发企业审核案例：

企业编制了《顾客满意信息监测程序》（编号：××××-××××），用于处理顾客意见和满意度调查，程序文件规定由销售部进行顾客满意度调查。销售部（××经理）介绍公司的核心业务是面向 B 端的软件开发，具体产品包括：ERP 软件、财务管理软件、MES 软件、CRM 系统、工业大数据平台、工业数据中台、工业互联网平台等。销售部会联合产品部对顾客软件使用情况进行调查，具体包括：软件功能性满足情况调查、软件性能支持情况调查、软件兼容性调查、软件安全性调查、用户使用便利性调查等。

基于此，企业编制了《产品用户满意情况调查表》（在线小程序），负责人

（××经理）介绍 2023 年度公司共计交付客户 156 家，共向客户发送了 156 份《产品用户满意情况调查表》，且用户均填报反馈，回收率达到 100%。审核抽样 14 份反馈调查表，反馈用户为：杭州××××有限公司、江苏××××服务外包有限公司、上海××××科技有限公司、安徽××××有限公司、浙江××××有限公司、上海××××有限公司、江苏××××有限公司、南京××××有限公司等。评价的维度基本囊括了：软件功能性满足情况调查、软件性能支持情况调查、软件兼容性调查、软件安全性调查、用户使用便利性调查等。调查的方法基于量化打分，每个维度 10 分，总分共计 100 分。

　　企业将反馈的《产品用户满意情况调查表》（在线小程序）进行量化总结分析，得出总分 95 分，能够基本满足顾客要求和预期目标。其中产品功能实现性表现良好，加权得分 98 分；用户使用便利性表现不佳，加权得分 86 分。负责人（××经理）介绍，企业基于顾客的综合反馈，将相关信息传递告知产品部门和技术研发部门，要求持续优化用户使用便利性，持续改进提升。

　　此外，对于有软件二期建设需求的顾客，销售经理和产品经理会去顾客现场进行拜访座谈，了解顾客一期软件工程满意情况，形成《用户拜访调研表》上传公司的 CRM 系统。负责人（××经理）介绍，本年度截至当前未发生顾客投诉的情况。

9.1.3　分析与评价

▶ 1. 标准原文

9.1.3　分析与评价
组织应分析和评价通过监视和测量获得的适当的数据和信息。
应利用分析结果评价：
a）产品和服务的符合性；
b）顾客满意程度；
c）质量管理体系的绩效和有效性；
d）策划是否得到有效实施；
e）应对风险和机遇所采取措施的有效性；
f）外部供方的绩效；
g）质量管理体系改进的需求。
注：数据分析方法可包括统计技术。

▶ 2. 知识点速记

ISO 9001"9.1.3 分析与评价"的内容可以汇总成下面 2 个知识点。

1）组织应分析、评价通过监视、测量获得的数据和信息。

2）评价哪 7 个方面的信息？

答：①产品和服务符合性；②顾客满意度；③QMS 绩效和有效性；④策划是否有效实施；⑤应对风险和机遇措施有效性；⑥外部供方绩效；⑦QMS 改进需求。

▶ **3．标准理解**

本条款体现了"循证决策"的质量管理原则。"组织应分析和评价通过监视和测量获得的适当的数据和信息"表明了监视和测量获得的数据和信息是分析和评价的输入，没有经过分析和评价的数据和信息是毫无意义的。此外，本条款是 9.1.1 条款的延伸与跟踪，与之前章节的其他条款，存在部分的交叉重合。故在理解标准时，可前后联系在一起。例如：b）顾客满意程度，可以与 9.1.2 条款前后联系；e）应对风险和机遇所采取措施的有效性，可以与 6.1 条款前后联系：f）外部供方的绩效，可以与8.4条款前后联系。

企业应评价哪些信息呢？可以从以下 7 个维度进行。

（1）产品和服务符合性

即产品和服务与要求（顾客要求及法律法规要求）的一致性，如对产品不良率（PPM）、订单按时交付情况、客房清洁度、产品一次交验合格率、不合格的产品和服务产生的原因及原因分布、产品交付与交付后活动满足合同的情况等内容进行分析。

（2）顾客满意度

企业应对获取的顾客满意的情况进行分析和评价，确定顾客满意度。企业应根据这些信息采取必要的措施。对于顾客满意的方面，企业应予以保持，而对顾客不满意方面，企业应予以特别关注。例如，一个企业业务流失情况严重，或发生了很多担保索赔的情况，无疑反映出顾客满意度呈下降趋势，因此这方面的信息可以帮助企业从侧面了解顾客满意的情况。而对来自顾客的赞扬、经销商的报告和用户意见调查表的信息的分析，同样可以帮助企业评价顾客的满意程度。

（3）QMS 绩效和有效性

"绩效"是可测量的结果，可以是定量的或定性的。"有效性"是完成策划活动并得到策划结果的程度。评价企业 QMS 的绩效和有效性，可考虑产品和服务的成本（投入和损失）和效益（产出和利润），"效益"应包括经济效益和社会效益等。

（4）策划是否有效实施

通过对策划过程的输出数据的收集和分析，了解策划的安排是否得到了有效的执行?是否按计划交付项目（如预算和时间）?是否达到了策划预期的效果?

某企业策划某高端设备引进，以此进行生产数据收集，达到降本、增效、提质的目标。设备采购后，对于设备运行产生的记录和数据，企业应进行分析，从而确定采购的高端设备是否达到了预期。

（5）应对风险和机遇措施有效性

标准要求企业在策划时，就要识别可能的风险和机遇，策划应对这些风险和机遇的措施，并通过有效地实施这些措施降低不利影响、增强有利影响，以实现QMS 预期结果的目的。但企业对风险和机遇的识别以及策划应对措施可能不够充分，实施效果也可能不尽如人意，同时企业的环境是在不断变化的，相关方的需求也在不断变化，因此企业应对之前的策划和实施情况进行分析和评价，若评价认为之前的策划和实施存在问题，则应考虑对所策划的措施进行必要的变更。

（6）外部供方绩效

外部供方绩效是指外部供方提供的产品和服务能否满足企业或顾客的要求。例如外部供方按时交付产品情况、交付产品的质量情况。企业可以应用调查表统计供方产品的合格率、交货及时率、价格、服务态度等，并将统计分析结果告知供方，为供方的改进提供信息。必要时，企业还可以协助供方采取相应措施，实现双赢。

（7）QMS 改进需求

通过对分析结果的评价，企业也可能会发现一些活动尽管现在有效，但仍然存在需要进一步改进的地方，这将有助于企业做出改进决策。例如，管理评审活动提出的改进要求。

4. 如何贯标

企业在数据收集和分析的基础上，必须有的放矢地采取措施，同时还要认识到数据分析的基本目的是识别出问题的根本原因，并对它加以预防。例如当人员操作发生问题时，通过数据分析，可能发现实际的原因是由于作业程序复杂所造成的，因而可针对原因采取措施。

企业在选择分析评价的工具时，可考虑这些方法：排列图、因果图（鱼骨图）、过程能力分析、统计过程控制（SPC）、回归分析、可靠性分析、抽样、潜在失效模式和效果分析（FMEA）、六西格玛等。

➤ 5．审核要点

审核员需与受审核方相关部门或岗位人员沟通，了解企业是否建立了分析和评价的过程、方法或管理制度，关注企业所采用方法的多样性和适宜性。

审核员需要采取与受审核方沟通交流或调阅资料的方式，关注企业是基于哪些数据和信息的分析结果，对本条款 a）～g）项所进行的评价，以及具体的评价输出。

审核员应关注企业在分析和评价数据和信息过程中，所选用的统计技术及其应用过程是否适宜和有效，即查看受审核方的统计分析工具是否能真正用得起来。

审核员应关注受审核方进行数据分析的频率及改进结果，是否更有助于其识别需要改进的区域、过程或活动并实施改进。

➤ 6．审核实践

（1）谈（如何提问）

贵司是否针对监视测量的结果进行分析评价？评价的维度包括哪些？

（2）查（如何文审）、看（如何巡视）

审查产品或服务合格率指标（不同企业的量化指标存在差异，审核员需要分辨）、顾客满意度、QMS 的预期结果实现情况和绩效、风险和机遇的应对情况、质量目标的实现情况、供方的绩效、改进的执行情况等。注意，本条款的文件记录，通常无固定范式存在，审核员需要根据企业的实际情况，结合 9.1.1、9.1.2 条款进行审核。

同时，审核员需要关注企业所采用的监视、测量、分析、评价的方法，诸如：排列图、因果图（鱼骨图）、过程能力分析、统计过程控制（SPC）、回归分析、可靠性分析、抽样、潜在失效模式和效果分析（FMEA）、六西格玛等。

（3）记（如何记录）

请参考下面的某软件开发企业审核案例：

公司编制了《监视、测量、分析、评价管理程序》（编号：××××-××××）。策划实施了以下测量、分析和改进活动：①通过测试证实软件开发质量的符合性；②通过内审、管理评审、管理目标考核等证实管理体系的符合性；③通过纠正/预防措施等持续改进管理体系的有效性；④通过"产品用户满意情况小程序"调查用户反馈；⑤通过"绩效考核"评价绩效实现情况；⑥通过"供方评审"评价供方绩效情况等。

企业编制了相关的管理制度，具体包括：《软件编码规范》《软件测试规范》《内部审核、管理评审制度》《绩效考核制度》《项目管理制度》《软件缺陷改进要求》《CMMI 软件过程管理制度》《用户良好运营管理制度》《供应商管理制度》等。在实施层面，公司通过以下方式，实施过程的监视和测量、分析、评价：

1）公司对顾客满意度进行了统计分析，运用了统计技术，并进行原因分析，提出下一步改进的方向，详见 9.1.2 条款的审核记录。

2）公司对管理目标完成情况进行了统计和考核，并进行了原因分析，具体详见各部门 6.2 条款的审核记录。

3）公司本年度已进行了一次内部审核，发现的不符合已进行了原因分析，采取了纠正措施，具体详见质量部 9.2 条款的审核记录。

4）公司本年度已进行了一次管理评审，提出了改进要求，具体详见管理层 9.3 条款的审核记录。

5）公司对于供方绩效进行了评价，重新对供应商进行分级分类排序，详见采购部的 8.4 条款的审核记录。

6）公司基于软件开发的项目管理工具，对于软件开发过程中的 BUG 进行统筹管理，并进行原因分析提出改进建议，详见软件开发部 8.7 条款的审核记录。

针对以上实施层面的内容进行抽样，根据企业主营业务，重点审核软件开发过程中 BUG 管理的监视、测量、分析、评价的内容。企业本年度实施共享共计 37 个，其中平台项目 3 个，定制开发项目 12 个，SAAS 类产品 22 个。针对企业自研平台项目和定制开发项目（共计 15 个），其采用了 Jira、禅道的项目管理工具。抽查"××××项目"共计 BUG 数量 3991 条，已整改 3711 条，进行了原因分析，测试通过后采取"放行操作"，关闭"BUG"。对于剩余 BUG，企业正在进行原因分析，在项目截止日期前确保发现的 BUG 已妥善解决，或者让步放行。

9.2 内部审核

1. 标准原文

9.2　内部审核

9.2.1　组织应按照策划的时间间隔进行内部审核，以提供有关质量管理体系的下列信息：

a）是否符合：

1）组织自身的质量管理体系要求；

2）本标准的要求；

b）是否得到有效的实施和保持。

9.2.2　组织应：

a）依据有关过程的重要性、对组织产生影响的变化和以往的审核结果，策划、制定、实施和保持审核方案，审核方案包括频次、方法、职责、策划要求和报告；

b）规定每次审核的审核准则和范围；

c）选择审核员并实施审核，以确保审核过程客观公正；

d）确保将审核结果报告给相关管理者；

e）及时采取适当的纠正和纠正措施；

f）保留成文信息，作为实施审核方案以及审核结果的证据。

注：相关指南参见 GB/T 19011。

▶ 2．知识点速记

"9.2 内部审核"的内容可以汇总成下面 2 个知识点。

（1）组织应按策划时间进行内部审核，以提供 QMS 以下两点信息：

1）是否符合：①组织自身的 QMS 要求；②本标准的要求。

2）是否得到有效实施和保持。

（2）内部审核的 6 点要求是哪些？

1）根据有关过程重要性、对组织产生影响变化、以往审核结果，策划、制定、实施、保持审核方案。审核方案包括频次、方法、职责、策划要求、报告。

2）规定每次审核的审核准则和范围。

3）实施审核，确保过程客观公正。

4）审核结果报告相关管理者。

5）采取纠正、纠正措施。

6）保留成文信息，作为审核方案、审核结果证据。

▶ 3．标准理解

内部审核，有时称为第一方审核，简称"内审"，是指由企业自发或以企业的名义进行的内部检查。内部审核的结果可作为管理评审的输入，也可作为企业自身合格声明的证据。

内审应由与正在被审核的活动无责任关系的人员进行，以证实独立性。本章所阐述的内审活动，是企业获取有关 QMS 符合性和有效性的信息，查看与预期目标的差距并采取措施，以确保企业能够长期有效地实施保持 QMS，并实现持续改进。

"组织应按照策划的时间间隔进行内部审核",例如,企业以一年作为间隔周期,一年进行一次或者多次的内部审核。内部审核的目的包括两个方面:查看组织建立的体系是否符合自身的策划和规定的 QMS 要求,且查看组织建立的体系是否符合 ISO 9001:2015 的要求;组织的体系是否得到有效的实施和保持。

(1)查看组织建立的体系是否符合自身的策划和规定的 QMS 要求

企业根据本标准建立的体系是否与本身的质量管理体系相符合。其实企业的"质量管理体系"并不是特指通过贯彻 ISO 9001:2015 标准才有的一套体系,企业没有贯标之前的质量管理本身就可能自成体系。关键是企业贯彻 ISO 9001:2015 而建立的体系不能与自身原本的"质量管理体系"相冲突,两套体系应当相互融合,只有这样才能实现标准的真正落地,否则很容易出现体系的"两层皮"现象。

(2)查看组织建立的体系是否符合 ISO 9001:2015 的要求

既然企业依据 ISO 9001:2015 标准建立了管理体系,那么就需要通过内部审核的方式,自查与 ISO 9001:2015 标准的差距,做到"吾日三省吾身"。与此同时,企业还需要将管理体系一以贯之,将建立起来的 QMS 有效地实施和保持。

企业在践行内部审核时,要做到以下 6 个方面。

(1)策划、制定、实施和保持审核方案

企业制定审核方案是一个过程,既然是过程就要注意过程的输入和输出,标准的原文提及了审核过程的输入,包括了:过程的重要性、对组织产生影响的变化和以往的审核结果;审核方案的输出,包括了:内部审核具体可执行的方案、内部审核计划、审核检查表等。

那究竟什么是审核方案呢?根据 GB/T 19000—2016 标准:审核方案(Audit Programme)是指针对特定时间段所策划并具有特定目标的一组(一次或多次)审核安排,具体可包括:审核频次、方法、职责、策划要求和报告。

在确定"审核频次"时,企业应考虑体系运行的特点、成熟度或复杂度、过程的变更。例如,过程越成熟,需要的内审时间可能就越少;反之,过程越复杂,存在的问题比较多,需要的内审时间可能就越多。

"审核方法"可包括访谈、查验成文信息、现场观察、合理抽样和信息评审等。新版标准强调过程方法,企业应通过项目或过程,采用"PDCA"方法实施审核。

"审核职责"包括审核方案管理者、审核主管部门、审核组长、审核员、技术专家、见证人员等在审核策划、实施、验证活动中的职责与分工。

"策划要求和报告"包括审核方案的策划,要明确审核目标、范围、类型、程序、准则、方法、审核组、资源条件等,并在审核过程中得到贯彻执行。审核方案还应对报告的对象、时机和相关要求做出规定。

（2）规定每次审核的审核准则和范围

审核准则可以是具体的标准或要求，其中 ISO 9001：2015 标准的要求是内审最核心的审核准则之一。审核范围可以是具体部门、产品、过程和设施，在一个特定的时间段内，通常应覆盖企业所有与质量相关的产品和服务、活动、过程以及 QMS 标准的所有要求，但并非每次审核都需要覆盖所有的内容，只要确保在企业规定的时间段内能覆盖所有内容就可以了。

（3）实施审核，确保过程客观公正

标准 GB/T 19011《管理体系审核指南》中规定了审核原则，其中包括独立性。审核的独立性是审核的公正性和审核结论的客观性的基础。如何确保审核独立呢？在审核员的选择上，要考虑以下两方面：一是审核员应具备本标准 7.2 条款规定的能力要求，包括与具体审核任务相适应的能力；二是应确保审核过程的客观性和公正性。本版标准取消了"审核员不应审核自己的工作"的要求，但是企业应尽可能使内审员不审核自身工作，如果不能避免，要采取一切措施保证其能够客观公正实施审核，达到审核目的和要求。如有必要，企业也可以委托第三方审核机构为企业策划并实施内部审核。

（4）审核结果报告相关管理者

没有报告的审核是没有意义的，因为内部审核是公司管理评审的输入。企业应确保报告机制的建立和实施，避免相关的管理者不了解或不过问内审工作的问题。

（5）采取纠正、纠正措施

审核过程中发现的问题，责任部门应按规定的要求，采取适当的纠正和纠正措施。企业应对采取的纠正措施进行跟踪验证，确保纠正措施有效实施，以防止同类不合格再次发生。此外，企业要记录和报告验证的结果。

对于"纠正"和"纠正措施"，企业应理解其含义，根据 GB/T 19000—2016标准的阐述，如下：

1）纠正（correction），为消除已发现的不合格所采取的措施。纠正可与纠正措施一起实施，或在其之前或之后实施。返工或降级可作为纠正的示例。

2）纠正措施（corrective action），为消除不合格的原因并防止再发生所采取的措施。一个不合格可以有若干个原因。采取纠正措施是为了防止不合格再发生。

3）预防措施（preventive action），为消除潜在不合格或其他潜在不期望情况的原因所采取的措施。一个潜在不合格可以有若干个原因。采取预防措施是为了防止不合格的发生。

案例①

牧民家养了 100 只羊，一天，牧民发现自家的羊少了一只，便出去找羊，经过几天几夜的搜找，终于把那只羊找了回来（这就是纠正：消除已经发现的不合格）。找到羊回到家后，精疲力竭的牧民发誓，以后再也不出去找羊了，痛定思痛，决定花钱把羊圈加高，自此以后羊再也没丢过了（这是纠正措施：消除已发现不合格原因所采取的措施）。

邻居发现牧民的羊丢了后，为了以防万一，也将自家的羊圈加高了，从而了避免像牧民那样丢羊，又千辛万苦去找羊（这是预防措施：消除潜在不合格所采取的措施）。

案例②

某生产汽车内饰件的供应商 A 公司遇到主机厂投诉，发现最近两个批次的内饰件产品存在飞边和毛刺。主机厂要求 A 公司立刻派人去生产现场解决问题。A 公司委派质量工程师张工、成品检验员李工去现场了解情况并做处理。两位工程师在现场线边仓按照料架编号，逐个检查 A 公司两批次供应的所有内饰件，最终发现有 4 个产品存在上述问题。经与主机厂的 SQE 沟通，现场对 4 个问题产品修剪打磨，经验证合格后，主机厂可以让步接受（这是纠正）。

现场处置完成后，张工回公司撰写 8D 报告，分析可能是注塑机保压不够，而且是夜班批次，质量检验光线不足导致不良流出。为此，他们联系设备管理科对注塑机进行保养维护，提醒操作工关注机器保压的压力参数应符合量产时设定的工艺要求。此外，强化了质量检验工位的照明情况，防止不良流出（这是纠正措施）。

主机厂将 A 公司提交的 8D 报告脱敏后，分发至其他的塑料件供应商，要求各供应商强化设备管理工作、关注工艺参数、加强 OQC 检验放行工作（这是预防措施）。

（6）保留成文信息，作为审核方案、审核结果证据

内部审核的成文信息可以包括：年度审核计划、审核实施计划、审核检查记录表、首末次会议人员签到记录、不合格报告及纠正措施跟踪验证记录、审核报告等。相关的成文信息可作为审核过程的输出、管理评审的输入。

4. 如何贯标

新版标准取消了制定形成文件的内部审核程序的要求，但是如果企业认为有必要，仍然可以编制一个内部审核程序，用于管控企业内部审核活动。

通过内部审核可以全面客观地评价企业 QMS 的符合性和有效性，以实现改进。内审可以作为企业自身合格声明的基础，通常时间间隔不超过 12 个月。

审核方案、审核计划、审核检查记录、审核报告、纠正或采取的纠正措施的证据等是本条款的主要证实性资料，企业需要保留，并要考虑审核方案输入的合理性，还要关注内审结果是否能成为管理评审的输入。

内部审核的具体执行，可以参考标准 GB/T 19011《管理体系审核指南》。

▶ 5. 审核要点

审核员宜与受审核方相关部门或岗位人员沟通，了解其是否建立和保持内部审核的过程或程序。

审核员需通过与受审核方沟通和索阅资料的方式，关注其所策划的审核方案是否包括频次、方法、职责、策划要求和报告等内容，并确认审核方案是否符合受审核方的实际状况和需要。

企业的内部审核员虽无资质的要求，但内审员需要具备相应的能力，审核员应予以关注。

审核员应关注受审核方内审时开具的不符合项，查验企业是否针对不符合采取了纠正和纠正措施，并关注纠正措施的有效性。

审核员应关注受审核方相关成文信息保留的是否完整，如：年度审核计划、审核实施计划、审核检查表及审核记录、首末次会议人员签到记录、不合格报告及纠正措施跟踪验证记录、审核报告等。

▶ 6. 审核实践

（1）谈（如何提问）

贵司是否制定了内部审核的管理程序或制定？内部审核这项活动是否有主控部门？主控部门负责人（××经理），请问贵司多久开展一次内部审核？对于内部审核活动是否预先做过完整的策划？对于内审员的能力是否确认？内部审核的准则是什么？如何界定范围？过程中保留了哪些记录？

（2）查（如何文审）、看（如何巡视）

查看《内部审核管理程序》《内部审核方案策划》《内部审核计划》《内部审核记录》《内部审核报告》等。

（3）记（如何记录）

请参考下面的通用审核案例：

企业编制了《内部审核程序》（编号：××××-××××），用于控制内部审核的管理。经询问，企业内部审核工作由质量部主控。质量部负责人（××经理）介绍，本年度的内部审核工作已经完结，其提供了《内部审核方案》（编号：××××-

××××）、《内部审核计划》（编号：××××-××××），计划显示 2023 年 11 月份进行内部审核，审核范围覆盖公司各个部门及管理层。委托××、××、×× 为三名内部审核员，其中质量部负责人（××经理）是三人中的内审组长。

现场抽查询问三名内审人员关于 ISO 9001 的基本问题，提出了"PDCA 循环含义、过程方法含义、风险思维的含义、条款的高层结构、如何判标、如何开具不符合"等问题，基本能够回答充分。此外，企业提供了三名内审员参与 ISO 9001 标准培训的相关培训证据。内审员能力方面基本满足要求。

抽取《2023 年度内部审核计划》（编号：××××-××××），包括了：审核目的、审核部门、审核依据、审核范围等内容，安排清楚。三名内审核员，未安排有强利益关系的部门作为被审部门。提供首末次会议记录及内审签到表，覆盖公司各部门及管理层。

企业提供了内审检查表，共计 9 份，抽取管理层、核心业务部门、核心职能支持部门的审核记录，包括了：审核的依据、审核的条款、内审的记录、内审员的签字等方面的内容。审核条款方面与计划安排对比，基本无遗漏差别。

2023 年度的内审，共计发现不符合 4 条，提供了《内审不符合报告》（编号：××××-××××），对于内审发现的不符合进行了阐述，判标的内容基本准确。与此同时，在同一张报告中，由相应的责任部门进行了原因分析，提出了拟采取的纠正和纠正措施，包括后续跟踪等事项。现场发现，4 条不符合均进行了整改关闭，并举一反三，防止不符合在公司其他场所再次发生。

企业提供了内部审核报告（编号：××××-××××），包括了：审核准则，范围，综述等内容。本次内部审核开具 4 项不符合项，提供了不符合报告、纠正预防措施。

审核结论：公司已建立的书面化质量体系符合 GB/T 19001—2016 标准要求，具有实现既定的质量方针、质量目标的能力，公司质量管理体系适宜，运行基本有效。各责任部门应举一反三对"不符合项"进行纠正并由内审员进行有效验证后，再申请第三方进行认证。

9.3 管理评审

▶ 1. 标准原文

9.3.1 总则

最高管理者应按照策划的时间间隔对组织的质量管理体系进行评审，以确保其持续的适宜性、充分性和有效性，并与组织的战略方向保持一致。

9.3.2 管理评审输入

策划和实施管理评审时应考虑下列内容：

a）以往管理评审所采取措施的情况；

b）与质量管理体系相关的内外部因素的变化；

c）下列有关质量管理体系绩效和有效性的信息，包括其趋势：

1）顾客满意和有关相关方的反馈；

2）质量目标的实现程度；

3）过程绩效以及产品和服务的合格情况；

4）不合格及纠正措施；

5）监视和测量结果；

6）审核结果；

7）外部供方的绩效。

d）资源的充分性；

e）应对风险和机遇所采取措施的有效性（见6.1）；

f）改进的机会。

9.3.3 管理评审的输出

管理评审的输出应包括与下列事项相关的决定和措施：

a）改进的机会；

b）质量管理体系所需的变更；

c）资源需求。

组织应保留成文信息，作为管理评审结果的证据。

▶ 2. 知识点速记

"9.3管理评审"的内容可以汇总成下面4个知识点。

1）最高管理者按策划的时间间隔，对 QMS 评审，确保：①适宜性、充分性、有效性；②与组织战略方向一致。

2）策划实施管理评审，应考虑哪6点内容的输入？

答：①以往的评审结果。②与 QMS 相关的内外部因素变化。③有关 QMS 绩效和有效性信息，包括趋势：顾客满意和有关相关方反馈；质量目标及实现程度；过程绩效以及实现程度；不合格及纠正措施；监视、测量结果；审核结果；外部供方绩效。④资源充分性。⑤应对风险机遇采取措施。⑥改进机会。

3）管理评审输出应包括哪3点决定和措施？

答：①改进机会；②QMS 所需变更；③资源需求。

4）保留成文信息作为管评证据。

> **3. 标准理解**

企业的内部审核（内审），主要评价管理体系的符合性和有效性，而管理评审活动是确保管理体系的适宜性、充分性和有效性。那什么是适宜、充分和有效呢？

（1）适宜

适宜是指企业 QMS 结果是否适用于其发展与境况。任何一个企业都是处于动态的变化之中，包括内外部环境、相关方、风险和机遇、法律法规、标准等，这些变化都会影响企业的 QMS 的适宜性。企业需要通过管理评审活动回顾企业 QMS 是否能够满足变化的要求，如果不能满足要求，需要及时调整，这就是确保适宜性。

（2）充分

充分性即企业贯彻 QMS 的成熟度。不同的企业，由于规模和行业的差异，其贯彻 ISO 9001 标准的成熟度是不一样的，大企业提供的资源相对比较多，贯标的成熟度相对比较高，标准实现的充分性就高。小微型企业可能还处于谋生存的状态，提供的资源相对比较薄弱，贯标的成熟度可能比较低，标准实现的充分性就低。

不管企业当前贯彻 QMS 的成熟度是高是低，每年管理评审活动的初衷，都希望贯标的充分性不断提高。充分性不仅是"PDCA 循环"原则的要求，也是"持续改进"的要求，确保企业 QMS 的"充分性"是一个持续的过程。

（3）有效

有效是指企业的贯标绩效是否达到了预期结果。企业应通过监视和测量，分析是否实现了 QMS 的预期结果，是否实现了质量方针和目标的要求。如果发现内部存在失效的情况（如某些角色形同虚设、某项制度未起到作用），企业应及时调整 QMS，确保实现预期结果。

"与组织的战略方向保持一致"，是新版标准对组织贯彻 QMS 提出的要求。新版标准强调按照组织的质量方针和战略方向，即遵循长期、总体的价值方向，对各过程及其相互作用进行系统管理，从而实现预期结果。在管理评审活动中，企业需要评审质量方针和质量目标与战略方向是否出现偏差，企业当前的 QMS 能否有效实施，并促进战略方向的实现。

企业应策划实施管理评审的时机，通常可包括定期的管理评审及特殊情况下的管理评审。定期的管理评审可以结合企业的半年或年度总结会进行，通常的评审周期为 6 个月或者 12 个月。特殊情况下的专项管理评审可根据需求随时进行，例如，出现企业内外部环境发生重大变化、组织架构发生重大调整、重大质量问题或重大顾客投诉、管理体系需接受外部审核前等情况时。

企业策划实施管理评审，应考虑以下 6 点内容的输入。

（1）以往的评审结果

例如以往管理评审的相关改进方案及措施等。

（2）与 QMS 相关的内外部因素变化

4.1 条款"理解组织及其环境"的内容是管理评审的输入，包括内部环境变化，例如组织质量文化的提升；外部的环境变化，例如贸易战、突发疫情影响等。

（3）有关 QMS 绩效和有效性信息，包括趋势：顾客满意和有关相关方反馈；质量目标及实现程度；过程绩效以及实现程度；不合格及纠正措施；监视、测量结果；审核结果；外部供方绩效

1）顾客满意和有关相关方反馈，9.1.2 条款"顾客满意"，包括顾客满意度调查、顾客反馈、顾客投诉等内容。

2）质量目标及实现程度，6.2 条款"质量目标及其实现的策划"，企业的总目标和分解目标的实现情况，是管理评审的输入。

3）过程绩效以及实现程度，即企业中过程实现增值或间接增值从而达到预期结果的程度，以及产品和服务符合有关要求的程度，例如产品利润率、年度销售额、产品合格率、设备正常运转比例等。

4）不合格及纠正措施，10.2 条款"不合格和纠正措施"，例如针对日常生产或服务提供过程中，所发现的不合格或顾客投诉，企业所采取的相关措施。

5）监视、测量结果，9.1.1 条款"总则"，例如产品检验报告、市场占有率结果等。

6）审核结果，例如第一方审核（内部审核）、第二方审核（顾客审核）、第三方审核（认证审核），不同类型审核的输出报告，可作为管理评审的输入。

7）外部供方绩效，8.4 条款"外部提供的过程、产品和服务的控制"，例如供应商评价报告、供方审核的结果等。

（4）资源充分性

7.1 条款"资源"，如人力资源、设备、环境、知识、监测资源等。

（5）应对风险机遇采取措施

6.1 条款"应对风险和机遇的措施"，针对风险和机遇采取的措施，应作为管理评审的输入。

（6）改进机会

10.1 条款"总则"，企业内参加管理评审的各级人员，均可以提出由于各种原因而引起的有关组织的产品、过程和体系改进的建议。

管理评审输出应包括以下三点决定和措施：①改进机会；②QMS 所需变更；③资源需求。

1）**改进机会**，可能包括产品和服务的改进、过程及其绩效的改进、组织接口及职能的调整、方针和目标的调整等，例如，新产品的开发，对于设备、技术及过程的改进，老产品的更新换代，产品的某一特性的改进提高等。

2）**QMS 所需变更**，应按照 6.3 条款的要求进行策划并实施。

3）**资源需求**，涉及资源的调整或重新配备，例如，人力资源、基础设施、过程运行环境、监视测量等资源的补充，企业相关知识的更新等。企业要考虑自身资源的适宜性，不但要考虑当前的资源需求，还要考虑企业未来发展的资源配置。

企业要保留可作为管理评审结果的证据的成文信息，包括评审所有的关注点、采取的措施、实施的时间表等。成文信息可以是多种形式，例如工作日志、正式的会议纪要等，可以是纸质或电子版。

▶ **4．如何贯标**

管理评审可以通过多种方式实施，如会议、文件评审等，通常应制定计划，确定评审的时间、地点、参加人员、评审内容、需要收集的相关信息等。各参加部门或人员应根据策划的安排，准备评审材料，按时参加评审会议。

对于管理评审，标准并没有规定企业一定将相关活动命名为"管理评审"，标准希望的是企业能够实质上做到相关活动输入充分、输出完整。相关活动如何命名，可以根据企业的实际情况执行。例如，有些企业称之为年度评审、年终总结、年度会议、总结大会等。从本质上来讲，"管理评审"就是企业自我反思、自我提升的方式和途径。贯彻本条款，企业需要"少一点形式主义的作风，多一点深刻的自我反思"，以达到持续改进。

▶ **5．审核要点**

审核员应关注受审核方是否建立了管理评审相关的管理要求或者制度，应与企业的最高管理者深入沟通组织的"管理评审"活动是如何进行的，包括：频次、方法、人员、形式等。

审核员需要通过调阅受审核方管理评审资料的方式，关注企业在一个运行或监督周期内，是否已将标准所规定的管理评审的主体事项逐一进行了评价，是否存在遗漏。与此同时，审核员需要将受审核方本次管理评审的输入、输出的内容，与上次管理评审活动进行对比，检查是否存在类似的问题。若存在，审核员需要追踪其所采取的纠正措施的有效性。

审核员需要关注管理评审输出是否满足标准的要求，是否充分，是否有改进的方法和可落地执行的措施。必要时，审核员需要关注上次管理评审输出的要求是否实现。

▶ 6. 审核实践

（1）谈（如何提问）

企业最高管理者（××），请您介绍一下贵司的管理评审活动，是如何开展的？是否制定了管理评审活动的管理程序或制度？管理评审活动是单独开展还是与其他年度大会一起召开？管理评审方案是否提前制定，并经您审核批准？管理评审重点关注哪些内容？管理评审活动形成了哪些决议与成果？

（2）查（如何文审）、看（如何巡视）

查《管理评审程序》《管理评审计划》《各部门的管理评审汇报材料》《管理评审报告与决议》《管理评审活动后续跟踪表》。

（3）记（如何记录）

请参考下面的通用审核案例：

与企业的最高管理者（××）进行沟通，了解到企业本年度管理评审工作已经开展。企业编制了《管理评审控制程序》（编号：××××-××××），用于指导管理评审工作。

企业编制了《管理评审计划》（编号：××××-××××），内容包括：管理评审时间、管理评审目的、管理评审预期输入、管理评审人员等内容。计划管理评审时间为 2023 年 12 月 10 日。

评审目的：对质量管理体系进行评审，以证明体系是否适宜和有效，确定迎接第三方的认证审核日期。参加人员：最高管理者、各分管副总、各职能部门负责人、业务代表、质量代表、优秀员工等。

查看企业管理评审的实施，企业提供了《管评会议签到表》《各职能部门管理评审专题报告》"汇报 PPT"《内部审核报告》"员工代表发言稿""最高管理者发言纪要"等。

其中管理评审的输入，包括各职能部门的体系运行工作专题汇报，抽取质量部、行政部、生产部、销售部、财务部、研发部等核心部门的专题汇报，内容包括：本部门贯标情况简述、本部门预期目标和实现情况、本部门内部审核情况、内部不符合整改情况、部门重大业绩表现、部门存在的问题与不足、员工合理化建议等。管理评审的输入内容基本充分。

查看《总经理管理评审会议发言纪要》（编号：××××-××××），内容包括：对于各职能部门工作汇报的点评、改进建议与方向、下一阶段发展方向、公司未来发展战略等。

查评审输出，具体包括：《管理评审报告》（编号：××××-××××）、《管评改进建议跟踪》（编号：××××-××××）。

管理评审结论为：公司已按照 GB/T 19001—2016 标准建立、实施了文件化的质量管理体系。实施的结果表明公司质量方针、目标和质量管理体系基本是适宜、充分、有效的，能以防止不合格品来满足顾客要求，并努力超越顾客期望。企业能够符合法律法规要求，能够贯彻公司质量方针，实现质量目标。

管理层、各部门、员工代表合理化建议 3 条。

1）为使质量管理体系有效运行，加强各级人员理论能力的培训，尤其是标准理解方面的落地培训。预期完成日期：2024 年 3 月。责任部门：行政部。

2）建议进一步鼓励和提升"员工合理化建议"的积极性，提高建议采纳的奖励资金。预期完成日期：2023 年 12 月。责任部门：各职能部门。

3）建议企业进一步拥抱数字化转型，考虑关键业务部署信息化系统（ERP、MES），助力企业业务流程的运转，达到"降本、增效、提质"目的。预期完成日期：2024 年 12 月。责任部门：生产部、质量部、财务部。

对于 3 条改进的建议，下一年度的监督审核应予以重点关注和跟踪。

第 10 章

改　　进

1）本章"改进"在"PDCA 循环"中属于"A 处置环节"，共分为 3 个部分，包括"10.1 总则""10.2 不合格和纠正措施""10.3 持续改进"。

2）知识框架如图 10-1 所示。

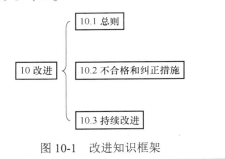

图 10-1　改进知识框架

10.1　总则

▶ 1. 标准原文

10.1　总则

组织应确定和选择改进机会，并采取必要措施，以满足顾客要求和增强顾客满意。

这应包括：

a）改进产品和服务，以满足要求并应对未来的需求和期望；

b）纠正、预防或减少不利影响；

c）改进质量管理体系的绩效和有效性。

注：改进的例子可包括纠正、纠正措施、持续改进、突破性变革、创新和重组。

▶ 2．知识点速记

"10.1 总则"的内容可以汇总成下面 3 个知识点。

1）组织应确定、选择改进机会，采取必要措施，满足顾客要求，增强顾客满意。

2）改进的三种具体方式？

答：①改进产品和服务，满足要求，应对未来需求和期望；②纠正、预防、减少不利影响；③改进 QMS 绩效和有效性。

3）改进的具体例子：纠正、纠正措施、持续改进、突破性变革、创新和重组。

▶ 3．标准理解

本条款体现了七项质量管理原则中的"改进"，改进的目的在于满足顾客要求，增强顾客满意，有效地应对未来挑战，保持竞争的优势。那究竟什么是"改进"呢，根据 GB/T 19000—2016 标准的定义，改进（improvement）是指提高绩效的活动，活动可以是循环的或一次性的。持续改进（continual improvement）是指提高绩效的循环活动。

改进可以有以下三种具体的方式。

（1）改进产品和服务，满足要求，应对未来需求和期望

对于任何企业而言，其产品和服务是企业的核心生存的支柱，要想占有更多的市场份额，得到顾客的认可，就必须改进产品和服务，满足顾客需求。此外，企业还要考虑如何超越顾客期望，这也体现了"以顾客为关注焦点"的质量管理原则。

腾讯公司的渐进式创新，可以浓缩为"小步快跑，试错迭代"。通过收集和分析大量用户数据，腾讯能够准确了解用户需求和行为习惯，为产品迭代提供有力支持。同时，团队也积极倾听用户的声音，将用户反馈作为改进产品的重要依据。这个策略使得腾讯的产品能够保持活力和竞争力，不断适应市场的变化和用户的需求。这个策略的应用不仅体现在腾讯的核心产品上，如微信、QQ 等社交产品，也延伸到其他领域，如游戏、金融、企业服务等。

（2）纠正、预防、减少不利影响

企业应针对 QMS 及其过程运行中发现的问题，通过采取必要的措施，消除、减少、防止问题的再发生，且降低不利影响。

通常情况下，在发现不符合时，既需要进行纠正，也需要采取纠正措施和预防措施，但这并不适用于企业的所有情况。有些时候，可能仅需要进行纠正，而另一些时候只需要采取纠正措施就足够了。这就要求企业针对发生的不合格，具体问题具体分析，不可教条。

（3）改进 QMS 绩效和有效性

通过监视、测量、分析和改进 QMS 绩效和有效性，企业可以不断完善管理，增强顾客和相关方满意。此外，企业还要积极寻求改进的机会，例如改进管理习惯、改进产品设计、改进员工激励机制、消除不必要的存货、改进生产系统的效率等。通过持续改进，企业可以更好地满足顾客需要、实现更高的质量管理绩效。

改进的具体措施，包括：纠正、纠正措施、持续改进、突破性变革、创新和重组。纠正和纠正措施是属于被动型改进、突破性变革属于跳跃型改进（如海尔冰箱通过组织内部变革，跳跃式发展，将一家资不抵债、濒临倒闭的集体小厂发展成为全球大型家电第一品牌）、创新属于创造性改进（如苹果公司发明的苹果手机颠覆了以往按键式手机，获得了巨大的市场成功）、重组属于转型式改进（如 2015 年，美团和大众点评合并，减少恶意竞争的循环，占据了市场的大部分份额）。

▶ **4. 如何贯标**

企业应确定和选择改进机会，根据改进的性质、内容及影响，采取必要的措施，选择适合自己的改进方式，并加以实施。改进应关注其 QMS 中的主要过程，例如，产品和服务的设计和开发（8.3 条款），生产和服务提供（8.5 条款），不合格和纠正措施（10.2 条款），分析和评价（9.1.3 条款），内部审核（9.2 条款），管理评审（9.3 条款）等。

▶ **5. 审核要点**

审核员应与受审核方沟通，了解其是否建立改进的管理制度，查验近期的改进的计划和方案。

审核中应关注企业采取了哪些改进措施，是否达到了满足顾客要求和增强顾客满意的目标，还应关注企业是否发生了创新、重组、转型等变更情况，并注意收集相关的证据。

▶ **6. 审核实践**

（1）谈（如何提问）

贵司是否制定了改进相关的程序或制度？贵司是如何开展改进活动的？

（2）查（如何文审）、看（如何巡视）

查《改进管理程序》《新产品研发立项》《生产设备技术改造》《产品工艺提升专项行动》《5S 管理改进行动》《产品不合格处置单》《产品不符合 8D 报告》《产品质量问题 5Why 分析》、鱼骨图、《企业中层干部管理能力提升专班会》《管理体系贯标提升会议纪要》等。

（3）记（如何记录）

本条款"10.1 总则"是概括性的描述，与其他条款存在重合。在审核实践中，本条款的 a）、b）两则要求可与 10.2 条款一起审核，详见 10.2 条款统一的审核记录。本条款的 c）要求与 10.3 条款一起审核，详见条款 10.3 统一的审核记录。

10.2 不合格和纠正措施

▶ 1. 标准原文

10.2.1　当出现不合格时，包括来自投诉的不合格，组织应：

a）对不合格做出应对，并在适用时：

1）采取措施以控制和纠正不合格；

2）处置后果。

b）通过下列活动，评价是否需要采取措施，以消除产生不合格的原因，避免其再次发生或者在其他场合发生：

1）评审和分析不合格；

2）确定不合格的原因；

3）确定是否存在或可能发生类似的不合格。

c）实施所需的措施；

d）评审所采取的纠正措施的有效性；

e）需要时，更新在策划期间确定的风险和机遇；

f）需要时，变更质量管理体系。

纠正措施应与不合格所产生的影响相适应。

10.2.2　组织应保留成文信息，作为下列事项的证据：

a）不合格的性质以及随后所采取的措施；

b）纠正措施的结果。

▶ 2. 知识点速记

"10.2 不合格和纠正措施"的内容可以汇总成下面 3 个知识点。

1）当出现不合格时，包括来自投诉的不合格，组织应做哪 6 点措施？

答：①对不合格做出应对，并在适用时：采取措施控制、纠正不合格、处置后果。②通过以下三点活动，评价是否需要采取措施，以消除不合格原因，避免再次发生，或在其他场合发生：评审、分析不合格；确定不合格原因；确定是否存在或可能发生类似的不合格。③实施所需措施。④评审纠正措施有效性。⑤需要时，更新策划期间确定的风险和机遇。⑥需要时，变更 QMS。

2）纠正措施与不合格所产生的影响相适应。

3）保留成文信息，为以下两个方面做证据：①不合格性质，采取的措施；②纠正措施的结果。

➤ 3．标准理解

不合格也称为不符合（nonconformity），是指未满足要求。需要区分 8.7 条款"不合格输出的控制"与本条款"不合格和纠正措施"的差异。8.7 条款强调的是立足产品和服务运行过程，对其所产生的不合格产品和服务的控制。而本条款所谓的"不合格"包括产品和服务、过程、体系的不合格，是立足 QMS 对所发现的各类不合格的应对。

当出现不合格，包括顾客投诉时，组织应做到以下 6 点措施。

（1）对不合格做出应对，并在适用时：采取措施控制、纠正不合格、处置后果

处置后，企业应在第一时间对不合格做出应对。"应对"这个动作是主动出击，是针对出现的情况，采取相应措施或对策，可以在遏制问题的同时持续对问题的根本原因进行调查。

企业可能需要联系顾客或外部供方，让他们知晓不符合。企业还需对不合格的后果进行处置，进一步消除或减小不合格的影响。尤其是因客观原因，无法采取控制和纠正不合格的措施时，企业更需要考虑降低不合格的影响。

（2）通过以下三点活动，评价是否需要采取措施，以消除不合格原因，避免再次发生，或在其他场合发生：评审、分析不合格；确定不合格原因；确定是否存在或可能发生类似的不合格

以下三点活动，是用来评价出现不合格时是否需要采取纠正措施的。

1）**评审、分析不合格**。如调查不合格的情况、等级、危害程度、影响范围等，评定和分析不合格的性质，比如是一般不合格还是严重不合格。

2）**确定不合格原因**。找出是什么原因造成的不合格，可以采用 5Why 分析法、鱼骨图等。

3）**确定是否存在或可能发生类似的不合格**。实施"举一反三"的分析，确定是否还有可能在以后会再次发生类似的不合格，即判断不合格是孤立的，还是具

有普遍性的、规律性的、重复性的。

（3）实施所需措施

找到原因后就需要制定措施并执行所策划的措施。对于策划的措施可以从以下几个方面考虑：制定的措施应从源头上杜绝不符合；制定的措施必须量化相关要素，具有可执行性；制定的措施不能草率、不能朝令夕改。

（4）评审纠正措施有效性

企业应确保执行所确定的有关措施，对纠正措施的执行效果应跟踪、验证，以确定所采取的纠正措施是否会消除不符合产生的原因，或能将不符合重复出现的可能性控制在一个可接受范围内。

（5）需要时，更新策划期间确定的风险和机遇

标准 6.1.1 条款规定，组织在策划 QMS 时应确定需要应对的风险和机遇。6.1.2 条款规定组织应策划应对这些风险和机遇的措施。由于不合格可能导致风险，有些不合格所导致的风险可能超出了企业在策划期间的预期，所以需要时，企业有必要更新策划期间确定的风险和机遇，即企业要按照 6.1.1 和 6.1.2 条款的规定，重新确定需要应对的风险和机遇，以及重新策划应对风险和机遇的措施。

（6）需要时，变更 QMS

企业在处理不合格的过程中，发现可能需要变更原有的 QMS，可能涉及机构重组、流程变革、工艺改进、技术创新、资源完善等，以确保 QMS 的适宜性、充分性和有效性。

纠正措施与不合格所产生的影响相适应，不能因为解决一个小的不合格采取的措施，造成了更大的不合格。所以，企业不必要对于所有的不合格都采取纠正措施，纠正措施应该是针对那些带有普遍性、规律性、重复性或重大的不合格，而对于偶然的、个别的或者需要投入巨大成本才能消除的不合格，企业要做好综合评价再做出决定。

产品的性能与成本投入是成正比的，刚开始随着成本的投入，产品的性能会得到显著的提升，这时投资回报率可能比较高；但随着成本的逐渐增大，性能几近完美时，往往投资回报率会变低。

采取纠正措施是改进 QMS 的一种切实可行的方法，为了持续改进 QMS，需要将采取措施的结果进行记录，以便为验证改进效果提供证据，包括两个方面。

1）**不合格性质，采取的措施，**如不符合特性描述、不符合评级等。

2）**纠正措施的结果，**如纠正措施实施表、纠正措施验证表等。

▶ 4. 如何贯标

企业要明确本条款中各项工作的职责部门及要求，包括职责及接口、工作步骤、时间节点、沟通的渠道和方式，以及应保留的成文信息等。

当出现不合格或投诉时，企业应按规定履行职责，实施相关活动并保留成文信息，证实满足标准要求。需要时，企业要更新在策划期间确定的风险和机遇，并与 QMS 相融合。

企业可采用 5Why 原因分析、8D 法、FMEA 和鱼骨图进行原因分析。8D 法是美国福特公司解决产品质量问题的一种方法，曾在供应商中广泛推行，现已成为国际汽车行业（特别是汽车零部件生产厂家）广泛采用来解决产品质量问题的有效方法。

▶ 5. 审核要点

审核员应关注受审核方是否建立了不合格的管理制度，对于不合格处置的方式是否满足自身规定的要求。

审核员应通过抽阅、沟通以及现场观察等方式，关注企业对不合格的措施是否有效，企业是如何开展不合格评价、实施措施和评审有效性的。企业若更新风险和机遇，或者变更 QMS，审核员应关注其更新或变更是否符合标准 6.1 和 6.3 条款的要求。

审核员，应关注企业在处理不合格的过程中保留了哪些成文信息，这些成文信息能否作为不合格和纠正措施的证据。

▶ 6. 审核实践

（1）谈（如何提问）

贵司对于发现的不合格如何处置？如何消除或降低不合格的影响？是否进行原因分析？是否采取了纠正措施？是否对于相关的措施进行后续跟踪和反馈？是否存在因某项不符合而变更已识别的风险机遇清单？是否存在因某项不符合而变更整个 QMS？

（2）查（如何文审）

查《不合格输出控制程序》《不合格问题台账清单》《不合格问题处置单》《返工/返修任务通知单》、产品不合格问题发布会记录或告知书、《产品召回通知书》《产品让步接受审批单》《5Why 分析》《8D 分析报告》《产品不合格问题跟踪单》等。

（3）看（如何巡视）

根据企业提供的《不合格问题台账清单》（不同行业对"不合格"的称谓有所差异，例如软件开发行业称之为"Bug 清单"），审核员需要做好不合格的抽样。根据抽样的问题，进行现场巡视，查看企业的处置措施和后续跟踪。对企业归类为重大不合格或高风险的问题点，审核员应予以重点关注。

（4）记（如何记录）

请参考下面的某生产制造企业审核案例：

企业执行《不合格输出控制程序》（编号：××××-××××），用于控制发生的不符合及后续的纠正措施。质量部负责人（××经理）介绍，质量部要控制生产过程中发生的问题点以及不符合。现场巡视过程中查见不符合专门的隔离限制区域（可配图）。

质量部负责人（××经理）介绍，在生产过程中如果发生了不符合的情况，可以按照下面的要求处置和采取措施。

① 首先确定不符合发生范围和时间段，汇报公司领导，如有必要停产；

② 针对产品质量问题点进行原因分析，采用的方法包括：鱼骨图、树状图、5Why 分析法等；

③ 针对不符合的原因，对责任人员进行教育培训；

④ 判断不良品的影响，是公司内部的不良，还是流出的不良（客诉的不良），采取具体措施；

⑤ 若是客诉不良，征得总部同意以及顾客同意，确定顾客能否让步接受。

质量部编制有《质量检验日报》（编号：××××-××××）、《质量检验月报》（编号：××××-××××）。审核过程中，了解到企业本年度质量问题包括：原材料误领、产品精度要求不达标、外观划伤、装配干涉、焊点虚焊、产品电线被击穿、外观件力学性能不达标等，共计 36 类，其中重大质量问题 6 项，一般质量不合格 23 项，轻微质量不合格 7 项。

企业本年度记录在案的各项产品质量不符合（内部不良、客诉不良等）共计149 项，其中内部发现不良 145 项，客诉不良 4 项。抽取内部不良 12 项、全部客诉不良，抽样的样本囊括了企业 6 项重大质量问题。企业提供了相关《不合格问题处置单》（编号：××××-××××），内容有不良现象记录、原因分析、责任部门、责任人、处置措施、纠正措施、预防措施、后续跟踪等内容。其中，原因分析采用了 5Why 分析法、鱼骨图分析法。与之配套的文件记录包括《8D 报告》、质量问题反馈邮件记录、质量问题后续跟踪单等，见相关的记录。企业有评审、有追踪，基本满足标准要求。对于内审出现的不符合，对应责任部门已及时纠正，并针对此类问题制定了纠正措施，详见 9.2 条款的审核记录。

质量部负责人（××经理）介绍，以后对于体系运行过程中出现的不符合，会按照标准的要求及时进行纠正，并对此制定纠正措施，举一反三，防止类似问题再次发生，达到持续改进的效果。到目前为止，未发生因不符合而导致的体系重大变更的情况。

10.3 持续改进

▶ 1. 标准原文

10.3　持续改进

组织应持续改进质量管理体系的适宜性、充分性和有效性。

组织应考虑分析和评价的结果以及管理评审的输出，以确定是否存在需求或机遇，这些需求或机遇应作为持续改进的一部分加以应对。

▶ 2. 知识点速记

"10.3 持续改进"的内容可以汇总成下面 2 个知识点。

1）组织应持续改进 QMS 的适宜性、充分性、有效性。

2）

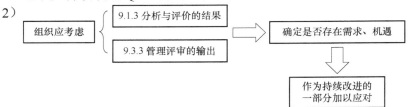

▶ 3. 标准理解

根据 GB/T 19000—2016 标准的定义，改进（improvement）是指提高绩效的活动，活动可以是循环的或一次性的。持续改进（continual improvement）是指提高绩效的循环活动。持续改进是组织建立的一种实现长期生存和不断发展的运行机制，也反映了"PDCA 循环"螺旋式提升的特点。

企业应持续改进 QMS 的适宜性、充分性、有效性。对于"适宜性、充分性、有效性"的理解详见 9.3 条款"管理评审"的阐述。

按照"过程方法"的原则，9.1.3 条款"分析与评价"的结果以及 9.3.3 条款"管理评审的输出"是确定企业是否存在需求或机遇的输入。同时，需求或机遇是持续改进的输入。

⟫ 4. 如何贯标

在不同阶段，企业可以有不同的持续改进目标。比如，在新产品开发阶段，主要目标是改进产品特性；当产品特性符合要求后，主要目标是改善过程的稳定性，提高产品的合格率和一致性；当产品质量水平趋于稳定后，可将改进效率确定为主要目标；当顾客要求再次提高时，又重新将改进产品特性确定为主要目标，如此就实现了持续改进的循环。

为推动企业持续改进的文化氛围，最高管理者应当推动改进，标准 5.1.1 的 i）条款做出了规定。企业的高层管理者应当鼓励所有层次的人员为持续改进而共同努力，并建立相应的激励机制，对他们的努力和参与给予充分肯定和必要的表彰。可展开的活动包括：精益生产、六西格玛管理、持续改善、QC 小组活动、标杆管理、合理化建议，还可以参考 ISO/TR 1004（GB/T 19024）《质量管理　实现财务和经济效益的指南》在附录中给出的 79 种质量管理相关的工具和方法等。

⟫ 5. 审核要点

审核员需要通过与受审核方最高管理者沟通交流，关注其是否定期进行改进需求分析。

审核员应通过采取与受审核方相关部门或人员沟通的方式，关注其在续改进质量管理体系的适宜性、充分性和有效性所采取措施的有效性。

审核员需要通过采取与受审核方交流、调阅资料和现场观察的方式，了解其在实施改进过程中所采用的改进方法和工具的适宜性和有效性，并关注其改进方法和改进工具的应用情况和应用效果。

⟫ 6. 审核实践

（1）谈（如何提问）

贵司是否对已建立的管理体系加以改进？改进的缘由是什么？管理评审输出里关于改进的内容是否持续跟踪？

（2）查（如何文审）

查《改进管理程序》《管理体系变更履历和修订清单》《管理评审活动后续跟踪表》。

（3）看（如何巡视）

针对企业提出的持续改进的内容项，进行抽样现场巡视，尤其需要关注企业重大不符合的后续改进提升项、管理评审决议中要求的改进项，以及管理体系绩效和有效性的改进要求。

（4）记（如何记录）

请参考下面的某生产制造企业审核案例：

企业编制了《改进管理程序》（编号：××××-××××），用于管控企业的改进工作。企业利用管理方针、管理目标、审核结果、数据分析、纠正和预防措施、管理评审等多种方式持续改进质量管理体系的有效性。基于文件审核，了解到企业的管理体系核心文件（手册、程序文件等）本年度未发生变更。

公司对管理目标的完成情况进行了统计，结果显示均已完成，当前企业正策划下一年度的质量目标，体系负责人（××）介绍，下一年度的质量目标的策划，需要严于本年度的质量目标。

内部审核和管理评审已按策划的要求实施，发现的不符合均进行了原因分析、采取了纠正预防措施，经验证有效后关闭。管理评审提了×项改进的方向和建议，下一年度监督审核重点关注。

产品生产的过程中，对于发现的不符合进行了处置，原因分析后采取了纠正预防措施，防止类似不符合再发生，详见生产部 8.7 和 10.2 条款的审核记录。经了解，企业本年度未发生重大产品不符合、产品召回等事件。

企业为了占据市场份额，积极探索新产品开发，提供了《新产品研发立项》（编号：××××-××××）详见研发部的 8.3 条款审核记录。

企业为了提高生产效率，实现"降本、增效、提质"的目标，积极开展设备智能化改造，提供了《生产设备技术改造方案》（编号：××××-××××），详见设备科的 7.1.3 条款审核记录。

企业为了提升产品性能，积极开展工艺创新，提供了《产品工艺提升专项行动》（编号：××××-××××），详见工艺小组的 8.5.1 条款审核记录。

企业为了改善工作现场的环境，策划了"5S 管理改进行动"，详见生产部 7.1.4 条款的审核记录。

第11章

案例诠释审核员必备知识

审核是一项理论与实践并重的活动，因此审核员需要具备的知识和能力非常广泛，具体包括：恪守审核基本原则、知晓审核实施步骤、了解审核方案管理、掌握质量审核基本知识和技能、熟悉审核工作方法与技巧、明确现场审核要点等。

本章知识点

1）本章通过 8.3 条款"产品和服务的设计和开发"过程的审核案例，诠释审核员必备的知识。8.3 条款共包含 6 个子条款，按照"PDCA 循环"的思路进行编排，条款内容阐述的比较详尽具体，相对标准的其他章节条款存在一定的独立性，且自成一个闭环，业内常称本条款为"小 ISO 9001"。

2）审核 8.3 条款，需要进行项目抽样，通常需要囊括在建项目和已完工项目。为了保证审核的连贯性，且便于读者全局掌握，本次筛选的案例为已完工项目。对于在建项目或未完工项目的审核记录，限于篇幅不展开阐述。

本章的审核案例为"××隔音墙消声器设计开发"：

本次审核抽取"××××有限公司隔音墙消声器降噪设计项目"（已完工）。

一、8.3.1、8.3.2 条款审核记录

项目背景介绍：××××有限公司（客户）位于上海××××，该公司厂界装有除尘设备，但除尘设备噪声较大，影响到了厂界边的办公楼里办公人员的工作及休息。客户遭到周围相关方投诉，现当地环保部门要求其整改。

降噪要求：根据 GB 12348—2008《工业企业厂界噪声排放标准》和 GB 3096—2008《声环境质量标准》，该公司所处区域应当满足"二类标准"，即

厂界处噪声值达到白天 60dB 以下，晚上 50dB 以下。

公司通过与顾客交流的方式，了解的顾客的需求，与顾客签订了"项目合同"，以此确定了产品和服务的要求（合同可以脱敏处理，征得受审核方同意后，可配图）。

查公司是否建立了隔音墙消声器的过程、接收准则？

企业对于设计开发的过程，建立了相关的管理制度和文件，包括:《工业噪声防控项目设计流程与规范》（编号：××××-××××）、《设计项目验收规范》（编号：××××-××××）等。

查公司是否配备了相应的资源，来完成系统集成工作？

1）现场查见硬件资源：电脑、噪声分析仪、风速仪、卷尺等；

2）现场查见软件资源：Solidworks、AutoCAD、sketchUp 等；

3）项目团队：××（项目经理，本科学历，声学专业）、××（设计师，本科学历，工业设计专业）、××（设计师，本科学历，机械设计制造及其自动化专业）。

4）该设计开发项目相关的标准和法规：《中华人民共和国噪声污染防治法》《国家先进污染防治技术目录（固体废物处理处置、环境噪声与振动控制领域）》《上海市社会生活噪声污染防治办法》、GB 3096—2008《声环境质量标准》、GB 12348—2008《工业企业厂界噪声排放标准》、GB/T 19886—2005《声学隔声罩和隔声间噪声控制指南》、HJ 706—2014《环境噪声监测技术规范 噪声测量值修正》、HJ/T 90—2004《声屏障声学设计和测量规范》等。

5）文件的策划：企业策划了相关的设计开发资料，包括:《设计项目需求清单》（编号：××××-××××）、《项目设计初步方案》（编号：××××-××××）、《设计开发任务书》（编号：××××-××××）、《项目设计实施方案》（编号：××××-××××）、图纸、《仿真分析报告》等内容。

由于行业的性质，"噪声控制设备"设计的项目，是先提供给顾客初步项目方案，顾客通过评审认可后，签订合同。企业提供了本项目的"风管排风口噪声治理方案"。

技术部策划了"噪声控制设备"设计的大致流程，流程如下：勘测→需求分析→初步方案→方案优化→确定实施方案→设计开发输出物交付。

抽该项目的《项目设计初步方案》（编号：××××-××××），包括了设计周期、项目组成员、职责分工、设计开发所需的软硬件资源、项目的沟通计划（多久沟通一次、哪些人沟通、什么形式沟通等）、拟设计的输出物约定、设计过程的评审验证和确认的要求等。该初步方案获得内部项目项目经理和副总的确认，顾客方的签字确认。摘录部分如下：

1）项目名称；××××；起止日期：××××-××××；预算费用：××××；项目类型：小型设计项目。

2）设计阶段与里程：外观设计-结构选材-隔音选材-安装方式设计-部署安装-测试验收。上述各设计阶段均有相关的责任人及截止日期，每一阶段均配置了评审、验证人员。

3）项目团队：××（项目经理，本科学历，声学专业）、××（设计师，本科学历，工业设计专业）、××（设计师，本科学历，机械设计制造及其自动化专业）。

......

企业整体设计方案的策划基本完善。

二、8.3.3 条款审核记录

该项目的项目经理（××）介绍，设计开发的输入的内容包括：建筑信息、设备信息、噪声监测、客户需求等内容。

1）抽查公司对于顾客现场噪声监测的结果见表 11-1，主要的监测噪声源为两个：除尘器、排风口，监测的数据相对完善。

表 11-1　顾客现场噪声监测的结果

主要噪声源	噪声排放情况			监测结果单位/dB（A）			
				监测值			
	监测时间	监测点 S	敏感点 R	瞬　时　值	等　效　值	最　大　值	标准限值
除尘器	2023.12	1	办公楼	××	××	××	××
	2023.12	2	办公楼	××	××	××	××
	2023.12	3	办公楼	××	××	××	××
排风口	2023.12	1	办公楼	××	××	××	××
	2023.12	2	办公楼	××	××	××	××
	2023.12	3	办公楼	××	××	××	××
	2023.12	4	办公楼	××	××	××	××
	2023.12	5	办公楼	××	××	××	××

2）抽查《设计项目需求清单》（编号：××××-××××），此表记录的内容相对简单，包含了顾客的一些基本信息、服务需求、拟定产品选型、执行标准等内容。项目经理（××）介绍，会将顾客详情要求以及边界尺寸数据，直接提供给本公司，作为设计开发的输入内容。

3）企业提供了《项目设计初步方案》（编号：××××-××××）、《设计开发任务书》（编号：××××-××××），涵盖了一些基本的功能和性能的要求：

①产品具有一定的隔声性能及防火性能；②设备处理后，厂界噪声值达到"二类"标准，厂界噪声值白天 60dB 以内，晚上 50dB 以内；③质保期 1 年；④产品使用寿命 5 年以上；⑤隔声量要求：隔音板降噪量＞15dB（A）、消声器降噪量＞13dB（A）、工作环境温度为−20～45℃、工作环境相对湿度为 5%～100%；⑥结构要求：具有一定的抗风能力。

4）查以前类似设计和开发活动的信息。负责人介绍，公司长期从事"噪声控制设备的设计"，在行业内具有一定的知名度，故在以往的设计经验中能够有与此项目类似的设计开发经验，作为本项目的参考。企业提供了《上海××××公司隔音墙项目设计方案》及相关的合同，与本项目类似。

5）项目经理（××）介绍，项目的开展识别了相关的法规和标准要求，具体包括：《中华人民共和国噪声污染防治法》《国家先进污染防治技术目录（固体废物处理处置、环境噪声与振动控制领域）》《上海市社会生活噪声污染防治办法》、GB 3096—2008《声环境质量标准》、GB 12348—2008《工业企业厂界噪声排放标准》、GB/T 19886—2005《声学隔声罩和隔声间噪声控制指南》、HJ 706—2014《环境噪声监测技术规范　噪声测量值修正》、HJ/T 90—2004《声屏障声学设计和测量规范》等。

6）询问负责人是否考虑了"由产品和服务性质所导致的潜在的失效后果"，如 DFMEA、产品设计过程中的风险评估等。企业未能提供相关的证据，针对此项开具一般不符合。请读者注意，此处给受审核方开具了一项一般不符合，除了需要在《不符合报告》中详细阐述外，审核记录中也需要进行说明。

三、8.3.5 条款审核记录

该项目的项目经理（××）介绍，设计开发的输出的内容包括：3D 图纸、设计 BOM 清单、2D 图纸、《××××穿孔隔音墙产品说明书》（编号：××××-××××）、《项目设计初步方案》（编号：××××-××××）、《设计开发任务书》（编号：××××-××××）、《项目设计实施方案》（编号：××××-××××）、《仿真分析报告》等内容。

请读者注意，设计开发输出可能会存在大量的配图信息（如图纸、设计方案、仿真信息等），如有必要，审核员可以要求企业进行脱敏处理，征得其同意后，在审核记录中配图。此处限于篇幅，且审核员的保密要求，仅作文字阐述。

1）查看本项目的《项目设计实施方案》（编号：××××-××××），包括：设计开发流程、设计原则、人员职责分工、依据的法律法规和标准、项目费用、具体实施方案等内容。该实施方案的内容是对于初步方案的详细展开，并配备相应的 3D 图纸、2D 图纸、仿真结果等。内容基本充分完整（可配图）。

2）设计 BOM 清单：包括名称、规格、单位、数量等内容。共计物料 48 件，厂家共计 13 家（可配图）。

3）抽查该项目的 2D、3D 图纸，以及力学结构仿真和声学仿真，包括钣金类图纸和项目总体图纸，具体包括：声学设计总说明、各个部件的设计、安装尺寸、力学仿真结果、声学仿真结果，基本满足设计预期要求及后续安装的要求（可配图）。

4）《××××穿孔隔音墙产品说明书》，内容包括：产品主要特点、产品规格、产品材质和规格、隔音屏体规格和材质等内容，基本满足后续产品安装的要求（可配图）。

项目经理（××）介绍，对于设计开发的输出内容，通过内部会议进行评审，就设计开发输出物的合理性、建设和实施方案的合理性、需要配备物资的充分性，给出评价结论：方案可行，开发成本可控，功能和性能满足用户要求，实施方案合理，计划所需配备物资充足。

四、8.3.4 条款审核记录

企业确定了设计过程中的评审、验证、确认的过程，项目经理（××）介绍，控制贯穿于设计的全过程之中，包括内部方案评审、制图评审、BOM 清单供应商确认、与顾客交换意见（邮件确认）、顾客委托第三方监测功能实现情况、最终顾客验收等内容。

1）抽取《设计开发验证报告》（编号：××××-××××），主要对隔音板（样品编号：××××）进行实验。验证结果显示：隔音板的隔声量符合要求，单板隔声量＞15dB，设计开发验证结论：××××穿孔隔音板投入生产使用，见报告签字人员：××、××、××。

2）负责人介绍，项目组经常通过内部会议的形式，对设计过程进行评审，并提供了评审证据，见：3D 图纸、设计 BOM 清单、2D 图纸、《××××穿孔隔音墙产品说明书》（编号：××××-××××）、《项目设计初步方案》（编号：××××-××××）、《设计开发任务书》（编号：××××-××××）、《项目设计实施方案》（编号：××××-××××）、《仿真分析报告》等内容的评审栏签字，具体签字人包括项目经理、设计工程师、副总、顾客代表等（可配图）。

3）项目经理（××）介绍，在设计开发过程中与顾客通过邮件的形式进行确认，提供了相关的邮件往来截图（可配图）。

4）负责人介绍，项目的最终顾客确认，通过顾客邀请第三方检验机构对于噪声的检验合格的形式体现，并且在发票上面提供了签字的证据，表明顾客对于设计结果的认可，详见 8.6 条款的审核记录（也可配上顾客验收的签字或盖章图片）。

五、8.3.6 条款审核记录

目前该项目中的设计更改有 2 项：由之前的 3 类区变为 2 类区；增加了隔音板的面积。通过邮件的形式与顾客沟通，且顾客同意，保留了相关的成文信息（可配顾客往来邮件表示确认的图片）。

项目经理（××）介绍，通过内部会议的形式，评审了 2 次设计开发的更改，内部通过评审进行更改的授权，能够基本考虑此次更改可能带来的不利影响。提供了 2023 年××月××日"设计开发例会"的会议纪要，记录有两项设计变更的内容，项目经理、副总、顾客均确认同意设计变更。

11.1 ▶ 质量审核的原则

GB/T 19011—2021《管理体系审核指南》中，对审核原则进行了明确阐述。这些原则不仅是审核员、审核方案管理人员开展工作时应遵循的基本依据，更是对他们的道德品质、思想作风和业务水平的具体要求。遵循这些原则是保证审核的客观性、准确性和有效性的基础。

▶ 1. 诚实正直：职业的基础

审核员和审核方案管理人员应：以诚实和负责任的道德品质从事他们的工作；只承担有能力去做的审核活动；以不偏不倚的态度从事工作，即对待所有事务保持公正和无偏见；在审核时，对可能影响其判断的任何因素保持警觉。

诚实正直是审核员最基本的道德要求和职业基础，它要求审核员在工作中始终保持公正、客观的态度，不受任何偏见或利益干扰，从而确保审核结果的准确性和客观性。审核员的工作是判别受审核方管理体系与标准的符合性。审核员只有始终保持诚实正直的态度和行为，才能赢得用户的信任和尊重，从而维护职业声誉，才能发挥认证审核这项事业建立信任传递信心的作用。

某审核员因为受审核企业接待不周，而心生愠怒，审核过程中明显刁难企业、端架子、甩脸色，在审核过程中多次表达企业存在诸多不符合项。企业见状，提升了接待的规格，该审核员的态度、语气、行为，发生了很大转变。末次会议期间，该审核员仅提出了改进建议项，未开具不符合项，并且承诺企业一周之内能够拿到认证证书。

▶ 2. 公正表达：真实、准确地报告的义务

审核发现、审核结论和审核报告应真实和准确地反映审核活动。审核员应报

告在审核过程中遇到的重大障碍以及在审核组和受审核方之间未解决的分歧意见，沟通应是真实、准确、客观、及时、清楚和完整的。

某审核员在审核过程中发现企业存在合规问题，向审核机构反馈，等待下一步行动建议。因该企业是审核机构的大客户，其关联的若干公司都要在本审核机构实施认证审核，虽然企业存在明显的合规问题，且短期内无法改正，考虑到自身的营收与潜在的认证业务，认证机构负责人致电审核员说："技术处理一下，就让步放行。"审核员迫于机构的压力，明知企业不合规，仍然让步放行，没有终止审核（撤组），也未开具不符合项。

> ### 3. 职业素养：在审核中尽责并具有判断力

审核员应珍视他们所执行的任务的重要性以及审核委托方和其他相关方对他们的信任。在工作中具有职业素养的一个重要因素是，审核员能够在所有审核情况下做出合理的判断。

某审核员在审核某行业龙头企业，询问质量部长和现场 QC 人员同样的问题"××××原材料是全检还是抽检？"质量部长和现场 QC 人员的回答截然相反。审核员要求企业提供××××原材料的检验指导书、检验计划、检验记录等相关的材料，基于审核证据，给出正确的判断。

> ### 4. 保密性：信息安全

审核员应审慎使用和保护在履职过程中获得的信息。审核员或审核委托方不应为个人利益不适当地或以损害受审核方合法利益的方式使用审核信息。以上这两方面均属于保密性要求，即正确处理敏感或保密的信息。

某审核员在某知名汽车主机厂进行审核，在车间巡视过程中见某款新车型在试生产。该车型暂未对外界公布，网络上也只有"伪装"路试照片。该审核员出于好奇，偷偷拍摄了没有伪装的新车型，并在某汽车论坛上进行了公布，导致了新车型外观式样遭到泄露。

> ### 5. 独立性：审核公正性和审核结论客观性的基础

审核员应独立于受审核的活动（只要可行时），并且在任何情况下都应不带偏见，没有利益上的冲突。对于内部审核，如可行，审核员应独立于被审核的职能。审核员在整个审核过程应保持客观性，以确保审核发现和审核结论仅建立在审核证据的基础上。

对于小型组织，内审员也许不可能完全独立于被审核的活动，但也应尽一切努力消除偏见和体现客观。

某大型生产制造企业，设有 14 个一级部门。在某年度的内部审核活动中，任命了 4 名内审员。其中内审组长编制审核计划时，安排自己审核自己所在的部门，其余 3 名内审员审核不同的部门。最终汇总的审核发现，内审组长未开具不符合项，其余3名内审员均或多或少开具了不符合项及观察建议项。

> **6. 基于证据的方法：在一个系统的审核过程中得出可信和可重现的审核结论的合理方法**

审核证据应是能够验证的。由于审核是在有限的时间内并在有限的资源条件下进行的，因此审核证据应建立在可获得信息的样本的基础上。应合理地进行抽样，因为这与审核结论的可信性密切相关。

某企业常年接受第三方评估审核，对于评估审核的流程非常清楚，审核员所需要查看的材料，企业的体系工程师均提前准备好，甚至连文件数量都和抽样的要求吻合。审核员碍于工作量太大，就默认了企业"送样"的行为，但其在审核记录中，仍然用"抽样"的字眼进行表述。

> **7. 基于风险的方法：考虑风险和机遇的审核方法**

基于风险的方法应对审核的策划、实施和报告具有实质性影响，以确保审核关注对审核委托方重要的事项和对实现审核方案目标重要的事项。

某企业所属行业是化工行业，审核组长在编制审核计划时，现场巡视的过程仅安排了 10 分钟，而对于行政部、总经办等职能支撑部门，却安排了半天的审核时间。审核计划的编排未考虑到企业的主营业务及主要风险，在审核时间的策划上失衡。

11.2 审核实施步骤

在 GB/T 19011 标准中，审核的定义是："为获得审核证据并对其进行客观的评价，以确定满足审核准则的程度所进行的系统的、独立的并形成文件的过程。"

不管是第一方审核（企业内部审核）、第二方审核（供方审核），还是第三方审核（认证审核），都要遵循特定的实施步骤，以满足审核规范性的要求。

同样，GB/T 19011 标准给出了审核实施步骤，在审核实践中可以予以参考。审核实施步骤具体包括：审核方案策划、审核的启动、审核活动的准备、审核活动的实施、审核报告的编制和分发、审核的完成、审核后续活动的实施。GB/T 19011 中审核方案的管理流程如图 11-1 所示。

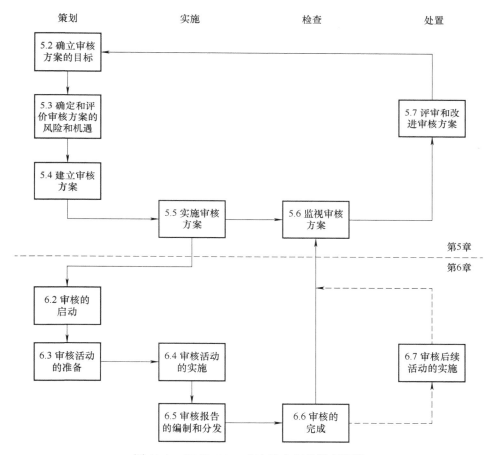

图 11-1　GB/T 19011 中审核方案的管理流程

▶ 1. 审核方案策划

审核的过程也需要遵从"PDCA 循环"的原则，而审核方案的策划是属于"策划（P）"的环节。根据审核方案的定义："针对特定时间段所策划并具有特定目的的一组（一次或多次）审核安排"，我们可以了解到审核方案的输出可能是一次审核的安排，也可能是多次审核的安排。审核方案的策划可能需要考虑：确立审核方案的目标、确定和评价审核方案的风险和机遇、建立审核方案、实施审核方案、监视审核方案、评审和改进审核方案。

➤ 2. 审核的启动

审核的启动包括两个方面的事项：与受审核方建立联系、确定审核的可行性。

审核员从审核方案策划人员获得受审核方的"审核资料包"。通常，审核资料包中会包含《审核方案》"审核固定用套表"《审核任务通知书》《受审核方信息确认表》"受审核方申请材料"等内容。一般情况下，由审核组长根据获得的信息与受审核方取得联系。沟通的路径可以是正式的，也可以是非正式的，比如：邮件、电话、微信、QQ 等。沟通的内容可以包括：审核的日程、审核人员的安排、审核的范围等。

此外，审核组长还需要根据接收到的"审核资料包"以及与受审核方联系后的结果，判断审核的可行性。例如，企业是否具备迎审的条件，准备的资料和体系运行的时间是否充分，审核的资源是否充足等。如果受审核方暂时不具备审核的可行性，审核组长要向审核委托方进行汇报，并与受审核方协商沟通，为创造审核条件而共同努力。

➤ 3. 审核活动的准备

审核活动的准备包括四个方面的事项：审核准备阶段的文件评审、编制审核计划、审核组工作分配、准备工作文件。注意，GB/T 19011—2021 标准将"编制审核计划"变成了"审核的策划"，但笔者仍采用 GB/T 19011—2013 标准的表述——编制审核计划。

文件评审贯穿审核的全过程，审核准备阶段的文审主要是收集受审核方的信息，了解其体系文件范围和程度的概况以发现可能存在的差距。

审核组长应根据审核方案和受审核方提供的文件中包含的信息，编制审核计划（表 11-2）。

表 11-2 审核计划（节选）

项目编号：××××							
受审核方名称：××××有限公司							
注册地址/邮编		×××× / ××××					
办公地址/邮编		×××× / ××××					
生产地址/邮编		×××× / ××××					
联系人	××	电话	××××××××××××	传真	××××	邮箱	××××
审核类型：QMS（质量管理体系）初审第×阶段							

（续）

审核目的：确定受审核方的质量管理体系是否符合 GB/T 19001—2016/ISO 9001：2015 标准的要求，评价对法律法规要求的符合性，确认其所实施管理体系的有效性；以决定是否推荐认证注册

审核范围：××××；

多场所信息：无；

子证书信息：无；

审核准则：GB/T 19001—2016 / ISO 9001：2015 标准、相关的法律法规、国家及行业标准、企业自身规定要求（制度和规范）、其他相关方的要求

审核时间：××××-××-×× 到 ××××-××-××，共计 ×× 人日

审核组任命

审核组长：×××（成员编号 A）；

A 证书编号：××××；

A 专业代码：××××；

A 联系方式：×××××××××××；

审核组员：×××（成员编号 B）；

B 证书编号：××××；

B 专业代码：××××；

B 联系方式：×××××××××××；

技术专家：无

日期	时间	受审核部门	管理体系要求（过程/条款）	编组
××	××	首次会议	最高管理者与各职能部门参加	AB
××	××	管理层	（1）审核要点：管理层提供的资源、方针、目标、管理评审等 （2）条款号：4/5/6/7.1.1/9.1.1/9.1.3/9.3/10.1/10.3 （3）企业资质材料核查及收集 （4）行政主管部门执法检查情况 （5）相关方投诉处置情况	A
××	××	技术部	（1）审核要点：部门职责分工与目标策划，监测工具，设计开发过程，主营业务的控制，放行控制，不合格控制等 （2）条款号：5.3/6.2/7.1.5/8.1/8.3/8.5/8.6/8.7/10.2	B
××	××	综合部	（1）审核要点：部门职责分工与目标策划，企业的体系建立、运行、维护情况。企业人员能力的管控，基础设施和环境管控，文件控制情况，内审等 （2）条款号：5.3/6.2/7.1.2/7.1.3/7.1.4/7.1.6/7.2/7.3/7.4/7.5/9.2	A
××	××	销售部	（1）审核要点：部门职责分工与目标策划，供方评价，合同评审，销售流程控制等 （2）条款号：5.3/6.2/8.2/8.4/8.6/8.7/9.1.2	B
××	××	末次会议	最高管理者与各职能部门参加	AB

注：1. 请准备至少 1 套体系文件，2 名人员全程陪审。

2. 审核计划编制：×××（时间：××××）。

3. 受审核方代表签字确认：×××（时间：××××）。

4. 受审核方盖章确认。

审核组长可以在审核组内部进行协商，将具体的审核工作分配给每位成员。在分配工作时，应考虑审核员的独立性和能力、资源的有效利用以及不同角色和职责等。审核组长应该适时召开会议，以分配工作。通常在现场审核前要落实好审核工作分配。在审核过程中，根据需要，调整工作分配以确保实现审核目标。审核员需要准备必要的工作文件，如检查表、抽样方案、视听信息、记录信息的表格等。

▶ 4. 审核活动的实施

审核活动的实施包括 8 个方面的事项：举行首次会议、审核实施阶段的文件评审、审核中的沟通、向导和观察员的作用和责任、信息的收集和验证、形成审核发现、准备审核结论、举行末次会议。注意，笔者仍采用 GB/T 19011—2013 标准的表述，将审核活动的实施细化为 8 个事项，GB/T 19011—2021 标准的阐述有所差异。

审核过程中的首次会议和末次会议均由审核组长主持。

审核组长需要提前准备会议，包括确定会议时间和地点、准备会议议程、确定与会人员名单等。在会议开始时，审核组长需要向与会人员介绍会议的目的和议程，包括审核的目标、范围、时间和方式等。与此同时，审核员需要确定与会人员的角色和责任，包括最高管理者、受审核方代表、见证人等，并明确各自的职责和权限。会议中，审核组长需要向与会人员介绍审核的方法和程序，包括审核的流程、审核的重点、审核的依据等。

审核组长主持首次会议时，需要注意以下几点：注意着装与参会礼仪；尊重与会人员的意见和观点，不强行推行自己的意见；确保会议的顺利进行，避免出现不必要的争执和延误；在会议结束后，及时整理会议记录和人员签到等。

文件评审贯穿审核的全过程，审核实施阶段的文审主要是确定文件所述的体系与审核准则的符合性，收集信息以支持审核活动。

审核过程中的沟通无处不在，包括审核组内部的沟通、审核组与受审核方的沟通、审核组与审核委托方的沟通等，必要时，审核组还需要与监管单位进行沟通。尤其是在审核过程中发现紧急和重大问题时，审核组一定要及时与审核委托方进行沟通汇报，且需要与受审核方充分沟通。

审核过程中向导的作用非常重要，可能为审核路线做出引导，也可能充当审核组与受审核方之间的联络员，也可能作为受审核方的见证人员。审核组与受审核方应该就向导的职责形成共识。

观察员可能来自监管机构或其他组织，但不应该影响或干扰审核的进行。如果不能确保如此，审核组长有权拒绝观察员参加特定的审核活动。

审核过程中信息的收集可能包括访谈、观察、成文信息评审，即"谈、查、看"的过程。审核员基于以上三种方式，围绕审核范围和审核目标，寻找审核证据。审核员将寻找的审核证据对照审核准则进行评价，形成审核发现。审核组应根据需要在审核的适当阶段（通常是在末次会议之前）评审审核发现，最终形成审核结论。

审核组长召集并主持末次会议，在会议上公布审核发现和审核结论。审核组应注意，需要以受审核方管理者理解和认同的方式提出审核发现和审核结论。通常，审核的末次会议是正式的，但也会存在非正式的末次会议。例如内部审核，末次会议可以不太正式，只是沟通审核发现和审核结论。

▶ **5．审核报告的编制和分发**

审核报告的编制和分发包括两个方面的事项：审核报告的编制、审核报告的分发。

审核组长应依据审核方案报告审核结论。审核报告（表 11-3）应提供完整、准确、简明且清晰的审核记录。

表 11-3　审核报告（节选）

受审核方名称：××××有限公司	
注册地址/邮编	××××／××××
办公地址/邮编	××××／××××
生产地址/邮编	××××／××××
审核类型：QMS（质量管理体系）初审第×阶段	
审核目的：确定受审核方的质量管理体系是否符合 GB/T 19001—2016/ISO 9001：2015 标准的要求，评价对法律法规的要求符合性，确认其所实施管理体系的有效性；以决定是否推荐认证注册	
审核范围：××××； 多场所信息：无； 子证书信息：无； 审核准则：GB/T 19001—2016／ISO 9001：2015 标准、相关的法律法规、国家及行业标准、企业自身规定要求（制度和规范）、其他相关方的要求	
审核时间：××××-××-××到××××-××-××，共计××人日	
审核组成员 组长：×××； 组员：×××； 技术专家：无	
受审核方基本情况概述【名称、地址、主营业务、资质情况】 ××××	
审核过程中抽样方案及说明【对审核过程中涉及的抽样部分，进行说明】 ××××	

（续）

受审核方管理体系运行情况综合概述【从体系建立时间、运行时长、内部审核、管理评审等关键节点，阐述受审核方体系运行概况】

××××

文件审核综合概述【如手册、程序文件、管理制度、记录文件等审核结论】

××××

受审核方合规性综合概述【受审核方法律法规、强制性要求的符合性情况】

××××

标准符合性概述【可以从条款角度阐述，和（或）从过程审核进行阐述】

第 4 章（组织环境）：××××；

第 5 章（领导作用）：××××；

第 6 章（策划）：××××；

第 7 章（支持）：××××；

第 8 章（运行）：××××；

第 9 章（绩效评价）：××××；

第 10 章（改进）：××××；

受审核方主营业务流程：××××→××××→××××→××××→××××→××××；

按照"过程审核"综述：××××

审核发现概述

第 1 条：

第 2 条：

第 3 条：

……

不　符　合	■QMS
不符合项总数	××
轻微不符合项	××
严重不符合项	××
系统性不符合	□存在 □不存在
区域性不符合	□存在 □不存在

受审核方不符合跟踪追查情况：××××

审核组提出的观察建议项【若没有，可填无】

第 1 条：

第 2 条：

第 3 条：

……

（续）

下次审核重点关注的内容【若没有，可填无】
第 1 条：
第 2 条：
第 3 条：
……
审核综合评价【至少包括对管理体系实现预期结果的能力的评价，对管理体系各个过程满足标准相应要求的符合性评价，阐述认证范围的适宜性】
××××；
××××；
××××
审核结论
××××；
××××；
××××

审核报告需在约定时间内提交，若延误，需要告知受审方和方案管理人员延误的原因。审核报告需要注明日期，并经过适当的评估与批准。审核报告需要发送至审核方案或计划所涉及的相关方。在发送审核报告时，要采取适当措施确保信息保密。

▶ 6. 审核的完成

当所有策划的审核活动已经执行或出现与审核委托方约定的情形时（例如出现了妨碍完成审核计划的非预期情形），审核即告结束。

▶ 7. 审核后续活动的实施

根据审核目标，审核结果可以表明采取纠正、纠正措施或改进机会的需求。此类措施通常由受审核方确定并在商定的时间框架内实施。适当时，受审核方应将这些措施的实施状况告知审核方案管理人员和（或）审核组。

审核组要对措施的完成情况及有效性进行验证。验证可以是后续审核活动的一部分。结果要报告给审核方案管理人员，并报告给审核委托方进行管理评审。

11.3 ▶ 审核方案的管理

在 GB/T 19011 标准中，审核方案的定义是："针对特定时间段所策划并具有特定目的的一组（一次或多次）审核安排。"通常审核方案是由审核方案策划人员进行系统的策划，并形成输出物，传递给审核组。

不管是对审核委托方，还是受审核方及审核组而言，审核方案管理贯穿审核活动的始终。为确保审核过程及评价结果符合要求，审核委托方应对每个具体审核项目的审核过程进行精心策划，依据策划结果传递给审核组具体实施，并根据实施效果对方案持续改进。不同性质审核的差异见表 11-4。

表 11-4　不同性质审核的差异

审 核 性 质	审核委托方	受 审 核 方	审 核 组
第一方审核（内部审核）	企业自身	企业自身	企业内部组建审核组（或邀请外部审核组）
第二方审核（供方审核）	客户	供应商	客户方派出的审核组（或邀请外部审核组）
第三方审核（认证审核）	认证机构	企业	认证机构任命的审核组

审核方案的范围和程度要基于受审核方的规模和性质，以及拟审核的管理体系的性质、功能、复杂程度、风险和机遇的类型以及成熟度等级。审核方案管理具体设计以下方面：确立审核方案的目标、确定和评价审核方案的风险和机遇、建立审核方案、实施审核方案、监视审核方案、评审和改进审核方案。某噪声控制设备设计企业的审核方案策划见表 11-5。

表 11-5　审核方案策划（节选）

企业信息				
企业名称	上海××××有限公司	联系人	××	
注册地址/邮编	上海市××××室/××××××	联系手机	××××	
办公地址/邮编	上海市××××室/××××××	电话/传真	××××/××××	
生产地址/邮编	/	电子邮箱	××××	

审核人日、认证范围及专业分类							
项目编号	管理体系	风险级别	体系覆盖人数/多场所数量	评审总人日/评审现场审核人日	策划人日	不适用情况	范围	专业分类
××××	QMS	中	××/×	××/××	××	无	××××	34.05.00

审核周期时间安排与审核目的策划					
项目编号	一阶段计划审核日期	二阶段计划审核日期	第一次监督计划审核日期	第二次监督计划审核日期	再认证计划审核日期
××××	××××-××-××	××××-××-××	××××-××-××	××××-××-××	××××-××-××
审核目的	××××	××××	××××	××××	××××

（续）

以往证书情况					
项目编号	管理体系	认证机构	证书种类	证书编号	证书有效期
××××	QMS	××××	CNAS	无	××至××

多场所抽样方案策划	
固定多场所不能抽样数	■无 □有，_____ 个
固定多场所可以抽样数	■无 □有，_____ 个
临时场所抽样	■无 □有，_____ 个，情况说明：

方案策划关注事项	
企业人数信息	企业总人数：×× 体系覆盖人数：QMS：××
资质及许可情况	□营业执照；□行政许可（必要时）；□环评报告批复（必要时）；□其他（必要时）××××
外包、倒班情况	外包：外加工，无倒班工作，请审核组确认
审核人日变更及增减理由	××××
审核范围变更信息	无

项目人员安排				
合同评审人员	审核方案策划人员	审核员	认证决定人员	专业支持人员
××	××	×××（组长） 专业代码：34.05.00 ×××（组员） 专业代码：无	××	××

审核准则
GB/T 19001—2016 / ISO 9001：2015 标准、相关的法律法规、国家及行业标准、企业自身规定要求（制度和规范）、其他相关方的要求

11.4 质量审核的知识和技能

审核工作的落实，依靠的是审核员、审核方案策划人员、审核决定人员等的知识与技能。可以说，人在整个审核活动中发挥着举足轻重的作用。为了确保审核的质量与效果，需加强审核员知识与技能的培养与持续提高，提高他们看待问题、判断问题、处理问题的水平。

无论是企业内部质量审核，还是供方质量评价，抑或是第三方质量认证审核。审核员必须掌握质量管理相关的通用知识，包括：质量管理基本理论、全面质量管理、六西格玛管理、质量成本管理、质量管理工具、常用质量管理统计工具、设计质量管理、统计过程控制、抽样检验方案设计等。

同时，审核员还需要了解行业相关的专业知识。根据中国合格评定国家认可委员会制定的技术报告 CNAS-TRC-012：2017《管理体系认证机构认证业务范围分类指南》，将管理体系业务范围根据行业的差异划分为 39 个大类、280 个中类和 615 个小类，根据层次逐级展开。传统意义上的各行各业（360 行），在管理体系上可以分为 615 个专业小类，审核方案策划人员在选派审核组人员时，需要考虑到审核组人员的专业履历背景，能够支撑其审核的业务范围。尤其是对于第三方认证审核，需要配备专业人员参与到审核过程中。

如何界定相关人员是否为专业人员？主要是基于其教育背景、工作经验、培训、过往的审核经历等方面。经过评价后，授予人员"专业代码"，作为专业能力的证明。

上述审核案例××隔音墙消声器设计开发中，在审核方案策划时，评定代码为：34.05.00，其中，34（大类）代表"工程服务"，34.05（中类）代表"专业设计活动"，34.05.00（小类）代表"专业设计活动"。

行业相关的专业知识可以包括：法律法规知识，国家、行业及团体标准的知识，工艺流程相关的知识，设备管理相关知识，人员管理相关知识，质量关键点相关知识，行业特有术语与名词等。

此外，某些特定行业，审核员需要掌握特定的质量管理知识，如汽车行业的 IATF 16949 和五大工具、建筑行业的 GB/T 50430、医疗器械行业的 ISO 13485、铁路行业的 IRIS、航空航天工业的 AS 9100 等。

知识通常以经验或理论的形式存在于人们的头脑中，也可以通过物质化的方式存储于书本或其他媒体中，但是技能是通过反复的练习或训练获得的，质量审核的能力是一种技能。质量审核所要求的技能通常包括：沟通交流的能力、文件审核的能力、记录和报告书写的能力、运用信息技术的能力、审核组团队协作与管理能力等。

▶ 1. 沟通交流的能力

审核员需要具备多种沟通能力，以便有效地与各种人员广泛交流和合作。

1）与受审核方沟通：审核员需要与受审核方进行频繁的沟通，了解其需求、期望和关注点。审核员需要能够清晰、准确地传达审核目标、范围和时间表，并确保受审核方对审核过程有充分的了解。

2）审核组组内沟通：审核员需要进行组内沟通，了解彼此的工作情况、审核进度、审核发现、审核难度等。要想实现高效的审核进程，组员需要建立信任和合作的关系，坦诚沟通，高效沟通。

3）与审核委托方沟通：审核员需要与审核委托方进行沟通，汇报审核过程中遇到的棘手的、高风险的审核境况，并报告审核结果和建议。审核员需要能够将复杂的审核结果以清晰、简洁的方式呈现给审核委托方和受审核方。

总之，审核员的沟通能力对于确保审核工作的顺利进行和取得良好的结果至关重要。他们需要具备清晰、准确、客观的沟通能力，以便与各种人员建立良好的合作关系，并有效地传达和接收信息。

▶ 2. 文件审核的能力

审核员需要具备对文件进行审查的能力，包括文件的完整性、准确性、合规性等方面。审核员需要能够识别文件和记录中的错误、遗漏或不符合要求的内容，并提出相应的修改建议。文件审核的能力具体包括以下方面。

1）文件理解能力：审核员需要具备对文件内容的理解能力，能够准确地把握文件的主题、要点和逻辑结构，能够从文件中获取关键信息，并对文件进行深入的分析和理解。

2）文件对比能力：在审核过程中，审核员需要将多个文件进行对比，找出其中的差异和一致性；能够对比文件的条款、要求和规定，确保它们之间的协调性和一致性。

3）文件分析能力：审核员需要对文件进行深入分析，识别其中的问题和风险。审核员应能够分析文件的流程、操作步骤和关键控制点，并评估其可能存在的缺陷和风险。

4）文件评估能力：审核员需要对文件进行评估，确定其是否符合相关标准和要求。审核员应能够根据审核准则，对文件进行全面的评估，并给出相应的结论和建议。

▶ 3. 记录和报告书写的能力

审核员记录和报告书写的能力是审核员职业素养的重要组成部分，直接关系到审核工作的质量和效率。审核员在开始记录和书写报告之前，要明确审核的目标和范围，确保所记录的信息和报告的内容与审核目标保持一致。

在记录和书写报告过程中，审核员要保持客观公正的态度，避免主观偏见和情绪色彩，确保所记录的信息和报告的内容真实、准确、客观。

审核员应使用专业术语和规范的语言进行记录和报告，确保信息的准确性和专业性；同时，应注意避免使用模糊、含糊不清的词汇和表述。此外，记录和报告应具有清晰的结构和逻辑，使相关方能够快速了解审核的主要内容和结果，可以采用标题、段落、列表等方式进行组织和呈现。

在记录和报告中，应突出重点问题和关键信息，使相关方能够快速抓住重点。可以使用加粗、斜体、下划线等方式进行突出。在记录和报告中，应提供证据支持所陈述的事实和结论，例如数据、图表、照片等。这样做有助于提高记录和报告的可信度和说服力。

在提交记录和报告之前，审核员应对其进行校对和修改，确保语言规范、表述准确，无错别字等问题。可以使用拼写检查、语法检查等工具进行辅助校对。此外，审核员应不断学习和提高自己的记录和报告书写能力，包括学习新的专业知识和技能、了解行业趋势和发展动态、参加相关培训和研讨会等。

➤ 4. 运用信息技术的能力

审核员运用信息技术进行审核的能力对于提高工作效率和准确性至关重要。审核员需要熟练使用各种办公软件，如 Office 套件（Word、Excel、PowerPoint等），以便高效地完成文档编辑、数据处理和演示文稿制作等任务。不排除有些认证机构仍然保留传统的纸质记录的习惯，但审核员自身应当积极拥抱变化。

审核员需要了解企业管理常用的信息化系统，因为信息化系统与管理是密不可分的。在数据、技术、业务流程、组织结构等方面，信息化可以更好地促进工业化。审核员需要了解 ERP 系统、CRM 系统、MES 系统、Lims 系统、WMS 系统、TMS 系统等，以便更好地理解企业是如何借助信息化系统助力管理的。

随着远程工作模式的普及，审核员需要具备远程审核的技能，如使用视频会议软件、在线协作工具等与受审核方进行沟通和协作。

➤ 5. 审核组团队协作与管理能力

审核组团队协作的能力是确保审核工作顺利进行并取得成功的重要因素。每个审核组成员都应清楚知道自己的角色和职责，并能够准确地执行分配给自己的任务。审核组成员之间应相互支持和协作，共同实现审核目标。

审核组成员应能够清晰、准确地传达自己的想法和意见，并倾听和理解他人的观点。通过及时、有效的沟通，可以避免误解和冲突，促进团队的合作和协调。

审核组团队成员之间要建立信任和尊重的关系。相互信任可以增强团队的凝聚力和向心力，使成员更加愿意分享知识和经验，共同解决问题。尊重他人的观点和贡献，可以激发团队成员的积极性和创造力。

审核组长应根据组员的专长、经验和评定的专业代码进行分工合作。通过合理的任务分配和资源调配，可以充分发挥每个成员的优势，提高工作效率和质量。同时，成员之间应相互支持和协作，共同完成复杂的审核任务。

在审核过程中，难免会出现冲突和问题。审核组成员（尤其是审核组长）应具备解决冲突和处理问题的能力，能够以开放、包容的心态面对问题，寻求合理的解决方案。通过积极的沟通和协商，可以促进团队的和谐与稳定。

某审核组共三人，在审核过程中因为审核组长任务分配不均衡，两位组员心生埋怨与不满。在探讨到某个标准条款的理解时，存在差异，两位组员从一开始的口头争辩，到后来的人身攻击，再到最后的大打出手，在审核现场发生了剧烈的冲突，审核组长无法调解，直到后来，受审核方打电话报警才平息冲突。审核组在审核现场爆发冲突，给所有人员都留下了差的印象。

11.5 审核工作方法和技巧

在 GB/T 19011 标准的附录中，给出了一系列的审核工作方法。审核员选择审核方法时，需要考虑审核的目标、范围、准则、时间、地点，以及自身能力和不确定性。审核员需要灵活运用不同方法及其组合，以优化审核过程和结果。

GB/T 19011 标准附录中，给出了十几项审核需要考虑的内容。其中，涉及可落地的质量体系审核方法包括：准备审核工作文件、管理体系内的合规审核、过程方法审核、受审核方的现场访问、实施访谈、抽样。

▶ 1. 准备审核工作文件

准备审核工作文件是确保审核工作顺利进行和结果准确性的重要环节。审核工作文件包括检查表、抽样方案、视听信息、记录信息的表格等。审核员在准备审核工作文件之前，应明确审核的目标和范围，确保所准备的文件与审核目标保持一致。

审核员应根据审核计划，准备详细的检查表，包括需要检查的项目、条款、内容、标准等。审核员在准备检查表的过程中，需要考虑是按照部门条款审核，还是按照过程审核，抑或是两者兼而有之。在实际的审核实践中，抽样方案、记录信息的表格会与审核检查表一体化呈现。按部门条款审核的检查表见表 11-6。

表 11-6 按部门条款审核的检查表（节选）

受审核部门：

审核员：

日期：

标准条款	审核证据	审核发现
Q/E/S5.3/7.1.2	部门负责人＿＿＿＿＿＿介绍，部门主要工作职责及其定岗定员情况： ××××； ××××； ××××； ……	××××

（续）

标 准 条 款	审 核 证 据	审 核 发 现
Q/E/S6.2	部门年度目标（质量、环境、安全）： ××××； ××××； ××××； …… 部门目标（现阶段）、措施及其完成情况： ××××； ××××； ××××； ……	××××
Q/E/S9.1.1	部门日常工作中关于工作质量、环境/安全绩效的监控内容、监控方式及实现情况： ××××； ××××； ××××； ……	××××
……	……	……

> **2. 管理体系内的合规审核**

企业合规经营是其在社会经济活动中存在的基础，如果企业违反法律法规经营，那就是在触碰企业生存的底线。审核员在现场审核时，必须要有"合规红线"的风险思维。审核员需要关注受审核方的行政审批许可、生产地址经营地址情况、是否超范围经营、特种设备管理情况、由产品质量问题引发的重大社会问题等。

某食品加工企业被曝出其生产的食品存在质量问题。经检测，该公司生产食品的霉菌等项目不符合食品安全国家标准要求。在食品安全监督抽检中，相关监管部门发现了这一问题，并立即对该企业进行了调查。然而，该企业试图逃避法律责任，通过编造生产记录、更改产品包装盒、更改条形码、制造虚假退货召回、安排证人提供虚假证词等手段提供虚假材料申请异议。但经过深入调查，监管部门确认涉案食品确实为该企业生产销售，且其违法行为属实。

监管部门对该企业做出严厉的行政处罚。这一案例充分说明了企业质量合规的重要性，以及违反质量规定可能带来的严重后果。它警示所有企业，必须严格遵守相关法规和标准，确保产品质量和安全，以维护消费者的权益和企业的声誉。

> **3. 过程方法审核**

过程方法审核是一种系统化的审核方法，旨在确保审核工作的全面性和有效性。审核员在开始审核之前，应明确审核的目标和范围，以便确定审核的重点和预期结果。

审核员要根据审核目标和范围，识别需要审核的过程或活动，可以包括受审核方的业务流程、操作流程、职能管理等。审核员对每个需要审核的过程进行深入分析，了解其流程、输入、输出、资源、关键控制点等信息。

在审核过程中，审核员应遵循客观、公正、全面的原则，并注意收集相关的证据和记录。与此同时，审核员要记录审核的结果和分析发现的问题。

某审核员在审核人事部门时，并未询问企业的人员管理流程，直接让人事部经理"拿几份培训记录过来，拿几个人员证书过来，拿几个人员绩效考核过来"。人事部经理按照审核员的吩咐，精心挑选了几个良好的案例送给了审核员，审核员表示满意和认可。

▶ 4. 受审核方的现场访问

审核员需要具备敏锐的现场观察能力，能够发现现场的各种细节和问题。审核员需要仔细观察现场的环境、设备、工作流程和员工操作等方面，以便全面了解受审核方的实际情况。审核员需要明确现场巡视的路线，有计划有章法地实施巡视。避免"东一榔头，西一棒槌"式地走马观花，也不能漫无边际"闲庭信步"式地闲逛。

审核某大型主机厂，审核组共派出 10 名审核员，企业共有五大生产车间：冲压、焊接、涂装、总装、发动机。审核组长安排 5 个现场巡视小队，每队 2 人，由有专业代码的审核员作为现场巡视小组组长。按照过程方法，从输入到输出的原则进行现场巡视。

▶ 5. 实施访谈

实施访谈是审核员在审核过程中收集信息、了解情况、沟通交流的重要手段之一。GB/T 19011 标准中阐述了几种访谈的方式，包括：开放式、封闭式、引导式提问、欣赏式探询等。

审核员在实施访谈前，应做好充分的准备工作，包括了解被访谈对象的背景和职责、准备访谈问题和相关资料等，且要明确访谈的目的和重点，以便在有限的时间内获取紧急需要的信息。在访谈过程中，审核员应积极营造轻松、和谐的氛围，以便被访谈对象能够放松、畅所欲言。

审核员应根据被访谈对象的职责和领域，提出针对性强的问题，以便获取与审核相关的信息，同时应避免过于笼统或模糊的问题。与此同时，在访谈过程中，审核员应认真倾听被访谈对象的回答，并及时做好记录，包括关键信息、观点和证据等。审核员在访谈过程中应保持客观公正的态度，避免主观偏见和判断失误。如有疑问或不确定的情况，应及时与被访谈对象沟通确认。

某审核员在与企业沟通访谈过程中，表示自己原本在这个行业工作过，对于行业技术、工艺流程、工艺要求都了然于心。在与企业技术部负责人沟通时，该审核员经常打断对方的表述，发表自己的见解和看法。技术部负责人只好频频点头，表示同意。

该审核员在现场巡视过程中，与技术工人访谈，认为企业的工艺参数有问题，现场技术工厂回答："我们自从工艺确定后，一直采用这样的工艺参数，生产出来的产品很稳定，顾客也很认可。"审核员便说："你们的工艺参数调试，有经过 DOE 设计吗？"技术工人表示："没有听过，但是工艺参数都是一遍一遍地调试出来的。"

巡视结束后，该审核员给企业开具了一般不符合，理由是企业工艺调试的过程未受控。

▶6. 抽样

审核抽样是一项重要步骤，它通过从整体中选取一部分样本进行检查来代表整体情况。常用的抽样方法有判断抽样、统计抽样。

1）判断抽样依赖于审核组的能力和经验，并且需要考虑审核的复杂程度。判断抽样的缺点是，可能无法对审核发现和审核结论的不确定性进行统计估计。

2）统计抽样的抽样方案是基于审核目标和抽样总体的特征的。统计抽样设计使用一种基于概率论的样本选择过程。当每个样本只有两种可能的结果时（例如正确或错误、通过或不通过），使用计数抽样；当样本的结果是连续值时，使用计量抽样，可以参考 GB/T 19011 标准的附录内容。

某审核员审核某销售型企业，首次会议结束之后，他对企业的体系负责人说："我赶时间，还要编下一家的审核计划，你赶紧找三份采购合同，三份销售合同给我，我赶紧把你家搞定。"体系负责人听闻后十分高兴，随便找了三份合同交给了审核员，之后双方就"互不打扰"，各忙各的。

11.6 现场审核的要点

对于"现场审核",相关标准中暂无明确的定义,但如果尝试从时间维度进行定义,所谓的"现场审核"通常是指从首次会议开始,到末次会议结束的期间,审核员在现场所从事的审核活动。与"现场审核"相对应的是"远程审核"。考虑目前审核的情况,大多数仍然采用现场审核的方式,所以本节重点阐述现场审核期间的五大关注要点。

▶ 1. 审核组长领导全局

审核组长统领全局是确保审核工作顺利进行和取得成功的关键。

审核组长要明确审核的目标和计划,包括审核的范围、时间、资源分配等。确保审核组成员都了解并遵循目标和计划,以避免工作重复或遗漏。

审核组长要建立与团队成员和其他相关利益方的有效沟通机制,通过定期召开会议、及时反馈问题和建议等方式,确保信息畅通,避免误解和冲突。

审核组长应根据团队成员的专长和经验,合理分配任务,确保每个成员都能够发挥自己的优势,提高工作效率和质量;同时,应注意任务的平衡和协调,避免某些成员过于繁忙或过于轻闲。

作为审核组长,应监督团队成员的工作进展,确保他们按照计划和要求进行审核;同时,提供必要的指导和支持,帮助团队成员解决遇到的问题和困难。

审核组长要关注审核过程中的风险,及时识别和评估潜在的风险因素,制定相应的风险应对措施,如调整审核计划、增加资源投入等,以确保审核工作的顺利进行。

在审核过程中,可能会遇到各种问题和挑战,作为审核组长,应保持冷静和客观的态度,分析问题的本质和原因,提出合理的解决方案,避免情绪化的决策和行为。

作为审核组长,应关注团队氛围的建设,营造积极向上、团结协作的氛围,鼓励审核组成员相互支持和合作;同时,关注审核组成员的工作和生活状况(住宿、餐饮等),提供必要的关心和支持。

▶ 2. 审核组员服从安排、团结合作

审核组员服从安排、团结合作,有助于提高工作效率,实现审核的预期结果。在审核工作中,每个组员都有自己的职责和任务。如果大家能够服从安排,团结合作,就能更高效地完成审核工作。

审核工作需要细致、严谨,每个环节都需要严格把控。如果组员之间能够团结合作,互相协作,就能更好地保证审核质量,避免出现疏漏和错误。在审核工

作中，每个组员都需要相互信任、相互支持。

当然，审核组有争议和反对的声音是正常的，需要合理地表达诉求或提出意见。组内的分歧可以在组内进行沟通解决，切勿当着受审核方的面针锋相对，切勿发生争执乃至大打出手的情况。

某审核员对于审核组长的计划安排存在疑惑，便私下点对点地进行沟通，了解情况后表示认可，疑惑消除。此外，审核组长约定，每天晚餐后，开半个小时非正式的组内沟通会，审核组成员沟通一下当天的审核进度和审核发现，以便后续审核工作的开展。

➤ 3. 注重审核礼仪与言谈举止

注重礼仪和言谈举止，不但是审核过程的要求，也是个人参与社会活动的基本准则。审核工作需要严谨、细致，审核员注重礼仪和言谈举止，能够展现出其专业素养，让对方感受到审核人员的专业水平，能够与受审核方建立起信任关系。

良好的沟通方式可以减少误解和冲突，促进双方的合作与交流。注重礼仪和言谈举止是对他人的尊重，能够让对方感受到被重视和尊重，从而更容易地接受审核人员的意见和建议。此外，良好的礼仪和言谈举止能够让审核过程更加顺畅，减少不必要的沟通和冲突，提高工作效率。

审核某日资企业，日方对于迎审过程非常重视，企业的高层均正装出席首次会议，且提前 15 分钟进入会场，等待审核组长召开首次会议。但审核组员中有一人是本地人员，自行驱车赶往审核现场，早高峰遇上了堵车，超过了首次会议原定开始的时间还未到。审核组长只好向日方企业道歉，会议推迟 20 分钟开始。半个小时后，该组员才匆匆赶到。

➤ 4. 及时沟通汇报

在审核过程中，可能会出现各种问题，如发现不符合项、需要澄清的事项、审核遇到重大风险等。及时沟通汇报可以让审核员及时将问题反馈给相关人员，并寻求解决方案，确保问题得到及时解决。

及时沟通汇报可以保持审核过程的透明度和公正性。通过及时沟通，可以让相关人员了解审核进展情况，避免出现信息不对称的情况，确保审核结果的公正性和客观性。

某审核员经过评价，刚被任命为审核组长，在执行某审核任务时，发现受审核方的实际地址与行政许可证书（图书经营许可证）上的地址不一致。受审核方解释，这个地址差异不影响的，该审核员认为风险不大，没有向机构汇报就默认放行。当地的市场监督管理局在"双随机"检查中发现了该问题，进行了处罚。

▶ 5. 审核需要专业、务实

审核是一项专业的、务实的技术审查工作，是一项"技术活"，所以，审核员必须要专业，一方面对管理体系要专业，另一方面对受审核方的行业要专业，否则就容易引起"外行审核内行"的笑话。

此外，审核应该是一项务实的工作，审核员不应该在审核现场"夸夸其谈、自吹自擂"，坚决杜绝"敲打暗示、吃拿卡要"的言辞。审核员应守住审核员职业的底线，牢记审核员职业的初心，为我国全面高质量发展而努力奋斗，贡献力量。

某审核员暗示受审核企业对接人，吃饭不要去公司食堂。企业迎审人员安排审核员中餐和晚餐去附近饭店就餐。席间，审核员自己点了一瓶白酒，造成了一系列酒后失态的行为。

参 考 文 献

[1] 中国船级社质量认证公司. ISO 9001：2015 质量管理体系培训教程[M]. 北京：中国标准出版社，2016.

[2] 方圆标志认证集团有限公司. 2015 版 ISO 9001 质量管理体系内审员培训教程[M]. 北京：中国标准出版社，2016.

[3] 中国质量认证中心. ISO 9001：2015 质量管理体系审核员培训教程[M]. 北京：中国标准出版社，2017.

[4] 中国质量协会. GB/T 19001—2016 质量管理体系标准实用教程[M]. 北京：中国标准出版社，2017.

[5] 中国检验认证集团陕西有限公司. 质量管理体系标准的理解和实施[M]. 西安：西北工业大学出版社，2017.

[6] 中国新时代认证中心. GB/T 19001—2016/ISO 9001：2015《质量管理体系　要求》理解与实施[M]. 北京：中国标准出版社，2016.

[7] 北京新世纪检验认证股份有限公司. 2016 版质量管理体系实用教程[M]. 北京：中国标准出版社，2017.

[8] 全国质量管理和质量保证标准化技术委员会，中国合格评定国家认可委员会，中国认证认可协会. 2016 版质量管理体系国家标准理解与实施[M]. 北京：中国标准出版社，2017.